忻州方言历史词汇研究

张海峰 著

吉林人民出版社

图书在版编目(CIP)数据

忻州方言历史词汇研究 / 张海峰著 . –– 长春 : 吉林人民出版社 , 2022.10
ISBN 978-7-206-19337-8

Ⅰ . ①忻… Ⅱ . ①张… Ⅲ . ①西北方言 – 词汇 – 方言研究 – 忻州 Ⅳ . ① H172.2

中国版本图书馆 CIP 数据核字 (2022) 第 213541 号

忻州方言历史词汇研究

XINZHOU FANGYAN LISHI CIHUI YANJIU

著　　者：张海峰
责任编辑：门雄甲　　　　　　　　　　封面设计：袁丽静
吉林人民出版社出版 发行（长春市人民大街 7548 号）　邮政编码：130022
印　　刷：三河市华晨印务有限公司
开　　本：710mm × 1000mm　　　　　1/16
印　　张：13.75　　　　　　　　　字　　数：240 千字
标准书号：ISBN 978-7-206-19337-8
版　　次：2022 年 10 月第 1 版　　　印　　次：2022 年 10 月第 1 次印刷
定　　价：78.00 元

如发现印装质量问题，影响阅读，请与印刷厂联系调换。

内容简介

忻州地处晋北，是中华文明发祥地之一，有着悠久的历史和深厚的文化底蕴。忻州方言保留了许多古代汉语词语，具有重要的研究价值，然而长期以来，一直没有得到应有的重视，学界既有的研究一般都是就今而说今，缺乏深入系统的考论。本书是在笔者博士学位论文的基础上增删而成，从忻州方言常用词语（224 个）切入，展开纵横考论，揭示忻州方言词汇的特征和特点，选题富有新意，是站在学术前沿给学术史上的薄弱环节添砖加瓦，不但可以促进忻州方言词汇的研究，而且还有助于汉语词汇史和其他方言词汇的研究。

本书对忻州方言历史词汇进行了界定：忻州方言历史词汇不等同于历史词，具体是指见于古代文献和现代忻州方言而在现代汉语普通话口语中不用或罕用的词语，这其中"古代文献"的"古代"相对于现代而言，时间为先秦至清代。

本书本论部分包括两个环节：第一环节，选取 224 条忻州方言历史词语为研究对象，逐条进行分析，考论历史脉络：每个词条先列出它们在忻州的词义、读音以及用法，然后充分利用现有的文献资料，结合现代语言学理论与我国传统的训诂学理论，上溯先秦，下探明清，同时比较它们与普通话和其他汉语方言的异同，借以展示忻州方言词汇的历时和共时特点。第二个环节包括两个部分：一是通过对忻州方言历史词汇若干方面的归纳和梳理，进一步揭示忻州方言历史词汇的有关特点；二是从读音方面进行考论，探寻忻州方言的古音积淀，为进一步深入研究忻州方言历史词汇拓宽研究视野，为汉语语音史和汉语方言语音的研究提供有关数据和参证。

前　言

忻州历史文化悠久，素有"晋北锁钥"之称，位于山西省中北部，这里物华天宝，兵家必争，商贾往来，人才辈出。忻州方言是汉族语言中较为古老的一支，保留了许多历史词语，具有重要的研究价值。

然而，长期以来忻州方言一直没有得到应有的重视，学界既有的研究在共时比较和历时考证两个方面都显得比较薄弱。忻州方言历史词汇研究，正是在这一领域朝着更全面更深入的方向迈进，它锁定的正是汉语方言领域前沿的重难点环节。

本书是在笔者博士学位论文的基础上增删而成的，选取忻州方言224条历史词汇为语料，结合现代语言学理论与我国传统的训诂学理论，逐条进行分析，充分利用现有的文献资料，上溯先秦，下探明清，考论历史脉络，同时比较它们与普通话和其他汉语方言的异同，展示历时和共时特点。此外，还对这些词汇进行了概括分析与补充延伸，进一步揭示其有关特点，探寻其古音积淀，为深入研究忻州方言历史词汇拓宽研究视野，提供翔实具体的材料，为现代汉语方言和普通话词汇以及整个汉语词汇史的研究提供有关数据和参证，力求对前贤时俊的研究进行有益的补充。

忻州方言历史词汇研究显然有助于更好地了解忻州风俗与文化。通过忻州方言历史词汇考释，能够推动忻州旅游和经济的发展，可以帮助忻州人了解忻州方言与普通话在词汇以及读音上的差异，找出其中的对应关系，从而提高普通话学习的效果。由于笔者学养和能力所限，本书还有诸多谬误之处，恳请方家指正。

目 录

第一章　绪论

忻州地处山西省中北部的黄土高原，西踞黄河，北望长城，东临太行，南屏中原，是华夏文明的发祥地之一。大约在第四纪地质年代，这里就已经形成了忻定湖泊、黄河、汾河、滹沱河和恢河（桑干河）。长河繁衍文明，"迄今为止，忻州共发现人类旧石器聚居点20处、新石器文化遗存332处"①，这表明早在20万年前，这片土地上就有人类狩猎农作、繁衍生息。"全市范围内先后发现仰韶文化遗存80多处、龙山文化遗存240多处、夏代遗存83处和商代遗存125处"，石磨盘、石磨棒的考古发现，表明忻州先民是最早进入农耕文明的人群之一；忻府区游邀遗址的发掘，更是山西中北部最早进入夏代纪年的有力佐证。从文化的源头上看，忻州是最早进入农耕文明、最早出现商业雏形、最早开始文化交流与融合的地区之一，忻州先民在人类文明启蒙时期就表现出了惊人的智慧和伟大的创造力。

忻州境内山峦起伏，河流纵横，关隘险峻，独特的地理位置使这里成为兵家必争之地、文化融合的舞台、商贸交流的通道、精英辈出的沃土。这里既有遗存完好的史前文化，又有创新发展的现代文化；既有源远流长的中原农耕文化，又有粗犷豪放的草原游牧文化；既有多样和谐的生态文化，又有魅力独具的民俗文化。"一般来讲，方言的历史与当地的人文历史同样的悠久"②，作为各种文化融合交汇之地的语言，忻州方言无疑是汉族语言中较为古老的一支，它在传承文明、传播文化的过程中发挥着巨大的作用。

---

① 周如璧.论忻州山水关文化的核心 [J].五台山研究，2005(3)：35-40.
② 朱正义.关中方言古词论稿 [M].上海：上海古籍出版社，2004：前言2.

第一节　忻州概况

据史料记载，忻州在尧舜时属冀州，西周至春秋前期为戎狄所居，春秋后期属晋，战国时则属赵地，到了秦时大部分地域又属太原郡。两汉时期，西汉时属太原郡阳曲县，东汉末则并入九原县。直至隋开皇十八年（598）废郡置州，始称忻州，其后忻州地名一直被沿用。新中国成立后，设立忻县专区，1983 年改称忻州地区，忻县改为忻州市，2001 年 1 月撤地设市，原县级忻州市改为忻府区，隶属地级忻州市。

如今的忻府区（原忻县、之后的原县级忻州市）位于山西省中北部，东连定襄，西邻静乐，南靠阳曲，北依原平，处于北纬 38° 13′ ～ 38° 41′、东经 112° 17′ ～ 112° 58′ 之间，东西长 55 千米，南北长 43 千米，总面积 1954 平方千米，总人口约 54 万人（2010），素有"晋北锁钥"之称，忻府区是山西省重要的交通枢纽。

忻府区地形西高东低，逐步倾斜，北、西、南三面环山，东部开阔平坦，为忻定盆地的主体部分。境内主要有云中、系舟和五台三大山脉以及滹沱河、云中河和牧马河 3 条较大的河流。境内自然资源十分丰富，已探明的矿种就多达 30 种，主要有铁、锰、铜、金、铌等。耕地面积 100 万亩，水地面积 50 万亩，盛产玉米、高粱、谷物等。忻州物华天宝、人杰地灵，文化底蕴深厚，民俗文化源远流长，享有"摔跤之乡、民歌海洋、八音之乡"等美誉，自古就是英才咸集，人才辈出，出自忻州的文人雅士，如元好问、白朴、傅山等都对后世产生了深远影响，作出了卓越的文化贡献。

博大精深的佛教文化、雄浑悲壮的边塞文化、风格独特的黄河文化、独具特色的地方戏曲文化、异彩纷呈的民歌文化，以及底蕴深厚的民间民俗文化的熏染和融合，使得忻州方言具有兼收并蓄、丰富多元的特点：无论是诸宗同蓄、吸纳融合的宗教文化，还是走西口文化、河曲河灯会、九曲黄河阵的民歌、二人台形式，还是北路梆子、繁峙秧歌、神池道情和赛戏等地方戏曲，又抑或是凤秧歌、八音会、八大角、硬架子秧歌、软架子秧歌等民歌民俗风情，都成为丰富、发展和传承方言的文化养分和传承载体。鲜明的语言特色、丰富的文化素材不仅锻造了忻州独具特色的地方文化，也使得忻州方言绽放异彩。

第二节　忻州方言概况

根据当前晋语的分片情况①，忻州方言属于五台片②。五台片分布于山西北部，内蒙古西部后套地区和陕西北部，共29个市县旗。其中山西北部18个市县：忻州市、原平市、定襄、五台、岢岚、神池、五寨、宁武、代县、繁峙、应县、河曲、保德、偏关、灵丘、朔州市（原朔县、平鲁）、浑源、阳曲。内蒙古西部后套地区4个市县旗：杭锦后旗、磴口、乌海市、巴彦淖尔市（原临河）。陕西北部7个市县：府谷、神木、靖边、米脂、绥德、子长、子洲。

据《山西方言调查研究报告》③分析，忻州方言应属于北区方言。北区包括25个县市，又分大同、山阴、忻州3个片，其中忻州片就占据了16个县市，其特点是古平声清声母字与上声清声母字、次浊声母字今单字调合流，声调有阴平上、阳平、去声和入声。

忻州方言的声韵调系统④包括以下内容。

忻州方言的声母有25个，分别为：

①[p] 比把闭补玻；②[pʻ] 皮平片配朋；③[m] 米母买面门；④[f] 扶非分缝方；⑤[v] 挖歪未忘稳；⑥[t] 地都躲掉当；⑦[tʻ] 体它土套摊；⑧[n] 泥耐鸟念宁；⑨[l] 里拉落连辽；⑩[ts] 最庄曾走左；⑪[tsʻ] 瓷磁出查造；⑫[s] 时是事数苏；⑬[z] 如瑞润乳软；⑭[tʂ] 知制舟章真；⑮[tʂʻ] 迟嘲尝厂沉；⑯[ʂ] 世射勺手闪；⑰[ʐ] 让肉绕热忍；⑱[tɕ] 基技记句佳；⑲[tɕʻ] 奇茄憔欠裙；⑳[ɕ] 溪霞须修先；㉑[k] 估固改乖过；㉒[kʻ] 苦裤快可考；㉓[ŋ] 饿隘傲安恶；㉔[x] 虎害河货好；㉕[Ø] 移药五余而。

忻州方言的韵母有47个，分别为：

①[ɿ] 紫此死次生；②[i] 皮低你礼洗；③[u] 补普租苏虎；④[y] 女举渠

---

①　晋语分为8个片：并州片、吕梁片、上党片、五台片、大包片、张呼片、邯新片、志延片。

②　沈明.晋语的分区（稿）[J].方言，2006(4)：343-356.

③　侯精一，温端政.山西方言调查研究报告[M].太原：山西高校联合出版社，1993：535.

④　温端政.忻州方言志[M].北京：语文出版社，1985：12-14.

旅许；⑤[ʅ]知治池声逝；⑥[ər]而二；⑦[ɑ]把骂瓦叉洒；⑧[iɑ]两家压雅丫；⑨[uɑ]夸挂耍跨瓜；⑩[yɑ]曰；⑪[æ]猜胎歹改开；⑫[iæ]阶解介戒械；⑬[uæ]拽拐快坏槐；⑭[ɛ]大房烫婆磨；⑮[iɛ]姐也香爹爷；⑯[uɛ]朵妥坐火所；⑰[yɛ]瘸靴；⑱[ɔ]毛跑刀老曹；⑲[iɔ]表飘嚼巧笑；⑳[ə]着子；㉑[iə]的得嘞；㉒[əu]斗搂努肉丑；㉓[iəu]丢酒溜有秀；㉔[ei]杯每委内非；㉕[uei]推追嘴虽亏；㉖[iɛ̃]鞭片点天怜；㉗[ã]班万兰暗喊；㉘[iã]娘眼良羊相；㉙[uã]装创撞广匡；㉚[yã]捐宣圈远怨；㉛[ʊ̃]丸完顽碗剜；㉜[uʊ̃]盘团乱缠宽；㉝[əŋ]本捧灯闷粉；㉞[iəŋ]兵民听灵心；㉟[uəŋ]蹲懂众村昏；㊱[yəŋ]轮龙晕兄融；㊲[əʔ]黑特吃石刻；㊳[iəʔ]密立泣习一；㊴[uəʔ]毒秃鹿术骨；㊵[yəʔ]率曲穴续律；㊶[iɛʔ]百鼻灭贴页；㊷[ɑʔ]八法答腊袜；㊸[iɑʔ]鸭夹恰怯却；㊹[uɑʔ]猾朔刮；㊺[ɔʔ]洛窄彻喝渴；㊻[uɔʔ]摸脱夺豁桌；㊼[yɔʔ]绝缺雪阅欲。

除以上 47 个韵母外，忻州方言还有 11 个儿化韵母，分别为：

①[ər]；②[uɐr]；③[iər]；④[ɛ̃r]；⑤[uɐr]；⑥[iɛ̃r]；⑦[yər]；⑧[uɛ̃r]；⑨[ɚ]；⑩[yɛ̃r]；⑪[iɐr]。

忻州方言单字调有 5 个[1]，不包括轻声，分别为：

阴平 313；阳平 31；上声 313；去声 53；入声 ʔ[2]。

作为独具特色的地域方言，忻州方言的语音特点[2]有：

①古疑、影母开口一二等字今读 ŋ 声母。例如：碍 ŋæ⁵³；暗 ŋã⁵³。

②古日母（止摄开口读 ər）开口字与合口字今声母读音不同。例如：日 [zəʔ²]；人 [zəŋ³¹]；软 [zuã³¹³]。

②古果摄开口一等端组和晓组字今韵母相同，读开口呼。例如：多（端）[tɛ³¹³]；河（匣）[xɛ⁵³]。

④古蟹摄开口二等与假摄开口三等今韵母不同。例如：介（蟹开二）[tɕiæ⁵³] ≠ 借 [tɕiɛ⁵³]（假开三）。

⑤古山摄合口一二等部分舒声字今韵母的主要元音不同。例如：官 [kuʊ̃³¹³] ≠ 关 [kuã³¹³]。

⑥古深臻曾梗通五摄舒声字今韵母合并为 [ŋ] 尾的"[əŋ][iəŋ][uəŋ][yəŋ]"四韵。例如：根（臻）[kəŋ]= 庚（梗）[kəŋ³¹³]；心（深）[ɕiəŋ³¹³]；红（通）[xuəŋ⁵³]，

---

① 忻州方言古平声清音声母字与古上声清音声母、次浊声母字单字调调值相同，都是 313，但在连续变调里，这两种来源的字相当一部分字变调行为不同。轻声根据其相对音高，调值是 20。

② 温端政，张光明.《忻州方言词典》引论 [J]. 方言，1994(1)：1-12.

古曾梗两摄部分白读失去 [ŋ] 韵尾，见⑧、⑨。

⑦古宕江两摄部分舒声字今白读音韵母，与古果摄开合口一等字今韵母相同。例如：汤（宕）＝拖（果）[t'ɛ³¹³]；窗（江）＝搓（果）[tɕ'uɛ³¹³]。

⑧古曾梗两摄开口三等和梗摄开口四等部分舒声字今白读音韵母，与古蟹止两摄开口三等字和蟹摄开口四等字今韵母读音相同。例如：蝇（曾）＝赢（梗）＝移（止）[i⁵³]。

⑨古梗摄开口二三等和曾摄开口三等部分舒声字今白读音韵母，与古止摄开口三等字今韵母相同。例如：蒸（曾）＝正（梗）＝知（止）[tʂʅ³¹³]。

⑩古入声字今仍读入声韵。入声韵都以喉塞音 [ʔ] 收尾，如：[aʔ][iaʔ][uaʔ]。

由于行政划分的变更，"忻州"存在广义和狭义两种理解。广义的"忻州"，指原忻州地区、如今的山西省忻州市（地级市）；狭义的"忻州"，则指原县级市忻州、如今的山西省忻州市忻府区。

本文所说的"忻州"取狭义的理解，即如今的山西省忻州市忻府区。它包括 7 个街道办事处、8 个镇、3 个乡，分别是：新建路街道、长征街街道、秀容街道、九原街街道办事处、云中路接到办事处、旭来街街道办事处、桥西街街道办事处；三交镇、西张镇、忻口镇、奇村镇、合索镇、董村镇、庄磨镇、豆罗镇；兰村乡、东楼乡、北义井乡。

本书中"忻州"既然取的是狭义，"忻州方言"自然也是狭义，指的是"忻州市忻府区的方言"。

第三节　忻州方言研究的学术背景和学术意义

忻州方言词汇问题，现有研究的代表性成果，一为方言志，二为词典，都见于大陆学术界，后者尤其丰富，主要有：《忻州方言词典》《忻州方言俗语大词典》《忻州歇后语词典》《忻州成语词典》《忻州谚语词典》《忻州惯用语词典》。

此外还有 10 余篇文章论及这一议题，具体包括两大类：其一是概述式的论述，其二是单一性的论述。前者对忻州方言词汇的发掘、归纳、分析还存在若干遗漏；后一类讨论只能算是忻州方言词汇的一些个案研究。上述两大类研究，还存在一个共同性的不足——在共时比较和历时考证这两个方面，都显得比较薄弱。除此之外的忻州方言词汇研究，则有一些零散的介绍，或夹杂在某些专著的有关章节之中，或夹杂在其他汉语方言专题论文当中。这类附带性的零散介绍，内容上涉及的点面非常有限，而且考察、述说比较简单，只能说是对忻州方言词汇方面的有关问题有所涉及而已。

方言词典只不过在一定程度上反映了当今忻州方言的基本面貌，可为忻州方言部分历史词汇的研究提供某些线索；至于10余篇文章和一些零散介绍，它们的研究自然也非常有限。总体来说，忻州方言词汇还没在学术界引起应有的重视，严格地说，忻州方言词汇研究目前还处在初始阶段，这个专题的许多工作都需要从头做起，需要朝着更全面更深入的方向迈进。忻州方言历史词汇研究课题显然是应时承担历史使命，它锁定的正是汉语方言领域前沿的重难点环节。研究忻州方言有四方面的意义。

（一）有助于词汇史的研究

忻州位于山西省中北部，东连定襄，西邻静乐，南靠阳曲，北依原平，素有"晋北锁钥"之称，是山西省重要的交通枢纽。四面八方环绕着多种方言，这样的地理位置在其他方言片区中实不多见。这种地带的方言必有独特色彩。以这种富有特色的方言词语为观察点，与汉语史研究有机结合，逐条追溯源头及其流变，梳理古今词语音义变化线索，可以为词汇史研究提供翔实具体的材料、有关数据和有关参证，对现代汉语方言和普通话词汇以及整个汉语词汇史的研究都具有重要的参考作用。

（二）有助于抢救文化遗产

随着经济、文化、教育和交通事业的迅猛发展，汉语方言已经发生或正在发生着巨大的变化，忻州方言更是如此。随着社会历史的变革，一些历史词汇变异现象明显：有的词义发生转化，有的词汇濒临消亡。对它们进行抢救是当前一项迫在眉睫的历史使命。从一定程度上来说，本课题研究做的就是保存方言资料、保护语言遗产的工作，其现实意义不言而喻。

（三）有助于古代历史文献的解读以及大型辞书的正讹补缺

忻州方言历史词汇是古代汉语词汇的活化石，以忻州方言历史词汇为桥梁解读古代文献，有助于扫除古籍阅读中的一些文字障碍。同时，可以补充大型字典辞书未收的词语或义项，纠正欠妥的释义，起到正讹补缺的作用。正如黄典诚先生所言："要怎样才能毕辞书之能事？当然收词要广而精、释义要信而确，注音要辨而明。在这三者之中，我看与如何运用方言材料，都有非常紧密的关系。古代方言，固然在所必录；现代方言，尤要妥为采用。单词奥义，补书证之不足，莫若各地方言。因此甚至可以说，方言材料之得到运用与否，会直接影响一部词书的价值。"①

（四）有助于了解忻州文化，有助于忻州人学习普通话

忻州方言历史词汇与民俗文化关系密切，游汝杰曾指出："语言和民俗都是人类的文化行为。……也有人把方言纳入民俗范畴，中国的地方志往往把方言列在风俗卷之中。方言和民俗都是地方文化，视为同类未始不可。"②忻州历史词汇研究显然有助于更好地了解忻州风俗与文化。另外，通过忻州方言历史词汇考释，可以帮助忻州人了解忻州方言与普通话在词汇以及读音上的差异，找出其中的对应关系，从而提高普通话学习的效果。

第四节　本文的研究内容和方法

一、研究内容

（一）历史词汇的界定及收词原则

忻州方言历史词汇具体指的是见于古代文献和现代忻州方言而在现代汉语普通话口语中不用或罕用的词语。

对此界定我们还有几点具体说明：第一，忻州方言历史词汇不等同于历史词③；第二，古代文献的"古代"是相对于现代而言的，时间为先秦至清代；第三，古代文献包括古代一切文献，这其中重点关注了忻州籍文人作品以及其作品中保留的忻州方言词语，如：金代文人元好问、明清之际的文人傅山的作品；第四，现代汉语普通话中的使用情况以《现代汉语词典》（第6版）为参照。凡是《现代汉语词典》（第6版）释文中标注了＜方＞＜古＞＜书＞的词语均列入忻州方言历史词汇的考察范围，个别未标注＜方＞＜古＞＜书＞的词语若读音或使用频率与普通话差别明显，也列入考察范围；第五，符合上述条件，

①　黄典诚.方言与词典[J].辞书研究，1982(6)：90-96.

②　游汝杰.中国文化语言学引论[M].北京：高等教育出版社，1993：147.

③　历史词，是指能够反映某一历史年代，而随着历史变迁已经消亡的事物或概念。例如："宫女、圣上"等词汇，一般只在涉及历史事实的作品中才可能见到。

在忻州方言中已演变为语素的古代语词，以及现代汉语普通话中是语素而在忻州方言中还是词的古代语词，也属忻州方言历史词汇。

基于以上界定，本文收录词汇主要分为三种情况：第一种，忻州方言、普通话及其他方言区仍在使用的词汇，如"出伏"；第二种，忻州方言里有，普通话、其他方言区则都已消失，如"陟（隮）"；第三种，忻州方言、其他方言中有，普通话已消失，如"发引"。本文以第二、三种情况为重点研究范围，考察忻州方言历史词汇的存留情况，着力探索这些词语的历史演变规律和发展脉络。

（二）研究的主要内容

本论部分由两个环节构成。第一个环节选取 224 条忻州方言历史词语为研究对象，逐条进行分析，考论历史脉络：每个词条先列出它们在忻州的词义、读音以及用法，然后充分利用现有的文献资料，结合现代语言学理论与我国传统的训诂学理论，上溯先秦，下探明清，同时比较它们与普通话和其他汉语方言的异同，借以展示忻州方言词汇的历时和共时特点。第二个环节是对前一环节内容的概括分析与补充延伸，具体包括两个部分：一是通过对忻州方言历史词汇若干方面的归纳和梳理，进一步揭示忻州方言历史词汇的有关特点；二是从读音方面进行考论，探寻忻州方言的古音积淀，为进一步深入研究忻州方言历史词汇拓宽研究视野，为汉语语音史和汉语方言语音的研究提供有关数据和参证。

二、研究方法

（一）历史比较法

历史比较法是历史研究法和比较研究法的综合。一般而言，历史比较法有横向历史比较法和纵向历史比较法两种类型。本书把古代文献与忻州方言历史词汇结合起来进行研究，考释过程中既有横向的汉语方言之间的比较，又有纵向的古今汉语的比较。通过合理利用历史比较法，考论历时的继承和发展，尽可能地追根溯源，形成忻州方言历史词汇发展的古今联系。

（二）文献考证法

忻州方言历史词汇涉及考证本字的问题，这也是本书的一项重要内容。游汝杰指出："确定本字的关键是方言词和本字在语音上的对应，在词义上相同或相近。考证应分四个步骤来进行，第一步确定今方言词的音韵地位，即按古今音变规律，确定其在《广韵》一系韵书中的声韵调地位。第二步，在《广韵》一系韵书的相应韵目之下追索音义相合的字。第三步，寻找其他文献材料为佐证。第四步，与其他方言参酌比较互相引证……"①方言本字考释是一项复杂的工作，与训诂学本字考释有不同之处。温美姬也论及这一问题，她梳理出"方言研究中'考本字'的含意已经不限于破除假借，它实际上是在古代文献中为方言词寻找词源"②，这一观点更贴近方言考证实际。同时，考证过程中还要注意廓清方言词的各种音变，廓清那些被方言俗字所掩盖的方言读音真相。

（三）历史与实际结合法

忻州方言历史词汇由古代汉语发展而来，继承的先后有不同，因各种因素造成的存留也不同，这些继承并非一成不变。因此，研究中要注意其演变特征，注意古代文献中相关理论、相关语言事实的记载；同时，要与实际的方言现象相结合，用发展的观点看待这些方言现象；要综合运用各种方法，吸取多学科的研究成果，多角度地认识和研究这些方言现象。

① 游汝杰．汉语方言学导论 [M]．上海：上海教育出版社，1992：177．
② 温美姬．梅县方言古语词研究 [D]．上海：华东师范大学，2006：9．

第五节　体例说明

一、本书考释忻州方言历史词语224条，按照汉语拼音字母表的顺序排列，复音词则依首字音序。

二、涉及韵书查询的条目，用后加括号的方式标注其繁体字。对异体字的处理，随文以"某"同"某"的形式进行标注。

三、忻州方言历史词语在其他方言中的表现，相关资料主要来自《汉语方言大词典》（许宝华、宫田一郎）以及《现代汉语方言大词典》（综合本，李荣主编），部分材料还参考了某些论文中的相关调查成果，一并列入参考文献，不再随文一一注明。另外，行文中冀鲁官话、西南官话等分区均出自《汉语方言大词典》，进行表述时，先说分区，然后用括号注明具体的方言点。

四、本书在对古代文献语料的处理上使用了陕西师范大学历史学院开发的汉籍全文检索系统语料库，并有针对性地核对了相关古文献中引用的例句。

第二章　忻州方言历史词汇

A

唵

忻州方言常用动词"唵"称述"直接将置于手心的颗粒状或粉末状的东西塞进嘴里"这一行为动作，读作 ŋã³¹³。例如：

小外甥放学回来，进门直奔厨房，抓了一大把炒豆子直接往嘴里唵。

黑子（人名）把吃剩的饼干渣子放手掌心直接唵嘴里。

此外，"唵"还用来表示"一次性将过量的食物放嘴里，以致出现嘴里塞满食物的状态"。例如：

这娃娃又是个急性子，捡起刚出锅的馒头，掰了一少半直接唵了满嘴，呛住咳了半天。

这类用例最晚在三国吴时即已有之。例如：

"犹如田夫，愚痴无知，远至妻家，道路饥渴，即入其舍，复值无人，即盗粳米，满口而唵。"

之后多有沿用。例如：

"昔有一人，至妇家舍，见其捣米，便往其所，偷米唵之。"

唐玄应《众经音义》卷四释"餐唵"之"唵"："乌感反。《字林》：唵，啖也。谓以掌进食曰唵也。"

《敦煌变文集·捉季布传文》："季布幕中而走出，起居再拜叙寒温。上厅抱膝而呜足①，唵土叉灰乞命频。"

---

① 据万久富考释，"呜足"是"以口就足"，义同"吻足"。详见：万久富.文史语言研究丛稿[M].北京：中国社会科学出版社，2013：1.

蒲松龄《日用俗字·庄农章》:"唵,乌感切,青麦,麦芒蛔着叫喧喧。"

现代汉语普通话也说"唵",如"唵了一口雪",但极少像忻州方言那样有用来形容"嘴里塞满食物"的用法;现代汉语方言里,冀鲁官话(天津)与忻州方言用法有别,这一地区将"用嘴直接取食物(指粉末状的食品)"说成"唵"。例如:"桌子上落了些炒米,都拿嘴唵了。"

B

板牙

忻州方言常用名词"板牙"指称"门牙",读作 pã313ȵia31。例如:

小孩子换牙唡,前阵子长出两颗板牙唻。

我姐姐板牙长得有些圪撩(不整齐),平时她很注意,很少能见到她露齿笑。

这类用例(亦作"版牙")最晚在明时即已有之。例如:

《西游记》第五十回:"见那魔王生得好不凶丑:独角参差,双眸幌亮。顶上粗皮突,耳根黑肉光,舌长时搅鼻,口阔版牙黄。"

《喻世明言》卷二十五:"昔春秋列国时,齐景公朝有三个大汉:一人姓田,名开疆,身长一丈五尺。其人生得面如喷血,目若朗星,雕嘴鱼鳃,板牙无缝。"

之后有沿用。例如:

屈大均《广东新语》卷二十二:"河鲀以番禺茭塘所出者为美。自虎头门至茭塘六七十里许,其河鲀小,色黄而味甘,少毒,与产他县大而板牙色白者异。"

现代汉语普通话的"板牙",不用来称述"门牙",而是指一种切削外螺纹的刀具。现代汉语方言里,与忻州"板牙"用法相同,表"门牙"义的主要有:东北官话(黑龙江齐齐哈尔)、中原官话(新疆吐鲁番、河南商丘、陕西白河)、晋语(山西太原、内蒙古呼和浩特)、兰银官话(新疆乌鲁木齐)、江淮官话(安徽安庆、芜湖、合肥)以及西南官话(贵州黎平、四川成都、云南川江、湖北武汉)。另外,江淮官话(江苏盐城、湖北广济)、西南官话(湖北宜昌)、湘语(湖南长沙)也将"臼齿"说成"板牙"。

保管　管保

忻州方言常用"保管"或"管保"表示"保证"之义，分别读作 pɔ³¹kuã³¹³（保管）和 kuã³¹³pɔ³¹（管保）。两词经常互换使用，用来表示承诺做某事或完成某项任务。例如：

庙会布置就交给我，到时候保管／管保叫你满意。

你放心到闺女家住去，院儿种的菜保管／管保给你照料个好。

过年时候保管／管保给你垒个大旺火，木柴都寻（找）好咪。

"保管"最晚在元代即已有之，也作"包管"。例如：

《桃花女》第一折："我着你依前如旧，包管你病羊儿犇似虎彪。"

之后多有沿用。例如：

《三国演义》第四十六回："第三日包管有十万枝箭，只不可又教公瑾得知。"

《歧路灯》第十一回："不妨，不妨，不过是一派阴翳之气痞满而已。保管一剂便见功效。我到前边开方罢。"第二十三回："等你的戏主到了，我保管一一清还。"

而"管保"最晚在明时即已有之，清代十分常见。例如：

《西游记》第十回："陛下宽心，臣有一事，管保陛下长生。"

《红楼梦》第二十三回："等这件事出来，我管保叫芸儿管这件工程。"

《儿女英雄传》第十回："我一直送你们过了县东关，那里自然有人接着护送下去，管保你们老少一路安然无事，这算完了我的事了。"第二十回："你看你二叔合妹妹进门儿就说起，直说到这时候，这天待好晌午咧，管保也该饿了。"第三十九回："我要告诉你这个原故，你管保替愚兄一乐，今儿个得喝一坛！"

忻州方言"保管／管保"的用法与以上用例中的情况相较，有同有异。相同之处在于，两者都表说话者对听话者作出的某种承诺；相异之处则在于，用例中"保管"与"管保"除表"承诺"义外，还有表"肯定"的副词用法，这类用法的特征为：逻辑主语指向说话者，含有对句中所涉及命题的判断，且对命题的判断结果是真实的。如《三国演义》中的用例，"包管"即是对"有十万枝箭"这一命题的肯定判断。而忻州方言中的"保管／管保"一般没有上述这种表"肯定"义的副词用法。我们将相同的情况概括为"承诺义"，相异的概括为"判断义"，将文献用例整理如下表2-1所示。

表2-1 保管与管保"承诺义"与"判断义"文献用例

时代	所列用例（只标示该用例对应的出处）			
	保管／包管		管保	
	承诺义	判断义	承诺义	判断义
元	《桃花女》 第一折			
明		《三国演义》 第四十六回	《西游记》 第十回	
清	《歧路灯》 第十一回		《红楼梦》 第二十三回	《儿女英雄传》 第二十回
	《歧路灯》 第二十三回		《儿女英雄传》 第十回	《儿女英雄传》 第三十九回

由上表可知："保管"的用例出现较"管保"早，至清代时两者的出现频率都很高；"保管"和"管保"表"承诺"义的时间都早于表"判断"义；到清代时，表"判断"义的主要是"管保"一词。

与之相较，忻州方言"保管"或"管保"的用法主要集中在表"承诺"义，而一般用"保准"来表"肯定"判断义。例如："这大冷天的，保准割（买）不到肉，哪还能包肉馅饺子吃呀？"

现代汉语普通话常将"准保"用作表"肯定"判断义的副词。例如："她准保不会来"，忻州方言却极少用"准保"一词。"管保"与"保管"两词，忻州方言与现代汉语普通话用法基本一致，都没有文献用例中出现的副词用法。《汉语大词典》"管保"首引《红楼梦》第四十六回用例："有什么不称心的地方儿，只管说，我管保你遂心如意就是了。"例证晚出。

现代汉语方言里，与忻州方言用法相同，"保准"用作表"肯定"判断义副词的方言有：东北官话（东北）、冀鲁官话（天津）、胶辽官话（山东荣成）、中原官话（江苏徐州）、晋语（山西太原、岚县）以及江淮官话（江苏南京）。另外，吴语（上海）则是用"保险"来表"肯定"判断义。

秕

忻州方言常用一个读作 pi^{313}pi^{313} 的叠音词表示"遇事不利，遭遇不好"

之义。

查《说文·禾部》："秕，不成粟也，从禾比声。"

"比声"正与忻州方言叠音词之 pi313 音相合。词义方面，"秕"表"不成粟"之义，即收成不好，现代汉语方言里就有"秕秕"表收成不好的用法，如四川南溪县[①]的民谣："可怜可怜真可怜，可怜那年甲申年。上冲干得下冲断，缝口干起尺多宽。黄豆干得弱秕秕，高粱干得没尖尖。""秕秕"由收成不好可引申指不好的事物，忻州方言的 [pi313pi313] 表遇事不利、遭遇不好，词义与之相合。综合以上音、义两方面的情况可知，忻州方言的 pi313pi313 一词就是"秕秕"。例如：

这回可真秕秕，地儿的玉荬子全铺唻（地里种的玉米被风刮倒了）。

真个秕秕咧，夜来（昨天）的大雨浸塌院墙唻。

瑞雪兆丰年呀，来年老天爷给上个好收成哇，可不要像今年这样秕秕唻。

"秕"表"不成粟"义的用例最晚在西周时即已有之。例如：

《书·仲虺之诰》："若苗之有莠，若粟之有秕。"

之后有沿用。例如：

徐光启《农政全书》卷十一："大抵立夏后，夜雨多，便损麦。盖麦花夜吐，雨多花损，故麦粒浮秕也。"

"秕"由此还引申出"不良；败坏"等义。例如：

《国语·晋语》："公使祁午为军尉，殁平公，军无秕政。"秕政则指不良的政治措施。

《后汉书·安帝纪赞》："安德不升，秕我王度。"李贤注："秕，谷不成也。谕政教之秽。"

现代汉语普通话常用"倒霉"或"晦气"表示"遇事不利，遭遇不好"之义，而忻州方言一般不常用"倒霉"或"晦气"，除"秕秕"之外，也用"背兴"一词。

现代汉语方言里，东北官话（东北）和冀鲁官话（山西广灵）都把"遇事不利，遭遇不好"说成"背兴"。此外，忻州方言"背兴"一词还有"讽刺、挖苦"义，如："他还背兴伢（人家）王婶婶咧"。

① 中国民间文学集成全国编辑委员会，中国歌谣集成四川卷编辑委员会编.中国歌谣集成：四川卷：上册[M].北京：中国 ISBN 中心，2004：546.

闭（閉）

忻州方言称述"关、合"之义，常用一个读作 pi^{53} 的动词。

查《说文·门部》："闭，阖门也，博计切。"

博计切为帮母齐韵开口四等去声，忻州方言的 pi^{53} 音声韵调分别与帮母、齐韵开口四等、去声相合。词义方面，"阖门"正有"关、合"之义，忻州方言的 [pi^{53}] 词义与之吻合。综合音义两方面的情况可知，忻州方言的 [pi^{53}] 音之词就是"闭"字。例如：

把家门闭上哇，院儿里刮风土大唰很。

雨下的还大了，把窗子闭住哇，要不招回房里雨来咪。

出去顿唠，把大门给顺手闭上哇，院子里种了些菜，可怕鸡鸭再跑进来糟蹋。

这类用例在先秦时即已有之。例如：

《左传·成公十七年》："闭门而索客。"

之后一直沿用未衰。例如：

韩愈《同窦韦寻刘尊师不遇》诗："院闭青霞入，松高老鹤寻。"

《水浒传》第六回："邻舍两边都闭了门。"

《金瓶梅》第二回："归家便下了帘子，早闭门，省了多少是非口舌。"

《儒林外史》第三十一回："其余的都闭了门在家。"

《红楼梦》第四十一回："回身便将门闭了。"

《花月痕》第五回："（痴珠）用手推那破门，却是闭得紧紧的，无缝可窥。"

《儿女英雄传》第十四回："只是庄门紧闭不开。"

现代汉语普通话表"关合"之义，除使用"闭"之外，还常用"关"或双音词"关闭"，但古代汉语称说"关闭、关门"的"关"多用"闭①"。忻州方言极少用"关闭"的说法，方言中表"关"义时常用"闭"来称说，应该是古代汉语用法的保留。

滗（潷）

忻州方言称述"挡住渣滓或泡着的东西把液体倒出"这一行为动作，常用一个读作 pi^{313} 的动词。

查《广韵·质韵》："潷，鄙密切，去滓。"

---

① 有时也作"阖"，表"关门、关闭"之义。

鄙密切为开口三等质韵帮母，该音节演变至今，在忻州方言里正是读 pi^{31} 音。词义方面，"去渖"也就是"挡住渣滓或泡着的东西把液体倒出"之义，不过是说法不同而已。综合音、义两方面的情况可知，忻州方言的 pi^{31} 音之词就是"滗"字。例如：

把盆子里的面汤滗掉，剩下的面条用凉水罩罩，下顿吃哇。

娃娃们小时候喝的稀粥（小米粥）是滗出来的米汤。

把铫子里的中药滗出来哇，剩下的药渣子倒在窗台上晒晒。

这类用例最晚在东汉时即已有之。例如：

服虔《通俗文》："去汁曰滗。"

之后有沿用。例如：

郎瑛《七修类稿·天地二·杭井泉》："浙西半岁无雨，井泉俱竭……而他井之至深者，惟可滗取之，多味咸。"

陆人龙《三刻拍案惊奇》第十七回："做田庄人，毕竟要吃饭，劳氏每日只煮粥，先滗几碗饭与阮大吃，好等他田里做生活；次后把干粥与婆婆吃，道她年老，饿不得；剩下自己吃，也不过两碗汤，几粒米罢了。"

高濂《遵生八笺·灵秘丹药笺》："勤看，待水澄清去盖，慢慢滗去清水。"

现代汉语方言里，与忻州用法相同的地区有：关中地区、南通市崇川区以及陇右地区。此外，江淮官话（江苏盐城、阜宁）用"滗"称述"把浮在液体上面的泡沫或其他东西弄掉"，如"你弄勺子把汤锅里的血沫子滗得了"，忻州方言里没有此种用法。

煏

忻州方言常用"煏"表示"用火烘干"义，读作 $piə\textipa{P}^2$。

查《广韵》："煏，符逼切，同皔。"

《广韵》："皔，符逼切，火干肉也。"

符逼切为入声并母职韵开口三等，忻州方言的 $piə\textipa{P}^2$ 音声母、韵母、声调与并母、职韵开口、入声相应；词义方面，"煏"是"火干肉"义，可以引申为"用火烘干"义。综合以上音、义两方面可知，忻州方言的 $piə\textipa{P}^2$ 音之词就是"煏"字。例如：

衣服有点潮，拿火煏一煏就干唻。

把炉子生着，煏一煏家哇。

这类用例最晚在北魏时即已有之。例如：

《齐民要术》卷五："凡非时之木，水沤一月，或火焖。取乾，虫皆不生。水浸之木，更益柔肕。"

之后有沿用。例如：

《清史稿》卷一百四十："其火药各厂，如提硝房、蒸硫房、焖炭房、碾炭房、碾硫房、碾硝房、合药房、碾药房、碎药房、压药房、成粒房、筛药房、光药房、烘药房、装箱房，亦次第告竣。"

现代汉语方言中，陕西关中方言也有用"焖"表"用火烘干"的用法。

绵（緶）

忻州方言"緶"与"缝"含义相近，"緶"主要有两种用法，其一是表示"将两边缝合，而且多指将衣服上的裂缝缝合"之义；其二是表示"将小块儿布料覆盖在衣物的某一部位，将其缝合固定"之义，都读作 piɛ³¹³。例如：

袄儿（上衣）上豁（划开）下这么大一道，快去针线緶住些哇。

以前穿的短缺，老是担心衣裳磨烂，有了新裤子，要先在豚子（臀部）上緶两补丁，才开始穿。

查《说文·糸部》："緶，緁衣也，从糸便声，房连切。"

《说文·糸部》："緁，緶衣也，从糸疌声，七接切。"

段玉裁注："緶、緁是为转注。""緁者，緶其边也。"

据李朝虹[①]的考证，《说文》中的这对互训词"緶"与"緁"，用法上有差异，"緶"多用于对合缝之，即将两边缝合，而且多指将衣服上的裂缝缝合；而"緁"指缝花边。忻州方言中，"緶"的第一种用法与"緶"完全吻合，保留了"緶"的本义；"緶"的第二种用法与"緁"有相似之处，都是缝合接续布料到某一成品或半成品衣物上，可看作由"緁"引申而来。

现代汉语方言中，中原官话（陕西商县张家塬、延安，河南洛宁）、西南官话（贵州清镇、四川成都）、吴语（上海，江苏无锡、常州），都将"用针缝"说成"緶"。忻州方言的"緶"与之相比，用法要具体细致得多。

帮衬

忻州方言常用"帮衬"表"在人力或物力上帮助"义，读作 paŋ³¹³tsʻəŋ⁵³。例如：

---

① 李朝虹.《说文解字》互训词研究 [D]. 杭州：浙江大学，2007：202.

他家全凭姨姨家帮衬咧，要不娃娃哪能念大学。

家里条件差，又没人帮衬，就二翔子一人顶杠子咧。

这类用例最晚在元代即已有之。例如：

曾瑞《留鞋记》第二折："今日一天大事，都在这殿里，你岂可不帮衬着我。"

之后多有沿用。例如：

《今古奇观》卷六十五："撰之道：'令姊面前也在吾兄帮衬，通家之雅，料无推拒。'"

《初刻拍案惊奇》卷十："那些衙门中人虽是受了贿赂，因惮太守严明，谁敢在旁边帮衬一句，自然露出马脚。"

《风流悟》第三回："三人又扯三个到小阁里去复试，试完，笑道：'明日到兰花社里去，少不得还要我们帮衬。'"

《桃花扇》第二出："只求杨老爷极力帮衬，成此好事。"

现代汉语方言中，东北官话、中原官话（河南郑州）、西南官话（四川成都）、徽语（安徽绩溪）、吴语（上海，江苏江阴、常州、苏州）、闽语都有"帮衬"表"在人力或物力上帮助"的用法。其中，闽语"帮衬"也叫"帮寸"。

匾扎

忻州方言常用"匾扎"表述"向上卷（衣服）"这一行为动作，读作 $piẽ^{31}tsə\Omega^2$。例如：

"匾扎起裤腿这是做甚去呀？""哎，家里水管子开了，漫了一地水，拾掇拾掇去。"

不用坐这里拉呱（闲聊）味，匾扎起受（干活）哇。

帮我匾扎下袖子，和面不得劲。

"匾扎"最晚在元末明初时即已有之。例如：

《水浒传》第十五回："（阮小五）披着一领旧布衫，露出胸前刺着的青郁郁一个豹子来，里面匾扎起袴子，上面围一条间道棋子布手巾。"第七十四回："（燕青）脱去了里面衲袄，下面牢拴了腿绷护膝，匾扎起了熟绢水裩，穿了多耳麻鞋。"

现代汉语普通话没有"匾扎"一说。现代汉语方言里，中原官话（山东梁山、郓城）将"把两衣襟在腹前相交地缚于腰带上"说成"匾扎"，而忻州方言里没有此类用法。

标致

忻州方言常用"标致"一词称述"容貌俊秀"之义，读作 piɔ³¹³tʂʅ⁵³。例如：

这娃娃越发（更加）标致咦，和她妈妈年轻时候一般般儿（一样）。

你这一双儿女长得真标致，现在毕业了没有呀，还在上学吗？

他家儿子可是个标致后生，人也勤谨，人见人爱哩。

这类用例最晚在宋代即已有之。例如：

庄绰《鸡肋编》卷上："久之，亦自迁坐于众宾之间，乃知洁疾非天性也。然人物标致可爱，故一时名士俱与之游。"

之后有沿用。例如：

《全元杂剧·贾仲明·荆楚臣重对玉梳记》第一折："我也不和你说，伴着那穷丑生，几时是了？我与你又寻了个标致的郎君也！"

《二刻拍案惊奇》卷三："我看这哥哥也标致，我姐姐又没了姐夫，何不配与他了，也完了一件事。"

《今古奇观》卷四："那慧娘生得姿容艳丽，意态妖娆，非常标致。"

《红楼梦》第三回："天下真有这样标致的人物，我今儿才算见了！况且这通身的气派，竟不像老祖宗的外孙女儿，竟是个嫡亲的孙女儿，怨不得老祖宗天天口头心头一时不忘。"

现代汉语普通话也用"标致"一词，但多形容女子。忻州方言则没有这一限定，"标致"也可用来形容男子。

现代汉语方言里，"标致"的使用地区十分广泛，我们依据《汉语方言地图集》整理如表2-2所示。

表2-2　"标致"表"容貌俊秀"义的方言地域

"标致"表"容貌俊秀"义的方言地域	所属省份
绩溪、泾县、芜湖县、歙县	安徽省
莆田、邵武、泰宁、仙游、尤溪	福建省
仁化	广东省
晴隆	贵州省
崇阳、恩施、洪湖、钟祥、秭归	湖北省

续 表

"标致"表"容貌俊秀"义的方言地域	所属省份
茶陵、冷水江、资兴	湖南省
常熟、海门、溧水、启东、苏州、无锡、吴江	江苏省
江西的西部和南部	江西省
西峰	青海省
旺仓	四川省

从以上分布情况可知，"标致"一词的通行区域多为南方方言区。例如：明代顾起元《客座赘语》第一卷"方言"条就有如下表述："南都方言，言人物之长曰苗条，美曰标致……"而现代学者袁家骅[①]在《汉语方言概要》中对此亦有提及："下面搜集了一批吴方言词，大多不见于或少见于北方话，有少数几个也出现在东南各方言。依声母次序排列，……标致：漂亮；必板：一定，必然。……"

那么，南方方言的常用语词"标致"，为何会活跃于地处北方的山西忻州人民的口语中呢？究其原因，大概与南北方人的人口流动、文化交流有关。诚如张月中[②]所言："不同方言为不同的地区人民的沟通工具，经过漫长的历史发展以及语言本身发展和演变过程中，必然发生南北方言互相渗透借用的事实，其结果是南方方言杂有北方方言，反之亦然。"由此可见，语言的作用不仅在于表词达意，更在于传递文化、促进融合。

煿

忻州方言表述"烧煳或烧焦的味道"，常用一个读作"煳 pəʔ² 气"的名词。

查《集韵·铎韵》："煿，伯各切，火干也。"

伯各切为帮母铎韵入声，该音节演变至今，在忻州方言里正是读作 pəʔ² 音。词义方面，"煿"是"火干"之义，可用来表"烘烤、烘焙"，由此可引申指"烧煳或烧焦的味道"，忻州方言"煳 pəʔ² 气"所表意义与之相合。综合音、义两方面的情况可知，忻州方言的 pəʔ² 音之字就是"煿"。例如：

咋一股煳煿气，快去看看锅里的粥。

---

① 袁家骅.汉语方言概要 [M].2 版.北京：文字改革出版社，1983：89.

② 张月中.元曲通融：上册 [M].太原：山西古籍出版社，1999：822.

都闻到煳煿气了，还说没烫坏？

哎呀，一进院子就闻到煳煿气了，这是忙甚哩？

"煿"表"烘烤"之义，最晚在北魏时即已有之。例如：

贾思勰《齐民要术·作酢法》："有薄饼缘诸面饼，但是烧煿者，皆得投之。"

之后有沿用。例如：

陶谷《清异录·馔羞》："用酒溲面，煿饼以进。"

李时珍《本草纲目·蚯蚓泥》："每服五钱，无根水调服，忌煎煿酒醋椒姜热物。"

《水浒传》第一百零四回："（段三娘）十五岁时，便嫁个老公，那老公是垒蠢，不上一年，被他炙煿杀了。"（炙煿，熏烤，亦比喻折磨。炙煿杀，折磨死。）

蒲松龄《聊斋志异·张老相公》："张先渡江，嘱家人在舟，勿煿膻腥。"何垠注："煿与爆同，火干物。"

现代汉语普通话没有"煿"的说法。现代汉语方言里，山西沁县表"煳味"概念也用到"煿"，但与忻州说法稍有差异，读作"煿煳气"。此外，中原官话（山西稷山）表"煳"义用单字"煿"；胶辽官话（山东长岛、牟平）、中原官话（山西稷山）表"烘焙"义用单字"煿"。忻州方言的"煿"没有表"烘焙"义的用法。

宾服

忻州方言老一辈人常用"宾服"表示"服气、佩服"义，读作 piŋ³¹³fə?²。例如：

这事你也能做成，真是宾服你唻。

她宾服老婆婆的嘴皮子，转起弯来就和蚯蚓一般麻利。

这类用例最晚在元代即已有之。例如：

《全元杂剧·无名氏》："岂不闻为官者，打一轮皂盖，列两行朱衣，亲戚称羡，乡党宾服，比那出家，较是不同也。"

之后多有沿用。例如：

《明史》卷七："至其季年，威德遐被，四方宾服，受朝命而入贡者殆三十国。"

《红楼梦》第八十四回："都像宝丫头那样心胸儿脾气儿，真是百里挑一的。不是我说句冒失话，那给人家做了媳妇儿，怎么叫公婆不疼，家里上上下下的不宾服呢？"

崔富强《血祭江桥》："你是为我万国宾闹的事儿，我宾服你，有胆子！看见了吧？我也不糠。姓万的，我说回来就回来！"

现代汉语方言中，东北官话（东北）、冀鲁官话（河北东部）、胶辽官话（山东荣成）都有"宾服"表"服气、佩服"的用法。

不忿

忻州方言常用"不忿"表示"不平、不服气"义，读作 pə^{2}fəŋ^{53}。例如：

他不忿得很哩，一把扯过衣服扔地上。

真是气不忿，他居然在大会上说我的不是。

气不忿，你自己寻主任去，不要在我跟前闹腾。

这类用例最晚在南朝宋时即已有之。例如：

刘义庆《世说新语·文学》："于法开始与支公争名，后情渐归支，意甚不忿，遂遁迹剡下。"

之后多有沿用。例如：

尚仲贤《柳毅传书》第二折："那火龙大施勇烈，俺小龙不忿争强。"

《二刻拍案惊奇》卷二十六："猛想道：'我做了一世的儒生，老来弄得这等光景，要这性命做甚么？我把胸中气不忿处，哭告菩萨一番，就在这里寻个自尽罢了。'"

《明珠缘》第三十四回："四邻来劝解，也有那气不忿的在内生事，闹在一处，挤断了街。"

《红楼梦》第五回："便是那些小丫头们，亦多与宝钗顽笑，因此，黛玉心中便有些不忿。"

《施公案》第二百零三回："这人一肚子气不忿，但在施公前，不敢说出，及至到了客店，还是暗暗地怄气——你道此人是谁？"

现代汉语方言中，冀鲁官话（河北东部、山东西北部）、闽语（福建福州）都有"不忿"表示"不平、不服气"的用法。

薄设设

忻州方言常用"薄设设"表示"形容单薄"义。读作 p'ə^{2}şə^{2}şə^{2}。例如：

闺女买了个烫饼子的机器，烫下的饼子薄设设的，可好吃咪。

看你穿的薄设设的，凉了哇？

这类用例最晚在元代即已有之。例如：

《全元杂剧·关汉卿·闺怨佳人拜月亭》："韵悠悠比及把角品绝，碧荧荧投至那灯儿灭，薄设设衾共枕空舒设；冷清清不恁迭，闲遥遥生枝节，闷恹恹怎捱他如年夜！"

《全元散曲·关汉卿》："银台灯灭篆烟残，独入罗帏淹泪眼。乍孤眠好教人情兴懒。薄设设被儿单，一半儿温和一半儿寒。"

之后多有沿用。例如：

《花酒曲江池》第一折："我将这骨刺刺小车儿碾得苍苔碎，薄设设汗衫儿惹得游丝细。"

现代汉语方言中，粤语（广东广州）、内蒙古西部都有"薄设设"表"单薄"的用法。

不差甚

忻州方言常用"不差甚"表示"差不多"义，读作 pəʔ²tsʻɑ³¹³ʂəŋ⁵³。例如：

这两兄弟不差甚高。

她来了不差甚两年了。

这类用例最晚在清代即已有之。例如：

《二十年目睹之怪现状》第二十回："将来学得好的，就是个精明强干的精明人；要是学坏了，可就是一个尖酸刻薄的刻薄鬼。那精明强干同尖酸刻薄，外面看着不差甚么，骨子里面是截然两路的。"

《儿女英雄传》第九回："因低头看了一看，见那脸盆里张姑娘的一泡尿不差甚么就装满了。他便伸手端起来，也泼在院子里，重新拿进房来小解。"

《醒世姻缘传》第八十三回："你且放宽了心，等我替你算计，也算计不差甚么。"

现代汉语方言中，山西交城也有用"不差甚"表"差不多"的用法。

不因不由

忻州方言常用"不因不由"一词来称述"没有觉察到，没有意识到"之义，读作 bəʔ²iəŋ³¹bəʔ²iəu⁵³。例如：

走着走着，不因不由就来到校门口了，看到娃娃们正在做课间操，我就在门外瞅着里面，使劲寻（找）花花（人名）。

此外，"不因不由"还表某事毫无征兆地出现，多含"冥冥之中自有安排"义。例如：

不用发愁，该做甚做甚，到时候好运气不因不由地就来了。

还真是天搭救呀，这不，不因不由的好消息来了，我们村里要办菜市场了，以后的菜就不愁卖唻。

这类用例最晚在明时即已有之。例如：

《醒世姻缘传》第六十三回："智姐穿了那套得意的衣裳，在那莲华庵烧香，恰好素姐不因不由地也到庵中。"

之后有沿用。如：

李汝珍《镜花缘》第四十五回："柁工被这果香钻入鼻孔，一心想啖，不因不由地把船靠了山角。"

石玉昆《七侠五义》第十九回："恶贼到了此时，恍恍惚惚，不因不由地跟着，弯弯曲曲来到一座殿上。"

《二十年目睹之怪现状》第六十一回："小说能把他们哄动，他们敬信了，不因不由地，便连上等人也跟着他敬信了。"

现代汉语普通话很少使用"不因不由"；现代汉语方言里，晋语（内蒙古伊克昭盟）与忻州方言"不因不由"的用法一致。

㧯

忻州方言称述"抱小孩"之义，常用一个读作 pu^{53} 的动词。

查《广韵·模韵》："㧯，博故切，㧯持。"

博故切为帮母，模韵合口一等去声，忻州方言的 pu^{53} 音，声、韵、调分别与帮母、模韵合口一等、去声相应；词义方面，"㧯"有"㧯持"之义，可用来称述"抱小孩"的动作。综合音义两方面的情况可知，忻州方言的 $[pu^{53}]$ 音之词就是"㧯"字。例如：

小侄女天天让人㧯着，一会儿都不离身，一不㧯就哭闹。

来，孩儿，叫大娘㧯㧯。

这类用例最晚在清代即已有之。例如：

《聊斋俚曲集·姑好曲》："不脱衣服，不脱衣服，白黑一个替身无。就是待溺泡尿，也叫他儿来㧯。"

现代汉语方言里，冀鲁官话（山东淄博）与忻州方言"㧯"的用法相同。

醭

忻州方言常用"白醭"一词表述"醋、酱油或泡制咸菜的液体等表面长的白色的霉"，读作 p'iəʔ²⁰ p'əʔ²。例如：

咸菜瓮子上头有白醭不要紧，下面的菜应该还是好的。

这汤都放多长时间咪，浮头（表面）都有白醭咪，快些倒喽哇。

这类用例最晚在北魏时即已有之。例如：

贾思勰《齐民要术·作酢法》："下酿以杷搅之，绵幕瓮口，三日便发，发时数搅，不搅则生白醭。"

后世的相关用例一直沿用未衰。例如：

王璆《是斋百一选方》："鹿梨根、生姜、白矾、吴茱萸右同于砂盆内，入米醋烂研，以净器盛之，候白醭生，方可用。"

《醒世姻缘传》第八十七回："（郭总兵）叫小厮：'把我的铺盖卷到梢舱里和周相公同榻，再不与这两个臭婆娘睡！闲出他白醭来。'郭总兵使性竟抽身往隔壁舱来和周相公白话。"（此处"白醭"为修辞手法）

从历史文献相关用例来看，不仅有酒、醋或泡制药材的液体等，还有书、衣裳生"白醭"的用法。例如：

杨万里《初秋戏作山居杂兴俳体十二解》之八："自暴群书旧间新，净揩白醭拂黄尘。"

屈大均《广东新语》卷一："暖风所至，百膡蠕蠕，铁力木出水，地蒸液，墙壁湿润生咸，衣裳白醭，书册霉默。"[2]

"醭"的读音在用例中有记载。例如：

李实《蜀语》："物湿蒸变白曰白醭。醭，音仆。"清代福格《听雨丛谈》卷十一："酒醋败而生白，南方曰生毛，京师曰生白醭。按：醭字，普卜切，酒生白也。"

查《广韵·屋韵》："醭，普木切。"

普木切为滂母屋韵合口一等入声，忻州方言的声、韵、调分别与滂母、屋韵合口一等、入声相应；从"醭"发音的相关记载和忻州方言的 p'əʔ² 音可以推测：最晚在宋时，"醭"就读作普木切，演变至清代仍存在读送气音的情况，现代汉语普通话将"醭"读作 [pu³⁵]，是稍后时期的读法。

此外，"白醭"在忻州方言中也用作动词，义为"生白醭"。例如：

---

[1] "白"在忻州方言中有文白两读的现象，在部分词中念白读音 [p'iəʔ²]，如：白醭、白净、白色。

[2] 《广东新语》用例中的"衣裳白醭"，"白醭"作动词用，忻州方言"白醭"的动词用法与之一致。

西头小卖部瓮子里的醋白醭咪，咱们可不要去他家倒醋（买醋）咪。

现代汉语方言里，西南官话（四川）有"白醭"的说法。

餽

忻州方言称述"吃得太饱"之义，常用一个读作 piəʔ² 的形容词。

查《广韵·职韵》："餽，芳逼切，饱貌。"

芳逼切为滂母职韵开口三等入声，该音节演变至今，在忻州方言里正是读作 piəʔ² 音。词义方面，"餽"是"饱貌"义，忻州方言 piəʔ² 所指称的概念与之相合。综合音、义两方面的情况可知，忻州方言的 piəʔ² 音之词就是"餽"字。例如：

好餽呀，我可不能再吃咪。

这半个馒头我还是不吃了，这会儿已经很餽咪。

奶奶不停给我夹菜，吃到最后餽得好难受呀。

现代汉语方言里，吴语（浙江苍南金乡）和客家有相关用法，但都不单用，一般把"吃得太饱"说成复音词"餽饱"。

莍

在制作食品时为了不让面团粘手及面板，或在制作面条时，为了不让下锅煮之前的生面条粘连在一起，都要撒些干面粉（一般用玉米面或高粱面），忻州方言把这种干面粉叫"面 p'əʔ²"。

查《广韵·没韵》："莍，薄没切，入声。屑麦也。"

薄没切并并母没韵入声，该音节演变至今，在忻州方言里正是读作 p'əʔ² 音。词义方面，"屑麦"有"颗粒细小"的特征，可引申指粉末状的干面粉，忻州方言用"面 p'əʔ²"所指称的概念与之相同，其中的 p'əʔ² 就是"莍"字。例如：

擀饺子皮多放上点面莍，不然就粘到一起咪。

你看看碗里头的面莍够不够呀，不够就到南房儿再挖上些。

案板上先撒面莍再放面团，就不会粘咪。

相关用例在《蜀方言》中有记载：

张慎仪《蜀方言》卷上："治面饵用糚曰莍。"

此外，有部分学者认为，这类用例中的"莍"当为"饽"字，并认为与《广韵·没韵》的"饽（饽，蒲没切，面饽）"相合。笔者认为这一观点有待商榷。

《玉篇》有云："馇，贡饼也。"且清代也有类似的用法，如《红楼梦》第四十二回："这是一盒子各样内造小馇馇儿。"另从多地现代汉语方言的使用情况看，面馇多指面饼之类的食品。此"面荠"非彼"面馇"。因此，制作食品过程中所用的"干面粉"，记为"荠"字更为妥帖。

现代汉语方言里，兰银官话（甘肃武威）、吴语（江苏苏州）都有"面荠"的说法。

C

槽

忻州方言表述"有尘土、汗渍、污垢，不干净"之义，常用一个读作 ts'ɔ³¹ 的词。

查《集韵·豪韵》："槽，财劳切，衣失浣。"

财劳切为豪韵开口一等从母，该音节演变至今，在忻州方言里正是读作 ts'ɔ³¹ 音。词义方面，"衣失浣"可引申为"衣服脏"之义，由此又引申出"不仅限于衣服的各种脏"，忻州方言的 ts'ɔ³¹ 所表词义与之相合。综合音义两方面的情况可知，忻州方言的 ts'ɔ³¹ 音之词就是"槽"字。例如：

我这张盖地（被子）槽下个不像样儿哩，得赶快拆洗哩！

你看你袄儿都槽成什么样了，还不赶紧换下来洗洗。

忻州方言中，"槽"还用作名词，指尘土、汗渍、污垢。例如：

凳子上有槽哩，你拿上布子擦一擦再坐！

现代汉语方言里，中原官话（陕西商县张家塬），晋语（内蒙古包头、呼和浩特）用"槽"表"肮脏"之义；胶辽官话（山东临朐）用"槽"形容衣服破烂，也可引申为"不好的事物"，忻州方言的"槽"没有此种用法。

槽头

忻州方言常用"槽头"表示"盛放饲料喂牲口的地方"义，读作 ts'au³¹t'ou³¹。例如：

把骡子拴到槽头上吧。

往槽头里填上些儿草料哇，里头都空喺。

这类用例最晚在元代即已有之。例如：

《全元杂剧·无名氏·罗李郎大闹相国寺》："侯兴，槽头快马备上一匹，多带些钱物，不问那里，与我寻将来。"

《全元杂剧·朱凯·昊天塔孟良盗骨》："比及你架上掇雕鞍，槽头牵战马。"

之后多有沿用。例如：

《西游记》第五十回："众小妖答应一声，把三人一齐捆了，抬在后边，将白马拴在槽头，行李挑在屋里。"

《七侠五义》第一百八回："婆子道：'我这里原是村庄小店，并无槽头马棚。那边有个碾子，就在那碾台儿上就可以喂了。'"

《隋唐演义》第十二回："妇人在柜里面招呼，叫手下搬行李进客房，牵马槽头上料，点灯摆酒饭，已是黄昏深夜。"

现代汉语方言中，晋南方言也有"槽头"表"盛放饲料喂牲口的地方"的用法。

草鸡

忻州方言常用名词"草鸡"指称"母鸡"，念作 ts‘ɔ³¹³tɕi³¹。例如：

夜来（昨天）你家又捉（买）下几个草鸡？

咱家的草鸡已经孵出过两窝小鸡了。

开春后得再养几只草鸡，咱们一家人吃鸡蛋不咋够。

这类用例最晚在元代即已有之。例如：

关汉卿《鲁斋郎》第三折："（李四云）鲁斋郎，你夺了我的浑家，草鸡也不赠与我一个。"

《全元杂剧·包待制陈州粜米》："肥草鸡儿，茶浑酒儿，我吃了那酒，吃了那肉，饱饱儿的了。"

《全元杂剧·十探子大闹延安府》："婆婆，俺准备些肥草鸡儿、黄米酒儿，俺去那祖坟里，烧一陌纸去。"

《全元杂剧·虎牢关三战吕布》："到来日统领雄兵不可迟，营里先拣好马骑。若还野外安营寨，则偷人家肥草鸡。"

现代汉语普通话里，"草鸡"一词多用来指地方土种鸡，而表忻州方言"草鸡"的称呼概念，则用"草鸡"一词。忻州方言很少使用"母鸡"一词，"草鸡"即为日常基本词汇。

现代汉语方言里，山东枣庄、平邑、滨州、菏泽、济宁、阳谷、曹县、曲阜等地，都称"母鸡"为"草鸡"。

碜（硶）

忻州方言表述"因食物杂沙以致吃起来有被细小硬物垫磨牙齿之感"，常用一个读作 ts'əŋ313 的形容词。

查《广韵·寝韵》："碜，初朕切，食有沙碜。"

初朕切为初母、侵韵、开口三等上声，忻州方言的 ts'əŋ313 音，声、韵、调分别与初母、侵韵、开口三等上声相应；词义方面，"碜"是"食有沙碜"之义，可引申表达由此引发的入口感受，忻州方言用 ts'əŋ313 所表之义与之相合。综合音义两方面的情况可知，忻州方言的 ts'əŋ313 音之词就是"碜"字，例如：

这回买的小米不太好，有些碜。

瓮子里的玉茭子面不用蒸窝头了，喂鸭子哇，碜得不能吃。

这是哪里买的大米，咋吃起来这么碜呀？

"碜"表"食物中含有砂砾"之义，最晚在宋时即已有之。例如：宋代苏轼《监试呈诸试官》："调和椒桂酽，咀嚼沙砾碜。"

之后多有沿用。例如：

元稹《送岭南崔侍御》："桄榔面碜槟榔涩，海气常昏海日微。"

"碜"还表"（眼睛）混入沙土等异物"。例如：

梅尧臣《雨中宿谢胥裴三君书堂》诗："夜短竟无寝，困瞳剧尘碜。"

忻州方言里"碜"仅表由"食有沙"引申出的该食物入口后的垫磨牙齿之感，而称述"尘土、飞虫等入眼"这一情形，则用一个念作 pei53① 的动词。例如：

路上 pei53 眼眯，赶紧给我看看，揉了半天也没出来，难活（难受）死了。

现代汉语方言里，与忻州方言用法相同，表沙粒入口感觉的有中原官话（江苏徐州）、晋语（陕西北部）。另外，胶辽官话（山东胶州），中原官话（陕西商县），晋语（陕西北部，河南汲县）、西南官话（湖北武汉），都将"食物中有沙石"说成"碜"。

劗

忻州方言常用"劗"表示"刮伤"义，读作 ts'əŋ53。

---

① pei53 的字形留待今后详考。

查《集韵》："劓，七邓切，音蹭。割過伤也。"

七邓切为去声清母、登韵开口一等，忻州方言 ts'əŋ⁵³ 音的声母、韵母、声调与清母、登韵开口一等去声相应；词义方面，"劓"是"割过伤"义，可以指称"刮伤"。综合以上音义两方面的情况，忻州方言的 ts'əŋ⁵³ 音之词就是"劓"字。例如：

做饭切菜嗓（的时候）手指上劓块皮。

跌了一跌，腿上劓破唻。

现代汉语方言中，冀鲁官话（河北深州、昌黎），中原官话（山东曲阜）都有"劓"表"刮伤"的用法。

成天

忻州方言常用名词"成天"表述"整天，一天到晚"之义，读作 tʂ'əŋ³¹t'iɛ̃³¹。例如：

夜来（昨天）我成天和奶奶在一起，咋就没发觉她的难处呢！

马上要期末考试了，小侄女今儿一天都没出去耍，成天都看书哩。

此外，在忻州方言中，"成天"还可作副词，语义较名词用法进一步虚化，表示经常的意思。例如：

他成天去打麻将，别的啥也不干，谁劝都听不进去。

敏敏小时候成天生病。

小卫迷上了理发，成天往理发店跑，想学人家的手艺哩。

"成天"的名词用法在明时即已有之。也作"成日"。

之后有沿用。例如：

《儿女英雄传》第三十五回："成日里卧不安枕，食不甘味，又将如何？"

《红楼梦》第四十六回："头宗耽误了人家的女孩儿，二则放着身子不保养，官儿也不好生做，成日和小老婆喝酒。"

"成天"的副词用法最晚在清代即已有之。例如：

《红楼梦》第六十九回："他专会作死，好好的，成天丧声嚎气。"《红楼梦》用例即表"经常"义，《汉语大词典》将此例中的"成天"释为"整天，一天到晚"，不够准确。

现代汉语普通话"成天"一般作副词，也说"成日"，忻州方言里没有"成日"的说法，"成天"除用作副词外，也常作名词。

现代汉语方言中，中原官话（河南沈丘）把"整日"说成"成天天"，忻州没有此类表达。

成夜

忻州方言常用名词"成夜"表述"整夜"之义，读作 tʂʻəŋ³¹iɛ⁵³。例如：

小外甥昨晚一夜没睡，成夜写作业，到打早（早上）上学还是没写完。

此外，"成夜"还作副词，表经常义。例如：

你不了解情况，这些人成夜打扑克，白天也不干什么活儿，哪里讲什么干劲儿呀？

自微微上大学以来，你成夜在缝纫机上赶做针线活儿，身体能扛得住吗？

"成夜"的名词用法最晚在南朝宋时即已有之。例如：南朝宋代鲍照《拟古》诗之七："秋蛩扶户吟，寒妇成夜织。"

"成夜"的副词用法最晚在明时即已有之。例如：

之后有沿用。其中有"成日"与"成夜"连用的现象。例如：

《海上尘天影》第五十七回："雪贞道：'也是我三嫂子先说起，说我身子不好，恐不能再生育了。文玉是我见过的，人也文静，你便去娶了来罢，我情愿让他几分。省得你成日成夜的玩了，你去娶了来！从此也可以收心了。'"

现代汉语普通话里，"成夜"一般用作副词，表"整夜"之义一般用"通宵"一词，而忻州方言一般不常用"通宵"。

现代汉语方言中，"成夜"表"整夜"的用法十分普遍，主要有冀鲁官话（山东），中原官话（河南郑州、内黄、新安，山东剡城），晋语（山西榆社、河南修武、沁阳），赣语（江西临川），客家话（广东惠州、东莞、清溪），粤语（广东广州、珠海前山）。

眵

忻州方言里，常用"眵糊"指称"眼屎"，读作 tsʻʅ³¹xu³¹。例如：

早起（早晨）没洗脸就出门咧，眵糊扒在脸上真难活（难受）。

这些天又上火咧，眼儿里的眵糊也比平时多。

眵糊还在脸上哩，才起来呀，都快晌午了，这是睡了多大一个懒觉呀。

"眵"表"眼屎"，最晚在唐时即已有之。

例如：韩愈《短灯檠歌》："夜书细字缀语言，两目眵昏头雪白。"（"眵昏"指目多眵而昏花）

之后有沿用。例如：

范成大《新凉夜坐》诗："简编灯火平生事，雪白眵昏奈此翁。"

赵与时《宾退录》卷六："胶睫干眵缀，粘髭冷涕悬。"

《聊斋俚曲集·富贵神仙》第十二回："五更鼓里天，五更鼓里天，满面皆熏蜡烛烟，试试这眼角眵，只是觉灯花暗。"

"眵"与"糊"连用，始见于清代。例如：

《聊斋俚曲集·慈悲曲》第一回："每日清晨起来天儿也么乌，两眼还是眵儿糊。"

《增补幸云曲》第七回："进院来细端详，见了些女娥皇，个个都有五十上。口里没牙眵糊着眼，东倒西歪晒太阳，通然不像个人模样。""眵儿糊""眵糊着眼"，"糊"在这里当动词，忻州方言的"眵糊"表眼屎义，"眵"是关键之字，"糊"的意义虚化，趋向于词缀。

现代汉语方言里，山西长治与忻州"眵糊"用法相同；另外，东北官话（黑龙江齐齐哈尔，吉林长春、通化、白城，辽宁沈阳、锦州）、北京官话（北京）、冀鲁官话（河北唐山）、胶辽官话（辽宁丹东）、中原官话（安徽阜阳）、晋语（河北邯郸、平山，河南林县），把"眼屎"说成"眵目糊"，这种说法在清代即已有之，忻州方言没有眵目糊的说法。

出伏

忻州方言常用"出伏"表述"出了伏天，即伏天结束"这一概念，读作 tsʼuəʔ²fuər³¹[①]。例如：

夜来（昨天）到出伏了，真年（今年）的热天又过去唻。

这阵子天每（每天）都热得很，今年甚时候出伏咧？

不是已经出伏唻么，咋今天比伏天时候还热了？

"出伏"一词最晚在宋时即已有之。例如：

张耒《出伏后风雨顿凉有感三首》："秋风振秋晓，万境一凄清。……"

杨万里《宋诗钞·江湖诗钞》："入州非不肯，出伏即相过。安得看云语，金盆仄白河。"

之后有沿用。例如：

竹蓑笠翁逸句："蚕一二眠催出伏，秧三四叶尚忧风。"

---

① "出伏"读作 tsʼuəʔ²fuər³¹，后一个"伏"读儿化。忻州方言的很多词必须读作儿化，如：鱼儿、猫儿、鸡儿、裤儿、猴儿等，"出伏"的"伏"也属这一类，这种儿化现象实为一种构词方式。

《钦定大清会典事例》卷七百三十："即雨泽稍缺，于农田固无妨碍，但目下业已过处暑出伏，而烦歊未退，恐民闲不免有蕴蒸致疾之处，朕心望泽孔殷。"

《大清仁宗睿皇帝实录》卷三百七十四："所有上书房阿哥功课，嗣后著改于夏至后立秋前作半课，不必以入伏出伏为程。"

《汉语大词典》"出伏"一词首引元代"竹蓑笠翁"逸句，例证晚出。现代汉语普通话表"伏天结束"也用"出伏"一词。

现代汉语方言里，冀鲁官话（济南）、中原官话（山西万荣）、晋语（太原）、江淮官话（南京）、西南官话（武汉）、徽语（安徽绩溪）、吴语（浙江金华）、客家话（江西于都），都把"伏天结束"说成"出伏"。

出相

忻州方言常用"出相"表述"出丑"之义，读作 ts'uə^2$ʔ^2$ɕiã^{53}。例如：

你哥哥喝醉唻，你快扶他回家哇，要不又在街头出相呀。

快不要在这儿出相唻，回家再说哇。

看你今天出相出的，我在场都觉得丢人。

也说"出洋相"，念作 ts'uə^2$ʔ^2$iã^{31}ɕiã^{53}，如："可不要出洋相唻，亲戚们都看着哩。"

这类用例最晚在明时即已有之。例如：

明代凌濛初《二刻拍案惊奇》卷三："何不配与他了，也完了一件事，省得他出相。"

"出相"最初是"产生宰相或出任为宰相"义。例如：

虞羲《敬赠萧咨议》诗之三："相门出相，德门有德。"

邵伯温《闻见前录》卷十一："一日出相天下，则功被社稷，泽及生灵。"

之后"出相"又指"旧时买妾买婢，由媒人带给买主看看"[1]之义，忻州方言"出相"的"出丑"义即由此引申而来。

现代汉语普通话没有"出相"的相关说法，现代汉语方言里，中原官话（山西新绛）"出相"的用法与忻州方言相同。

---

[1] 阮智富，郭忠新. 现代汉语大词典（上册）[Z]. 上海：上海辞书出版社，2009：578.

初初

忻州方言常用名词"初初"表述"当初、刚开始"之义，念作 ts'u³¹ts'u³¹ 例如：

初初你答应可好咧，这会儿咋就反悔唻？

初初就你同意晨晨进这个学校，咋现在又变唻？

此外，"初初"在忻州方言中还用作副词，表"初次"之义。例如：

你初初看娃娃，没经验，可不能给娃娃吃这么多年糕，消化不动就麻烦唻。

小李初初来忻州，引上他四处逛逛。

这类用例最晚在南宋时即已有之。例如：

杨万里《晚归遇雨》："略略烟痕草许低，初初雨影伞先知。溪回谷转愁无路，忽有梅花一两枝。"

之后有沿用。

现代汉语普通话没有"初初"的说法，而忻州方言"初初"后没有直接加"的"之表达。

现代汉语方言里，吴语（浙江绍兴）、粤语（广东广州，广西南宁）以及闽语（福建厦门）都有"初初"作名词的用法；西南官话（四川成都）、闽语（福建厦门）中"初初"有副词用法，但与忻州方言"初初"作副词的用法含义有别，其是表"刚刚"之义。

串

忻州方言常用"串"表示"游逛，走访"义，读作 ts'uaŋ⁵³。例如：

你去哪儿串唻，一天也没见你？

吃过晚饭后，他到处串了串，才回来睡的觉。

这类用例最晚在宋时即已有之。例如：

《宣和遗事·前集》："（徽宗等）向汴京城里串长街，蓦短槛。"

之后多有沿用。例如：

《水浒传》第二十回："从小儿在东京时，只去行院人家串，哪一个行院不爱他？"

《红楼梦》第七十七回："此时多浑虫外头去了，那姑娘吃了饭去串门子，只剩下晴雯一人，在外间房内趴着。"

老舍《女店员》第三幕第四场："你得一边走一边吆喝，串遍大街小巷。"

现代汉语方言中，晋语（陕西北部、山西柳林）、西南官话（云南腾冲）都有用"串"表"游逛，走访"的用法。

触

忻州方言表述"用言语数落对方"之义，常用一个读作"tsʻu⁵³�①"的动词。

"触"的本义是指羊、牛等用角顶触物体。例如：

《易·大壮》："羝羊触藩，羸其角。"孔颖达疏："羝羊，羖羊也。藩，藩篱也。羸，拘纍缠绕也。……羝羊触藩，必拘羸其角矣。"《说文·角部》："触，牴也。"《说文·牛部》："牴，触也。"触与牴同义互训。因此"触"引申出撞碰、接触、触犯等多种义项。忻州方言的"tsʻu⁵³奊"是"用言语数落对方"义，可由"触犯"的词义引申而来，其中的关键之字 tsʻu⁵³ 就是"触"。例如：

将将（刚刚）在大街上好好触奊一顿王婶家大儿子，这个人呀成天出坏。

你这样触奊人家，人家能放过你？

他怎么可以这样跟奶奶说话，哪天逮着他了，得好好触奊触奊。

用"触"表示"触犯"义，最晚在东汉时即已有之。例如：

王符《潜夫论·贤难》："忠正之言，非徒誉人而已也，必有触焉。"《汉书·元帝纪》："重以周秦之弊，民渐薄俗，去礼仪，触刑法，岂不哀哉！"

之后有沿用。例如：

《新唐书·李渤传》："渤既以峭直触要臣意，乃谢病归。"

《好逑传》第一回："若一味耿直，不知忌讳，不但事不能济，每每触主之怒，成君之过，至于杀身，虽忠何益？"

现代汉语普通话没有"触奊"的说法。另外，忻州方言里，常用 tsʻi³¹³u³¹ 称述"带有不满情绪，甚至用言语顶撞"之义。例如：

小家伙在学校淘气，老师说了两句，非但（不仅）不认错，还和老师触奊。

晌午和校长触奊了几句，实在后悔，当时没控制住。

由于触奊的承受者多为长辈或上级，因此包含"触犯"义，这里的触奊即为"触"的分音形式表达。忻州方言中"触"不仅出现了双音节的分音词，也出现了带后缀"奊"的复音词"触奊"，这点正与汉语构词的双音化趋势相

① 此处"奊"为同音替代字。

吻合。

掫

忻州方言称述"用拳头压揉"这一行为动作，常用一个读作 ts'æ^{31} 的动词。

查《广韵·皆韵》："掫，丑皆切，以拳加物。"又《集韵》："丑皆切"。

丑皆切为清母皆韵开口二等平声，该音节演变至今，在忻州方言正是读作 ts'æ^{31} 音。词义方面，"掫"是"以拳加物"之义，忻州方言用 ts'æ^{31} 所指称的概念与之相合。综合上述音义情况可知，忻州方言表"用拳头压揉"的 ts'æ^{31} 音之词就是"掫"。例如：

明儿（明天）做年糕呀，叫几个人过来掫糕哇。

面和硬一些哇，掫起来费劲，但蒸出来的馒头好吃。

此外，忻州方言用"掫"表"用掫的方式使水、碱面等物融合到已经和好的面团里"，常说成"掫水""掫碱"。例如：

面和太硬唻，得掫水哩。

盆子里的面起（发酵）唻，把它倒在案板上掫碱哇。

这类用例在东汉时即已有之。例如：

玄应《一切经音义》卷十五引乐汉服虔《通俗文》："拳手控曰掫也。"

之后有沿用。例如：

《敦煌变文集·燕子赋》："不问好恶，拔拳即差。"根据蒋礼鸿的考证，"拔拳即差"的"差"当为"掫"，为拳击之义①，拳击即"拳手控"。②

现代汉语普通话称述"以手用力压和揉"这一动作也用"掫"，如："掫面""把衣服洗了又掫"，但很少有忻州方言中"掫水、掫碱"的用法。现代汉语方言里，冀鲁官话（天津）有"掫碱"一词，但与忻州方言的"掫碱"词义不同，是指食用碱，即碱面的意思。

绌（䌷）

忻州方言常用"圪绌"表示"草草地缝"义，读作 kəʔ^2 ts'uoʔ^2。

查《广韵》："绌，竹律切，缝也。"

---

① 蒋文进一步指出：文中"差"就是"搓"的同音通用字，而"搓""掫""扠"实为一字。
② 杭州市政协文史委员会编.之江大学的神仙眷侣——蒋礼鸿与盛静霞[M].杭州：杭州出版社，2012，P159.

竹律切为入声知母术韵合口三等，忻州方言的 ts'uoʔ² 音的声韵调与之相应；词义方面，"绌"为"缝"，忻州方言 ts'uoʔ² 指称的概念与之相合。综合音义两方面的情况可知，忻州方言的 ts'uoʔ² 音就是"绌"字。例如：

婶子，我包包开线咪，你快些给圪绌上几针哇。

袖子开了一个口子，圪绌住些儿还能穿。

现代汉语方言中，陕西北部、山西朔州都有"绌"表"缝"的用法。

撺掇

忻州方言常用"撺掇"一词表示"怂恿"之义，读作 ts'uã³¹tuəʔ²。例如：

这是他姑姑又撺掇上了，孩子回来就一直闹着要去动物园。

没事不要老来撺掇我们家爷爷去山上打核桃了，他年龄大了腿脚不好，家人都不想让老人家再去吃这个苦了。

没人撺掇，你咋想起这事了？

此外，忻州方言里，"撺掇"还表"催促"义，念作 ts'uəʔ²tuəʔ²。例如：

王婶婶这人就是磨蹭，都快误车了，还没出来，你快去撺掇撺掇。

你给咱撺掇众人，天黑前把这两亩玉茭子（玉米）下（收割）完。

"撺掇"最晚在宋代即已有之。例如：

《朱子语类》卷一百二十五："子房为韩报秦，撺掇高祖入关。"（此处"撺掇"意为在一旁鼓动人做某事）

之后一直沿用未衰，且表义十分丰富，可用来表示"怂恿""帮助""催促""张罗、安排""演奏术语"等义，具体分列如下：

表"怂恿"义的有：石德玉《秋胡戏妻》第三折："他那里口口声声，撺掇先生，不如归去。"

《西游记》第三十回："他怪我撺掇师父'念紧箍儿咒'。"

《通俗编》："俗谓诱人为非曰撺掇。朱熹答陈同甫书：'告老兄，且莫相撺掇。'"

《红楼梦》第二回："封肃喜得眉开眼笑，巴不得去奉承太爷，便在女儿前一力撺掇。"

表"帮助"义的有：

《水浒传》第二十六回："王婆和那妇人谢道：'难得何九叔撺掇'，回家一定相谢。"

表"催促"义的有："你这边房子七八也待盖了，撺掇匠人，早些装修、油漆停当。"

表"张罗、安排"义的有：

《张协状元》第四十七出："好姻缘，来辐凑，把你撺掇嫁一个好儿夫，那更效绸缪。"

高明《琵琶记·牛相奉旨招婿》："你不知近日来宅院中小娘子要嫁得紧了，媒婆与他撺掇出门去，临行做对鞋谢媒婆。"

表"演奏术语"义，指古典戏曲乐器演奏术语的有：

白朴《梧桐雨》第二折："请娘娘登盘演一回《霓裳》之舞……（正旦做舞）（众乐撺掇科）"

《蓝采和》第三折："再不去乔装打扮拍撺掇，再不去戏台上信口开合。"

忻州方言的"撺掇"保留了"怂恿"和"催促"义的用法，但读音有别，表"怂恿"念作 ts'uã³¹tuəʔ²，表"催促"念作 ts'uəʔ²tuəʔ²。

现代汉语普通话也有"撺掇"的说法，只表"怂恿"义。现代汉语方言里，中原官话（河南洛阳）"撺掇"一词有"帮助"义，忻州方言没有这一用法。

错

忻州方言常用动词"错"表示"打磨"之义，读作 ts'uɛ⁵³。例如：

这个铁钉当楔子还是有些大，稍微错一错就能用咪。

用废木料钉了个小凳子，但还不平整，还得错上下才行。

上油漆前还得再拿纱布错一遍，刷出来的桌面才光滑油亮。

这类用例最晚在西汉时即已有之。例如：

扬雄《法言·学行》："夫有刀者砻诸，有玉者错诸，不砻不错，焉攸用？"汪荣宝注疏："司马云：'虽有良玉以为刀，不砻则不能断割；虽有美玉，不错则不能成器。'"

之后有沿用。例如：

《鹖冠子·泰录》："去方错圆，神圣之鉴也。"

曹丕《以郑称授太子经学令》："砻之以砥砺，错之以他山。"

现代汉语普通话中"错"有"打磨玉石"之义，如"攻错"，但仅用作书面语，而忻州方言表"打磨"义的"错"是使用频率较高的日常口语。

现代汉语方言中，江苏省宿迁市也有用"错"表"打磨"义的用法。

长

忻州方言常用"长"这一动词表述"多出、剩余"之义，读作 tʂʻɛ³¹。例如：

院子里的砖是垒墙长出来的。

你算算这个月的花销比预算里头长出多少唻？

本以为这些南瓜不够分的，想不到到头来还长出来一车。

这类用例最晚在东周时即已有之。例如：

《孟子·告子下》："交（曹交）闻文王十尺、汤九尺，今交九尺四寸以长，食粟而已。"

之后一直沿用未衰。例如：

《吕氏春秋·观世》："此治世之所以短，而乱世之所以长也。"东汉高诱注："短，少；长，多也。"（例句中提到"短"为"少"，忻州方言有此类用法，具体列后）

高彦休《唐阙史·杨尚书补吏》卷下："有夕道于丛林间者，聆群跕评窃贿之数，且曰：'人六匹则长五匹，人七匹则短八匹。'不知几人复几匹。"

《汉书·食货志》："上孰其收自四，余四百石；中孰自三，余三百石；下孰自倍，余百石。"元代张晏注："平岁百亩收百五十石，今大孰四倍，收六百石。计民食终岁长四百石，官粜三百石，此为粜三舍一也。"（张晏在注解中就用"长"来表"多出、剩余"义）

周梦旸《常谈考误·长音仗》："长字三音：平声在阳韵，上声在养韵；平上二声人多知之，去声鲜有不误者。《韵会·漾韵》注：'长音仗。度长短曰长，一曰余也。'《广韵》：'多也，冗也，剩也。'"

与"长"相对，忻州方言还用"短"来表"缺少、欠"之义，读作 tuã³¹³。例如：

天热了，我短件薄衣裳，后天到镇上买呀。二狗子（人名）还短小卖铺五百块钱，人家寻他还钱，他就来咱家借钱了。

"短"表"缺少"的用例，自上文提到的高诱注文[1]之后，一直沿用未衰。例如：

张华《答何劭》诗："道长苦智短，责重困才轻。"

《红楼梦》第六十一回："今年鸡蛋短得很，十个钱一个还找不出来。

---

[1] 《吕氏春秋·观世》："此治世之所以短，而乱世之所以长也。"[东汉]高诱注："短，少；长，多也。"

《三侠五义》第八十回："好个大庙！盖得虽好，就只门口儿短个戏台"。

现代汉语普通话用"长"表"多出，剩余"义，多见于"身无长物"等表达中，一般不单用。现代汉语方言里，北京官话（北京）、冀鲁官话（河北）、兰银官话（甘肃兰州）、西南官话（云南邵通）、湘语（湖南长沙）都把"多出、剩余"说成"长"。

D

搭剌

忻州方言常用"搭剌"称述"头、肩等向下垂"之义，读作 təʔ² ləʔ²。例如：

搭剌个脑袋，这是咋啦，有谁欺负你咪？

走路顿唠，肩肩不要搭剌，要直腰板精神些。

老了，看看这皱纹，连眼角都搭剌了。

这类用例最晚在元代即已有之。又作"答剌""剌答"。例如：

乔吉《两世姻缘》第一折："便似那披荷叶，答剌着个褐袖肩。"

马致远《黄粱梦》第三折："这一个早直挺了躯壳，那一个又答剌了手脚。"

无名氏《鸳鸯被》第二折："可怜我这没照觑的娇娃，早諕的来手儿脚儿软剌答。"

曾瑞《哨遍·羊诉冤》套曲："我如今剌答着两个蔫耳朵，滴溜着一条粗硬腿。"

后世的相关用例一直沿用未衰，也作"搭拉"。例如：

冯惟敏《南锁南枝》曲："涎瞪了眼，搭拉了头，打一个呵欠，大张着口。"

现代汉语普通话多用"耷拉"一词表"下垂"义。例如：

黄狗耷拉着尾巴跑了。

现代汉语方言里，冀鲁官话（山东淄博）常用"塌趿"称述"头、肩等向下垂"的状态。

《汉语大词典》释"塌趿"一词为"形容目闭失神之貌"，首引例句恰为《醒世姻缘传》第二回的用例，释义似不够准确。

大尽　小尽

忻州方言常用"大尽"称述"农历有三十天的月份"，读作 $tɛ^{53}tɕiəŋ^{53}$；常用"小尽"称述"农历只有二十九天的月份"，读作 $ɕio^{313}tɕiəŋ^{53}$。例如：

下月是大尽还是小尽呀？别忘了月底还有事宴咧。

这个月是小尽，明儿就初一咪。

你会不会在拳头上数大尽小尽呀，妈妈教过我，可这会儿咋也想不起来了。

这类用例最晚在唐时即已有之。例如：

韩鄂《岁华纪丽·晦日》："大酺小尽。"原注："月有小尽、大尽。三十日为大尽，二十九日为小尽。"

后世的相关用例一直沿用未衰。例如：

朱敦儒《小尽行》："藤州三月作小尽，梧州三月作大尽。"

施耐庵《水浒传》第六十九回："原来那个三月，却是大尽。"

蒲松龄《墙头记》第一回："这月里是个小尽，到明日送给他二叔家，尽他和他怎么嗝去。"

此外，古代天文学称北斗星斗柄所指为"建"。一年之中，斗柄旋转而依次指向十二辰，称为十二月建。夏历（农历）的月分即由此而定，如正月称建寅，二月称建卯，三月称建辰，四月称建巳……十一月称建子，十二月称建丑。　例如唐代诗人杜甫的诗句：

《戏赠友》诗之一："元年建巳月，郎有焦校书。"

《草堂即事》诗："荒村建子月，独树老夫家。"

清代宪历每月下例载；"某月大（或小），建某某。"当时有误将"小"与"建"连读表月份的情况，如：

魏源《圣武记》卷五："……惟以地支所属纪年……更有闰日而无小建。"

之后"小建"一直被沿用，同时产生了与之相应的称谓——"大建"。在现代汉语普通话中就常用"大建""小建"来表农历的大小月。忻州方言中没有"大建""小建"的表述，只说成"大尽""小尽"。

现代汉语方言里，与忻州用法相同的地区十分广泛，主要有：东北官话（辽宁沈阳，吉林长春、白城）、北京官话（河北承德）、冀鲁官话（天津，河北唐山、新城，山东济南、寿光、淄博）、胶辽官话（山东青岛、烟台、荣城，辽宁丹东）、中原官话（河南郑州、灵宝，山东平邑、剡城，江苏徐州，陕西宝鸡，青海西宁）、晋语（山西太原、大宁、永济，内蒙古集宁，河北邯郸，河南获嘉）、兰银官话（甘肃兰州、新疆乌鲁木齐）、西南官话（四川云阳），吴语（浙江象山）。

单另

忻州方言常用"单另"表示"单独、另外"义，读作 t ɑ ŋ³¹³li⁵³。例如：

单另给她做上些饭，多放点辣椒。

单另叫他过来，又给他开了一遍会。

这类用例最晚在清代即已有之。例如：

《三侠剑》第二回："原来那个年月开铁铺的，都代卖刀枪，在这铺子里面架子搭着两架刀枪，花枪也有，枪杆与枪尖子单另放着的，架子上又摆着护手钩、铁尺。"

《红楼真梦》第三十八回："那边众姐妹和胡氏另坐了一席，只惜春单另吃斋。"

《红楼真梦》第五十九回："贾蕙入朝谢恩，皇上又单另召见，先问贾政的病状，又问到从前册封越裳之事，面加奖勉。"

《孽海花》第九回："说着，就拉出三人中一个四五十岁的老者，单另坐开。"

现代汉语方言中，东北官话（东北）、北京官话（北京）、中原官话（新疆吐鲁番、新疆鄯善）、晋语（山西忻州）、兰银官话（甘肃兰州、新疆乌鲁木齐）、西南官话（湖北武汉、云南腾冲）都有用"单另"表"单独、另外"义的用法。

当是

忻州方言常用"当是"表示"以为，认为"义，读作 t ɑ ŋ³¹³ʂɿ⁵³。例如：

我当是送饺子来咪，结果是送营生来咪。

你当是我和你妹子一般好说话呀，这事和你没完。

这类用例最晚在清代即已有之，十分普遍。例如：

《二十年目睹之怪现状》第九十回："你当是和中国督抚一般，可以随时调剂私人的么？"

《小五义》第四十四回："蒋爷说：'你这么大的声音会叫人听见。你当是在你家里头呢！'"

《醒世姻缘传》第十二回："高四嫂道：'这成不得！我当是四衙里，跟着您走走罢了；这来回百十里地，我去不成！’往外就走。”

之后有沿用。例如：

张长弓《送粮》：“要看春天那个旱劲儿呵，还当是毁了呢！”

现代汉语方言中，东北官话（东北）、中原官话（河南洛阳）、晋语（山西襄垣）都有用"当是"表"以为、认为"的用法。

牴

忻州方言称述"用角撞击"之义，常用一个读作 ti³¹³ 的动词。

《说文·牛部》："牴，触也，都礼切。"

都礼切为端母齐韵开口四等上声，该音节演变至今，在忻州方言里正是读作 ti³¹³ 音。词义方面，"牴"为"触"义，可引申指用角触、用角撞击，忻州方言用 ti³¹³ 所指称的概念与之相合。从以上音义两方面看，忻州方言的 ti³¹³ 音之词就是"牴"字。例如：

牛羊惹急了会牴人的。

牛好牴人，不要让娃娃们逗牛了，要不很危险的。

此外，忻州孩子们之间还有称作"牴牛牛"①的游戏。例如：

小时候嗓老跟红红牴牛牛，红红一输就会哭老半天。

这类用例最晚在汉代即已有之。例如：

《论衡·异虚》："汉孝武皇帝之时，获白麟，戴两角而共牴。"

现代汉语普通话没有"牴"称述"用角撞击"的用法。在现代汉语方言里，冀鲁官话（河北保定）、中原官话（陕西西安）都把"角或牛角"说成"牴角"，忻州方言没有"牴角"的说法。

低三下四

忻州方言常用"低三下四"表示"形容低声下气地求人办事"义，读作 ti³¹³saŋ³¹³ɕia⁵³sʅ⁵³。例如：

求人办事低三下四咧，真个难咧。

这会儿的信用社存取钱不用再低三下四唻，工作人员的态度好得很咧。

这类用例最晚在清代即已有之。例如：

《红楼梦》第一百零一回："但他素性要强护短，听贾琏如此说，便道：‘凭

---

① "牴牛牛"：一种游戏双方各出一手指头，通常为食指，对触以比力量大小。

他怎么样，到底是你的亲大舅儿。再者，这件事死的大太爷、活的二叔都感激你。罢了，没什么说的，我们家的事，少不得我低三下四地求你了，省得带累别人受气，背地里骂我。'"

《桃花扇》第一出："这击磬播鼓的三四位，他说：'你丢下这乱纷纷的排场俺也干不成。您嫌这里别处寻主，只怕到那里低三下四还干旧营生。俺们一叶扁舟桃源路，这才是江湖满地，几个渔翁。'"

现代汉语方言中，吉林方言也有用"低三下四"表"形容低声下气地求人办事"的用法。

铫（铫）

忻州方言称述一种"煎药的器具"，常用一个读作"tiɔ⁵³ 子"的名词。

《说文·金部》："铫，温器也。"段玉裁注："今煮物瓦器谓之铫子。"

《广韵·萧韵》："铫，徒弔切。""弔"同"吊"。

徒弔切为定母萧韵开口四等去声，这个音节演变至今，在忻州方言里正是读作 tiɔ⁵³ 音。词义方面，"温器"即煮物瓦器，可用来引申指煎药器具，忻州方言用"tiɔ⁵³ 子"所表词义与之相合，综合音义两方面的情况可知，忻州方言的 tiɔ⁵³ 音之字就是"铫"。例如：

把药铫子里头的药渣倒出来哇，已经煎过两回味。

这个铫子可有些儿年头了，是祖辈传下来的。

此外，忻州方言中"铫子"还可用于称述"烧水或煮东西的器具"。例如：

取铫子坐① 上些水哇，温壶（暖瓶）里头没水咪。

一会儿煮面呀，铫子里头添上水哇。

这类用例最晚在东汉末即已有之。例如：

曹操《上器物表》："臣祖腾（曹腾），有顺帝赐器……御物有纯银粉铫一枚，药杵臼一具。"

后世的相关用例一直沿用未衰。例如：

苏轼《试院煎茶》："且学公家作茗饮，砖炉石铫（石铫，即陶制的铫子）行相随。"

《红楼梦》第四十五回："每日早起拿上等燕窝一两，冰糖五钱，用银铫子熬出粥来。"

---

① 用铫子烧水常用到一个读作 tsuɛ⁵³ 的动词，此处的"坐"为同音替代字。

龚自珍《驿鼓》诗之一："夜久罗帱梅弄影，春寒银铫药生香。"

由以上用例可知，铫子的主要材质有陶瓦、金属等，多用来烧水或煮东西。据清末学者赵汝珍在《古玩指南·铜器》中的考证："铫，铛之有柄有流者"来看，铫子是一种有柄，有出水嘴的烹煮器。忻州方言中的"铫子"与之相比有别：药铫子材质多为陶瓷制品，有柄有流，顶上多有小盖；用来烧水或煮东西的铫子，多为铁制，大敞口，有一柄或两耳。时代发展至今，很多炊具都变成了铝或不锈钢，之前用来煎药或烹煮的铫子也逐渐在忻州人的日常生活中隐退，但某些相关习俗还在传承着。如需要煎药时，向别人借用的煎药铫子是不能还回去的，除非主人需用时亲自前来拿取[①]。

现代汉语普通话里有"铫子"一词，但没有忻州关于药铫子的忌讳。现代汉语方言里，冀鲁官话（山东寿光）、江淮官话（安徽安庆）、胶辽官话（山东临朐）、吴语（江苏无锡、苏州），都把"烧水用的壶"说成"铫子"。

断

忻州方言常用"断"表示"追，拦截"义，读作 tuɑŋ^{53}。例如：

牛跑坡上去唻，快把它断回来。

你走这么慢，哪能断上他？

这类用例最晚在南朝宋时即已有之。例如：

《后汉书·杜茂传》："坐断兵马禀缣。"

《后汉书·盖勋传》："因军兴，断盗数千万。"

之后有沿用。例如：

《儒林外史》第三十八回："你既有胆子断路，你自然有些武艺。"

现代汉语方言中，中原官话（山东曲阜、江苏徐州）、江淮官话（安徽合肥、江苏扬州）、西南官话（湖北武汉、四川成都、贵州清镇、云南昆明）、湘语（湖南长沙、双峰）、赣语（江西南昌）、客家话（广东梅县）都有"断"表示"拦截，堵截"的用法。

丢丢

忻州方言"红、黑、明、圆、小"等形容词常与叠音后缀"丢丢"连用，

---

① 忻州民间一般认为药铫子寓意着疾虐病痛，不归还药铫子用意在于不将灾病传给他人。

读作 tiəu³¹tiər³¹①，加重修饰程度，多含褒义色彩。例如：

这盆枣红丢丢儿，甜圪莹莹咧，可好吃咧。

院子里的葡萄能吃咧，选上串紫黑丢丢儿的给王奶奶尝一尝。

捡回来的鸡蛋圆丢丢儿一个，圆丢丢儿一个，看着心里就高兴。

有时也与"圪"连用，组成"小圪丢丢儿""红圪丢丢儿"，等等。例如：

宇宇才三岁半，小圪丢丢儿就知道给爸爸苹果吃，真亲（乖巧聪明）咧。

这篮子樱桃红圪丢丢儿，真好看哩。

这一用法最晚在元代即已有之。例如：

《白兔记》第二出："刘伯伯，多时不见，吃得这般脸儿红丢丢的，好像个老猴孙屁股。"

李文蔚《同乐院燕青博鱼》第二折："我去那新红盒子内，揢着这常占胜不占输、只愁富不愁穷、明丢丢的几个头钱问。"

李直夫《虎头牌》第三折："你把那明丢丢剑锋与我准备，他误了限次，失了军期，差几个曳剌勾追。"

武汉臣《生金阁》第一折："你不知道我那库里的好玩器……光灿灿玻璃盏，明丢丢水晶盘，那一件宝物是无有的？"

之后一直沿用未衰，如：

杨慎《丹铅总录》引古谚："早霞红丢丢，晌午雨浏浏。晚霞红丢丢，早晨大日头。"

《汉语大词典》未收录此用法。现代汉语普通话很少有形容词加词缀"丢丢"的用法，但在忻州方言中十分常见。现代汉语方言里，山西左云有"圆丢丢""红丢丢"的用法。

嘟噜

忻州方言常用"嘟噜"一词表示"一堆、一串"之义，作量词多用于称述连成一串或一簇的东西，读作 tuə∂²luei³¹②。例如：

到葡萄架下挑上几嘟噜紫丢丢的葡萄给小外甥拿上回家吃。

这一嘟噜一嘟噜的小串串花真好看，叫什么名字呀？

这一嘟噜葡萄可就值钱了，没看出来吧，是石头做的。

---

① 此处的儿化现象与"出伏"条的儿化现象同。

② 有时也读作 tuə∂² luə∂²。

“嘟噜”最晚在清代即已有之。例如：

《红楼梦》第六十七回：“这马蜂最可恶的，一嘟噜上，只咬破两三个儿，那破的水滴到好的上头，连这一嘟噜都是要烂的。”

之后有沿用。例如：

《红楼真梦》第五十七回：“芳官掐了一嘟噜带着水珠的藤花要给柳五儿戴上，五儿忙拦住道：‘这花儿还没干呢，别滴答我一身水。’”

《明清民歌时调集·霓裳续谱》第六卷：“姐儿门前笑嘻嘻，抬头看见一外挑担的，可是卖果子的，姐儿爱吃个香水梨，给我别的，白说了我不依，拿了嘟噜葡萄递与姐，姐儿摇头把嘴儿咂，怪酸的，酸的溜的。”

现代汉语普通话“嘟噜”一词除用作量词外，还表“向下垂着、耷拉”和“连续颤动舌或小舌发出的声音”，如：“嘟噜着脸”“打嘟噜儿”。忻州方言表这两类含义时，均不用“嘟噜”来称述。

现代汉语方言里，北京官话（北京）把“累赘的携带”说成“嘟噜”，如“到哪儿去都嘟噜着个孩子”，中原官话（江苏徐州）把“扫射”说成“嘟噜”，作动词，如“用机关枪嘟噜”，忻州方言则没有相关用法。

F

乏

忻州方言用“乏”指称“疲倦、无力”义，读作 fɑʔ²。例如：

今儿可乏得不行唻，明儿再接着干哇。

才干了一会儿，全身乏，只好撩下不管唻。

这类用例最晚在汉时即已有之。例如：

《吴越春秋·吴太伯传第一》：“三年余，行人无饥乏之色。乃拜弃为农师，封之台，号为后稷，姓姬氏。”

一直沿用至今，例如：

《新五代史·唐臣传·周德威》：“因其劳乏而乘之。”

《三国演义》第四十回：“此时各军走乏，都已饥饿。”

《逸周书》卷一：“罚多则困，赏多则乏，乏困无丑，教乃不至。”

《红楼梦》第十一回：“我们今儿整坐了一日，也乏了。”

《黑奴恨》第一场："好啊，使劲打，打到你手乏了为止！"

现代汉语方言里，中原官话（陕西西安）也有"乏"表"疲倦、无力"的用法。

发引

忻州方言常用"发引"一词表示"出殡"之义，读作 f ɑ ʔ²iəŋ³¹³。例如：

我听说王三妗子（舅母）外后儿（大后天）发引呀。

发引可是大事，要准备的东西远不止这些，孝衫、纸扎都得有。

听王爷爷说要是娶媳妇的和发引的路上正好撞见，要让发引的先过，这是老规矩。

《礼记·檀弓下》："吊于丧者必执引。"唐代孔颖达疏："引，柩车索也。"

《中国礼仪大辞典》① 记载："旧时出殡，灵柩放在车上，由送丧者执柩车的绳索（引）前行，称发引。"

此类用例最晚在汉时即已有之。例如：

应劭《风俗通·十反·豫章太守汝南封祈》："今李氏获保首领，以天年终，而诸君各怀进退，未肯发引。妾幸有三孤，足统丧纪。"

"发引"指"出殡、灵车启行"义的用例最晚在南朝宋时即已有之。例如：

范晔《后汉书·范式传》："式便服朋友之服，投其葬日，驰往赴之。式未及到而丧已发引。既至圹，将窆而柩不肯进。"

之后一直沿用未衰。例如：

《旧唐书》卷六十四列传十四："（彭王李元则）永徽二年薨，高宗为之废朝三日，赠司徒、荆州都督，陪葬献陵，谥曰思。发引之日，高宗登望春宫望其灵车，哭之甚恸。"

《全辽文》卷六："公之归葬也，命上京副留守邢公定发引之仪。"

李焘《续资治通鉴长编》卷五十八："明德皇后发引前夕，百官赴临，祐之班定方至，搏临毕而至，惟演等不至，为御史所纠劾故也。"

《元史》卷二百列传第八十七："李君进妻王氏，辽阳人。大德八年，君进病卒，卜葬，将发引，亲戚邻里咸会。"

余继登《典故纪闻》卷十五："成化八年，以悼恭太子发引，改殿试于十五日。"明代朱国祯《涌幢小品》卷九："母丧发引，仿家礼，去幡幢鼓乐，用人

---

① 周文柏.中国礼仪大辞典[Z].北京：中国人民大学出版社，1992：211.

为方相，市儿争哗笑之。"

《红楼梦》第一百十一回："到了辰初发引，贾政居长，衰麻哭泣，极尽孝子之礼。"

现代汉语普通话里没有"发引"之说。现代汉语方言里，晋语（山西太原、山阴、朔县、定襄、寿阳），赣语（江西新余），都把"出殡"说成"发引"。

富态

忻州方言常用"富态"表示"体态丰腴"义，读作 fu^{53}t'ai^{53}。例如：

你家媳妇长得可真富态，可娶好咉。

也作"富态态"，读作 fə$?^2$ t'ai^{53} t'ai^{53}。例如：

这富态态的，一看就是个有福长相。

这类用例最晚在清代即已有之。例如：

《红楼复梦》第二十回："老太太瞧见头一班第三个，生得很端庄富态，穿着件旧绿纱衫，青纱裙，不像个丫头气慨，问道：'你叫什么名字？'"

《补红楼梦》第四十七回："湘云道：'这祉哥儿相貌就很富态，生的还快么？'"

现代汉语方言中，东北官话（吉林长春）、北京官话（北京）、冀鲁官话（天津，山东济南、聊城）、中原官话（河南洛阳、商丘、南阳，陕西西安、渭南）、晋语（山西太原）、兰银官话（新疆乌鲁木齐）、江淮官话（江苏南京、镇江、扬州、盐城，安徽合肥）、西南官话（四川成都、湖北武汉）、湘语（湖南长沙）都有"富态"表示"体态丰腴"的用法，也作"富胎"。

凫水

忻州方言常用"凫水"表示"游泳"义，读作 fu^{31}suei^{313}。例如：

你会凫水哇，一起去耍？

娃娃们学凫水快。

这类用例最晚在清代即已有之。例如：

《信及录·英夷晓士求释记里布禀》："是以兵役过船查拿，其时奸民夷众，纷纷凫水脱逃，而现获之夷人，尚在抗拒。"

《三侠剑》第三回："三人凫水过去，混海金鳌孟金龙，伸出虎掌将小船持住，船上喽卒一看，吓了一跳。"

《施公案》第二百三十回："孙龙被关小西如何枭了首级，赵虎如何被棍打倒,于亮如何被李昆弹子打中左眼,李配如何凫水而逃,如何被何路通在水底里捉住?"

现代汉语方言中,冀鲁官话(河北保定、山东济南)、胶辽官话(山东烟台、临朐)、中原官话(陕西西安、江苏徐州)、晋语(陕西延川、内蒙古呼和浩特)、西南官话(四川成都、贵州清镇)、徽语(安徽绩溪)都有用"凫水"表"游泳"的用法。

扶搊

忻州方言常用动词"扶搊"称述"用手轻轻架住对方的手或胳膊"这类行为动作,读作 fu³¹ts'əu³¹。例如:

楼梯滑,快把奶奶扶搊住些,可怕跌倒咧。

他醉得都站不稳了,你快去扶搊扶搊。

上次见李爷爷还下地干活儿哩,咋还不过半年,走路还得个人扶搊了?

这类用例最晚在明时即已有之。也作"搊扶"。

之后多有沿用。例如:

《绿野仙踪》第三十三回:"再看文魁,也在地下倒着要往起扒,殷氏连忙跳下炕来,将文魁扶搊。"第八十四回:"庞氏连忙下地相迎,苏氏满面笑容,说道:'我今日是与太太道喜',说着,拉不住地叩下头去,慌得庞氏扶搊不迭。苏氏叩头起来,庞氏让他坐。"

《汉语大词典》释《醒世姻缘传》"快手把三个上了锁,扶搊了靳时韶、任直两个来见大尹"一例的"扶搊"为"拉扯"义有误。

现代汉语普通话没有"扶搊"一词,需表"用手轻轻架住对方的手或胳膊"之义时,常用"搀扶"一词。忻州方言表该义除用"扶搊"一词,也常用单音节词"搀"。例如:"快搀住些儿姥姥",但极少说"搀扶"。

翻盖

忻州方言常用"翻盖"表示"把旧的房屋拆除后重新建造"义,读作faŋ³¹³kai⁵³。例如:

你家这是翻盖呀?

今年挣下些钱,准备明年天暖和了翻盖呀。

这类用例最晚在明时即已有之。例如:

《西游记》第四十九回:"我因省悟本根,养成灵气,在此处修行,被我将祖居翻盖了一遍,立做一个水電之第。"

之后多有沿用。

现代汉语方言中,山东临沂方言也有用"翻盖"表"把旧的房屋拆除后重新建造"的用法。

G

敢是

忻州方言表示"莫非、大概是"之义,常用读作一个 kã^{313}sʅ^{53} 的副词。例如:

每年庙会唱戏,二奶奶都会雷打不动地在戏台对面摆摊卖豆腐脑,今年咋没见咧,敢是前阵子去了闺女行(闺女家)住还没回来咧?

敢是我迟到啦?大厅里咋没人呀?

过年都没见着人,敢是又去闺女家住唻?

这类用例最晚在元代即已有之。例如:

《陈州粜米》第二折:"这老子怎么瞅我那一眼,敢是见那个告状的人唻。"

后世的相关用例一直沿用未衰。例如:

《二刻拍案惊奇》第二十一卷:"从来说做公人的捉贼放贼,敢是有弊在里头?"

冯梦龙《警世通言》卷二十八:"白娘子道:'我将银子安在床上,只指望要好,哪里晓得有许多事情?我见你在这里,我便带了些盘缠,搭船到这里寻你。如今分说都明白了,我去也。敢是我和你前生没有夫妻之分!'"

《隋唐英雄传》第五回:"此马敢是要卖的,这市上人哪里看得上眼!"

《老残游记》第十四回:"大哥这两天没见,敢是在庄子上么?"

《儿女英雄传》第十八回:"姑娘听了这话,低头一想:'这里头却有这么个理儿。我方才这一阵闹,敢是闹得有些孟浪。然虽如此,我输了理可不输气,输了气也不输嘴。且翻打他一耙,倒问他!'"

现代汉语普通话里需表忻州方言的"敢是"之义时,多用"莫非、莫不是"来称说。

现代汉语方言里,东北官话(东北)、中原官话(江苏徐州)、晋语(河南获嘉、陕西北部）、闽语（广东海康），都常将"莫非、大概是"说成"敢是"。

擀

忻州方言多用"擀"这一动词称述"用棍棒来回碾（使东西延展变平、变薄或变得细碎）"这一行为动作，读作 kã^{313}。例如：

买的面条不好喝（吃），还是自己擀的白面好喝。

旧时吃角角（饺子），皮子不是擀下的，是用手捏开的。

先把面团擀开，擀好后我来放馅儿。

这些红薯粉（红薯淀粉）里头尽圪蛋（小块），拿到案子（案板）上擀一擀再和哇。

这类用例最晚在宋时即已有之。例如：

孙光宪《北梦琐言·逸文》卷二："有能造大饼，每三斗面擀一枚，大于数间屋。"

之后多有沿用。例如：

《遵生八笺·饮馔服食笺》下卷："案上先洒薄荷末，乘热上案，面上仍用薄荷末，擀开，切象眼块。"

李渔《闲情偶寄·饮馔部》："先以椒末、芝麻屑二物拌入面中，后以酱醋及鲜汁三物和为一处，即充拌面之水，勿再用水。拌宜极匀，擀宜极薄，切宜极细，然后以滚水下之，则精粹之物尽在面中，尽勾咀嚼，不似寻常吃面者，面则直吞下肚，而止咀咂其汤也。"

现代汉语普通话称述"用棍棒来回碾"这一行为动作，也使用"擀"。忻州用法与此基本一致。

在现代汉语方言里，东北官话（东北地区）把"来回细擦"说成"擀"，而西南官话（四川成都）把"刮脸、修面"说成"擀"，忻州方言没有此类用法。

割

忻州方言常用动词"割"称述"买肉"这一行为动作，读作 kəʔ^2。例如：

你到铺子里割肉，你在家和面，咱晌午包肉包子哇。

这又买菜又割肉的，敢是家里来戚人唻？

到早市上割肉顿唠（的时候）了，少要肥肉，家里人都爱见瘦肉。

这类用例最晚在清代即已有之。例如：

吴敬梓《儒林外史》第三十九回："又拿出百十个钱来，叫店家买了三角酒，割了二斤肉，和些蔬菜之类。"

现代汉语普通话没有"割"的此类用法，忻州方言表"买肉"义的动词"割"是十分常用的。

现代汉语方言里，冀鲁官话（河北昌黎、山东济南）、中原官话（陕西西安、山西曲沃）、晋语（山西太原、五寨、朔县）、江淮官话（安徽合肥）、西南官话（四川成都、湖北武汉）、闽语（福建仙游），都称说"买肉"为"割肉"。

各人

忻州方言常用"各人"一词称述"自己"，读作 kəʔ²zəŋ³¹。例如：

各人平时就不操心，不怪人家数落你。

说你也不信，各人到姥姥家看去哇。

咱们几个老姐妹各人就会做针线，不用请街头的李裁缝过来。

李奶奶看到医生的样子（表情），心里精明（知道）各人活不了多久了。

这类用例在明末即已有之。例如：

《傅山全书》第四册："其实我两个各人走了也罢。"

之后相关用例一直沿用未衰。例如：

《红楼梦》第四十五回："赖嫂子回去说给你老头子，两府里不许收留他小子，叫他各人去罢。"第五十七回："你以后也不用白给那些人东西吃，他尖刺让他们去尖刺，很听不过了，各人走开。"第六十七回："凤姐儿骂道：'什么糊涂崽子！叫他自己打，用你打吗！一会子你再各人打你那嘴巴子还不迟呢。'那兴儿真个自己左右开弓打了自己十几个嘴巴。"第七十七回："凤姐又问道：'谁和他住着呢。'兴儿道：'他母亲和他妹子，昨儿他妹子各人抹了脖子了'。"

《儿女英雄传》第一回："这班儿发落他阎浮人世去，须得先叫他明白了前因后果，才免得怨天尤人。但是天机不可预泄，可将那天人宝镜放在案前，叫他各人一照，然后发落。"

《汉语大词典》首引《红楼梦》用例，例证晚出。现代汉语方言里，冀鲁官话（河北玉田）、中原官话（陕西北部）、江淮官话（安徽合肥）、晋语（山西朔县、岚县、五寨、定襄）、西南官话（四川成都，云南永胜，贵州黎平、赫章）都用"各人"称述"自己"。

公家

忻州方言常用"公家"一词称述"国家、机关、团体"等官方机构或部门，读作 kuəŋ³¹³ tɕia³¹。例如：

等咱们老了，公家给每年发钱呀。

这是公家的东西，哪能想拿走就拿走呀？

你这是跟公家过不去呀，哪能这样做事哩？

这类用例早在东汉时即已有之。例如：

《汉书·食货志下》："（商贾）财或累万金，而不佐公家之急，黎民重困。"

后世的相关用例一直沿用未衰。例如：

《三国志·魏志·毛玠传》："公家无经岁之储，百姓无安固之志，难以持久。"

范仲淹《上资政晏侍郎书》："某尝辱不次之举，矧公家之事，何敢欺默。"

陶宗仪《南村辍耕录》第六卷："公家富奇石，不许常人同。研山出层碧，峥嵘实天工。"

《水浒传》第一百零八回："萧嘉穗道：'……萧某见若干有抱负的英雄，不计生死，赴公家之难者，倘举事一有不当，那些全躯保妻子的，随而媒孽其短，身家性命，都在权奸掌握之中。'"

杜纲《北史演义》卷五十四："众曰：'此公家事，废立由公，群臣何敢有违！'遂斩乙弗凤、贺拔提于宫门之外，杀孙恒于漳州。"

《痴人福》第一回："田义道：'大爷的田地房租，一年准有四十万，舍得一季的花利，就够助边饷了。欲要助公家的粮饷，须捐私囊破余赀（资），往上司衙门呈状。'"

现代汉语普通话也用该词，例如：

不能把公家的东西据为己有。

骰

忻州方言称述"老鼠"，常用一个读作 kuər³¹① 的名词。

《康熙字典》记载："骰，《唐韵》《集韵》古禄切，音谷；《玉篇》鼬鼠也；《广韵》鼲骰，鼠名。"

---

① 此处的读音是 kuəʔ² 的儿化，因此仍有喉塞音 ʔ 的发音特征，这一儿化形式实为一种构词方式。

古禄切为见母屋韵入声，忻州方言里的 kuər³¹ 音与之相应。词义方面，"鼥"是"鼠名"义，忻州方言由此引申指老鼠，从音义两方面来考虑，忻州方言的 kuər³¹ 音之词就是"鼥"字。"鼥"也作"鼣"。例如：

把剩下的饭菜收罗起，别让鼥作害喽。

小时候经常听奶奶讲鼥娶媳妇儿的故事。

鼥可不好抓哩，家里还是离不了个猫。

现代汉语普通话不用"鼥"来称说"老鼠"。忻州方言极少说"老鼠"而是说"鼥"，它是忻州方言日常基本词汇。

现代汉语方言里，晋语（山西临县）与忻州发育用法相同。

榾柮

忻州方言常用"榾柮"称述"木柴块，树根疙瘩"，读作 kuəʔ²tuəʔ²。例如：

院里头做柜子剩下的榾柮，晾晒下，过些天稍稍劈下，垒旺火用哇。

我去家具厂捡些榾柮，还有不少，后晌你也一起去哇。

这些榾柮哪能直接烧火呀，湿不说了还大得很，起码得劈一劈哇。

这类用例最晚在前蜀时即已有之。例如：

贯休《深山逢老僧》："衲衣线粗心似月，自把短锄锄榾柮。"

后世相关用例一直沿用未衰。例如：

陆游《霜夜》："榾柮烧残地炉冷，喔咿声断天窗明。"

许仲琳《封神演义》第八十九回："真个是：柳絮满桥，梨花盖舍。柳絮满桥，桥边渔叟挂蓑衣；梨花盖舍，舍下野翁煨榾柮。……丰年祥瑞从天降，堪贺人间好事宜。"

曹寅《和静拙翁围炉原韵》："绝塞穿庐火，山堂榾柮炉。"

林朝崧《无闷草堂诗存》卷二："客窗剪烛故情长，睡触屏风倦仆僵；榾柮满炉亲煮茗，一村对酌胜琼浆。"

蔡廷兰《海南杂著》："去关行六七里，日垂暮，宿岭上野人家。夜严寒，床头烧榾柮与弟烘之。"

现代汉语方言里，有此用法的地区有：胶辽官话（山东莱阳、胶州）、中原官话（山东东平）。

孤拐

忻州方言常用"孤拐"表示"脚腕两旁突起的部分"义，读作 ku³¹³kuai³¹³。

例如：

将将盘腿坐了一会儿，压得我这孤拐真疼咧。

哎呀，差些儿跌倒，正好碰到孤拐瘤瘤上唻。

这类用例最晚在元代即已有之。例如：

宫天挺《范张鸡黍》第一折："你每说到几时，早不是腊月里，不冻下我孤拐来。"

之后多有沿用。例如：

《三宝太监西洋记》第十七回："老爷亲眼看着拿榔头的，却又敲了一敲，恰好是第二个长班叫起来，说道：'敲得我的孤拐好疼哩！'"

《欢喜冤家》第二回："众人乱骂起来：'你倒杀人，俺们在此陪工夫。还不快说！我们私下先打他一顿，再去见差人说话。他若不说，待我拿去夹他的孤拐，自然说了。'"

《西游记》第七十五回："说不了，孤拐上有些疼痛，急伸手摸摸，却被火烧软了，自己心焦道：'怎么好？孤拐烧软了！弄做个残疾之人了！'"

现代汉语方言中，东北官话（东北）、北京官话（北京）、冀鲁官话（山东淄博）、晋语（山西长治、文水、平遥）、兰银官话（甘肃兰州）、江淮官话（甘肃兰州）、江淮官话（江苏盐城、南京、扬州）、西南官话（四川成都）、吴语（江苏江阴）都有"孤拐"表"脚腕两旁突起的部分"的用法。

箍

忻州方言常用"箍"表示"强迫，逼迫"义，读作 ku^{313}。

《广韵》："箍，古胡切，以篾束物。"

古胡切为平声见母模韵合口一等，该音节发展至今在忻州方言正是读作 ku^{313} 音；词义方面，"箍"是"以篾束物"义，可引申为"围束、约束"，忻州方言 ku^{313} 音的"强迫、逼迫"义能够由此引申而来。综合音义两方面的分析，忻州方言的 ku^{313} 音之词就是"箍"字。例如：

这娃娃写作业老得叫人箍住咧，不箍写不完。

你想些法子把他箍家里，别让他出门惹事。

这类用例最晚在明时即已有之，也作"估"。例如：

顾起元《客座赘语·诠俗》："设法范围于人曰'箍'。"

之后有沿用。例如：

《后官场现形记》第三回："这孩子越闹越不成了，你要箍住黄老爷叫你什么？"

现代汉语方言中，江淮官话（江苏东台）、西南官话（四川成都）都有"箍"表"强迫，逼迫"的用法。

聒

忻州方言常用"聒"一词称述"喧闹，声音高响或嘈杂"，读作 kuəʔ²。例如：

电磨的声音可聒哩，你说了些什我些儿（一点儿）也没听见。

娃娃们到院儿耍圪哇，一前响吱里哇抓（吵闹的声音）耳朵都要聒聋了。

成天开着录音机放戏听，声音好大，耳朵都快聒坏了。

这类用例最晚在汉代即已有之。例如：

王逸《九思·疾世》："鹍雀列兮哗欢，鸲鹆鸣兮聒余。"

历代不乏其例，一直沿用未衰。例如：

王安石《和惠思岁二日二绝》："为嫌归舍儿童聒，故就僧房借榻眠。"

汤式《湘妃引·有所赠》："莺煎燕聒惹相思，雁去鱼来传恨词，蜂喧蝶闹关心事。"

姚鼐《榖树》："恶木岂能妨志士，吾庐何厌聒繁蝉。"

现代汉语普通话不常用"聒"表"声音嘈杂"。

现代汉语方言中，中原官话（陕西商县张家塬、陕西西安、山东梁山）、晋语（陕西绥德）用法与忻州方言类似，将"声音杂乱扰人"说成"聒"，如"别敲了，都快聒死我了！"吴语（浙江宁波）"聒"表"从旁稍微听到一些"之义，忻州方言中没有此类用法。

掴（摑）

忻州方言称述"以手击打对方"这类行为动作，常用一个读作 kuəʔ² 的动词。

《广韵·德韵》："掴，古或切，打也。"

古或切为见母麦韵合口二等入声，该音节演变至今，在忻州方言里正是读作 kuəʔ²。词义方面，"掴"是"打"义，在忻州方言里专指"用手击打对方"，忻州方言的 kuəʔ² 音之词就是"掴"字。例如：

小二狗（人名）是个酒鬼，夜来又喝醉唻，他大气不过，掴了他两掴子，小二狗自己也气扑扑的，跟手（接着）在脸上掴了自己一巴掌。

忻州方言里表"打"义时，还用到一个读作 k'uɛ^{313} 的动词。例如：

我装作很凶的模样儿对三岁多的牛牛说："再不听话可 k'uɛ^{313} 你呀！"

可不敢淘气了，小心完了你爸爸知道后，少 k'uɛ^{313} 不下你。

查《唐韵》《广韵》《集韵》"敤"读音均为"苦果切"。《广雅·释诂》："敤，椎也。"王念孙疏证："椎，击也。"

苦果切为溪母、戈韵合口、一等上声，忻州方言的 k'uɛ^{313} 音声母、韵母、声调分别与溪母、戈韵合口一等、上声相合。词义方面，"敤"有"击"义，忻州方言的"打"义与之相合。综合以上两方面考虑，忻州方言的 k'uɛ^{313} 音之词就是"敤"字。

"㧻"与"敤"相比，"㧻"多带贬义色彩，从击打力度来看，"㧻"要比"敤"大，从击打方式来看，"㧻"指用手直接打，而"敤"除表"用手直接打"外，更多时候表"拿棍棒击打"。

"㧻"表"以手击打对方"的用例最晚在唐时即已有之。例如：

《广异记》第三卷："寺主怒甚，倚柱而坐，以掌㧻之。"

卢仝《示添丁》："父怜母惜㧻不得，却生痴笑令人嗟。"

之后的相关用例一直沿用未衰。例如：

《祖堂集》卷十三："保福举手而便㧻，保福却问师：'汝道我意作摩生？'"

叶梦得《避暑录话》卷下："执之十字路口，痛与百㧻。"

李致远《还牢末》第一折："我如今手㧻着胸膛悔后迟。"

《全元散曲》："这冤仇怀恨千钧重，见时节心头气㧻。想盼的我肠断眼睛儿穿，直㧻的他腮颊脸儿肿！"

《永乐大典》卷一万六千八百四十二："后任建宁路知事，大德辛丑秋，一日其总领者，于和义方下，忽见前妇以手㧻其面。"

纪昀《阅微草堂笔记·滦阳续录四》："老儒怒，急以手磨砚上墨渖，㧻其面而涂之。"

何孟春《余冬序录》卷一："宋张咏镇成都，日见一卒抱小儿在廊下戏，小儿忽怒，㧻其父。"

现代汉语方言里，与忻州用法相同的地区有：中原官话（河南南阳）、吴语（江苏无锡薛典、常熟）。

跟手

忻州方言常用"跟手"表示"随即，接着"义，读作 kəŋ^{313}ʂəu^{313}。例如：

他跟手倒把我说的话翻给我大嫂咪。

客人一走，婶子跟手就把家拾掇咪。

这类用例最晚在清代即已有之。例如：

《红楼真梦》第四十三回："师父教了两遍。跟手就讲了那'关关，是鸟声，'雎鸠'是鸟名，就不讲我也懂得。"

《官场现形记》第三回："钱典史连忙跪倒，同拜材头的一样，叩了三个头，起来请了一个安，跟手又请安，从袖筒管里取出履历呈上。"

之后有沿用。例如：

《市声》第一回："他老婆下了机器，量三升米，跑到井上去淘了，跟手就到竈下煮饭。"

杨纤如《伞》第十章："靠后院门的一个人，立即关上院门，跟手抽出明晃晃的苗刀，金刚般地站在那里。"

现代汉语方言中，冀鲁官话（天津）、晋语（山西太原、静乐）、西南官话（四川成都）、粤语（广东阳江）都有"跟手"表示"随即，接着"的用法。

跟底

忻州方言常用"跟底"表示"面前，旁边"义，读作 kəŋ³¹³ti³¹³。例如：

快把放在墙跟底的白面拿过来。

就在你脚跟底，半天咪寻不见。

这类用例在宋时即已有之。

之后多有沿用。例如：

《全元杂剧·关汉卿》："唬得我连忙跪膝，不由我泪雨似扒推；可又来到我跟底，不言语立地；我见他出留出律两个都回避。"

关汉卿《玉镜台》第三折："一发地走到跟底，大家吃一会没滋味。"

《全元杂剧·无名氏》："我、我、我，突磨到多半晌走到他跟底，呀、呀、呀，可怎生无一个睬我的？来、来、来，我将这羞睑儿且揣在怀儿内。"

现代汉语方言中，晋语（山西临县）也有"跟底"表"面前，旁边"的用法。

滚水

忻州方言常用"滚水"表示"开水，热水"义，读作 kuəŋ³¹³suei³¹³。例如：

家里有滚水没有咪，给娃娃泼上些奶粉。

奶奶提着一壶滚水进来，催促我洗漱。

这类用例最晚在元代即已有之。例如：

《全元散曲·马致远》："他心罢，咱便舍，空担着这场风月。一锅滚水冷定也，再撺红几时得热。"

之后多有沿用。例如：

《明珠缘》第四回："一娘接过滚水来，度了几口下去，渐渐身上才暖，同小厮扶他上床。"

《三侠剑》第四回："老家人胜忠服侍胜爷睡了一觉，老家人给倒过一杯白滚水，胜爷问道：'天至何时？'"

《醒世姻缘传》第二十六回："做水饭分明是把米煮得略烂些好吃，又怕替主人省了，把那米刚在滚水里面焯一焯就撩将出来，口里嚼得那白水往两个口角里流。"

现代汉语方言中，晋语（山西临县、离石、内蒙古临河）、西南官话（四川成都、自贡）、赣语（江西宜春、新余、鄱阳、莲花，福建泰宁、建宁）、客家话（江西瑞金、赣州蟠龙、福建明溪）、闽语（福建邵武、光泽、仙游、大田前路、莆田）都有"滚水"表"热水"的用法。

果不其然

忻州方言常用"果不其然"表示"果然不出所料"之义，读作 $kuε^{313}pə?^2tɕ'i^{31}ʐã^{31}$。例如：

你当时就说小侄子一定有出息，果不其然，真年（今年）考上大学了。

姥姥老说你常吃凉的东西以后会有胃病，果不其然，现在还真应上这句话了。

考场上就觉得发挥特别好，成绩下来后，果不其然，这次又得了奖状。

这类用例最晚在明时即已有之。

之后有沿用。例如：

《儒林外史》第三回："我说：'姑老爷今非昔比，少不得有人把银子送上门来给他用，只怕姑老爷还不希罕。'今日果不其然！"

乌有先生《绣鞋记》第十一回："叶氏安人行近叫声：'儿呀，你往叶家查问原由，何以归来这般形状？定然被荫芝凌辱，以致如此惨伤。我亦也曾言过，叫你不好往他家理论，恐其送肉上砧。今者果不其然，但彼如何将你凌辱，可即从实说与母知。'"

现代汉语普通话也将"果不其然"用作"果然不出所料",忻州方言极少有"果然"的用法。

现代汉语方言里,表"果然不出所料"之义时,胶辽官话(山东常岛)用"果不了然"或"果不料然"来称说,而胶辽官话(山东牟平)则用"果不溜然"来称说。

过房

忻州方言常用"过房"一词称述"无子而以兄弟或同宗之子为后嗣"的现象,读作 kuɛ⁵³faˀ³¹。例如:

王婶家小儿子过房给他舅舅了。

现在还有没有兄弟子孙之间过房的事了?以前过房是很普遍的事。

此外,忻州方言"过房"也指以别人的儿女为儿女,或认别人为义父母。例如:

哥哥是十来岁的时候从邻村做豆腐的王婶家过房给舅舅的,今年哥哥都快三十唻,和舅舅妗妗(舅妈)相处得可好哩,都胜过亲生父母唻。

这类用法最晚在宋时即已有之。例如:

欧阳修《答曾舍人书》:"父子三纲,人道之大,学者废而不讲。晋绅士大夫安于习见闾阎俚巷过房养子,乞丐异姓之类,遂欲讳其父母。"

叶梦得《石林燕语》卷五:"哲宗将纳后,得狄谘女,宣仁意向之,而庶出过房,以问宰执。"

之后仍有沿用。例如:

武汉臣《玉壶春》第一折:"他自身姓张,幼小间过房与我做义女,如今十八岁了,诗词歌赋,针指女工,无不通晓。"

《元史·刑法志》:"诸乞养过房男女者听,奴婢过房良民者,禁之。"

《元典章·户部·家财》:"周桂发本无嗣,将嫡侄周自思自幼过房为子。"

冯梦龙《万事足买妾求嗣》:"老身姓窦,小女玉儿,为因夫弃世,家业凋零,难以度日,欲将此女过房与人。"

现代汉语普通话常用"过继"表示"过房"之义。忻州方言多使用"过房"一词,但不常用"过继"。

现代汉语方言里,山西阳泉把"无子而以兄弟或同宗之子为后嗣"常说成"过房"。山西临县把"无子而以兄弟或同宗之子为后嗣"常说成"过嗣",与忻州"过房"一词用法相同。

H

寒毛

忻州方言常用"寒毛"一词称述"汗毛"这一概念，读作 xã³¹ mɔ³¹。例如：

这天儿真冷呀，风一起，寒毛都竖起来唻。

雪地里行路，最怕是起风，风一来，才叫冻哩，脸上寒毛都冻住唻。

这类用例最晚在唐时即已有之。例如：

《晋书·隐逸传·夏统》："闻君之谈，不觉寒毛尽戴，白汗四匝，颜如渥丹，心热如炭，舌缩口张，两耳壁塞也。"

之后这类用例一直沿用未衰。例如：

陈师道《魏衍见过》诗："洒然堕冰井，起粟竖寒毛。"

《全元杂剧·唐明皇秋夜梧桐雨》："语喧哗，闹交杂，六军不进屯戈甲。把个马嵬坡簌合沙，又待做甚么？唬得我战钦钦遍体寒毛乡。"

《全元杂剧·钱大尹智勘绯衣梦》："心绪浇油，脚趄趄家前后，身倒在门左右。觉一阵地惨天愁，遍体上寒毛抖擞。"

《水浒传》第五回："过往人看了，果然是个莽和尚，但见：皂直裰背穿双袖，青圆绦斜绾双头。戒刀灿三尺春冰，深藏鞘内……嘴缝边攒千条断头铁线，胸脯上露一带盖胆寒毛。"

《姑妄言》卷十九："若再装饰起来，可称个十全的佳人了，但只是脸上寒毛都冻得直竖竖的，真令人可怜。"

《红楼梦》第六回："只要他发点好心，拔根寒毛比咱们的腰还壮呢！"第八十八回："将近三更，凤姐似睡不睡，觉得身上寒毛一乡，自己惊醒了，越躺着越发起瘆来，因叫平儿秋桐过来做伴。"

《狄公案》第五回："洪亮见了这光景，已唬得面如土色，浑身的寒毛竖立起来，紧紧地站在狄公后面。"

现代汉语普通话有"寒毛"一词，也作"汗毛"。忻州方言极少说"汗毛"，多用"寒毛"一词表"汗毛"之义。

汉

忻州方言有时用名词"汉"称述"丈夫"这一概念，读 [xã53]。例如：

人家不回来吃饭咪，这真是茶婆姨等汉哩。

表该义时，多用双音节"老汉"来称说。例如：

你家老汉昨天买的西红柿苗好呀不好，要好我也去买上些儿。

这条围巾是我老汉进城给我买的，可暖和咧，里头有羊绒哩。

你老汉明年还做不做衣服买卖了？

此外，在忻州方言中，"老汉"也作"老头"讲。例如：

卖小米的老汉今年都八十出头咪，身体好得很。

"汉"作"丈夫"义最晚在明时即已有之。例如：

《西游记》第二十三回："八戒道：'娘，你上覆令爱，不要这等拣汉。想我那唐僧，人才虽俊，其实不中用。我丑自丑，有几句口号儿。'妇人道：'你怎地说么？'"

之后有沿用。也作"汉子"。例如：

吴敬梓《儒林外史》第十四回："那些女人后面都跟着自己的汉子。"清代蒲松龄《聊斋志异·小翠》："姑不与若争，汝汉子来矣。"

薅

忻州方言常用一个读作 xɔ313 的动词称述"拔去田草"这类行为动作。

《广韵·豪韵》："薅，呼毛切，除田草也。"

呼毛切为晓母豪韵开口一等平声，该音节演变至今，在忻州方言里正是读作 xɔ313 音。词义方面，"除田草"即"拔去田草"，忻州方言的 xɔ313 所表之义与之相同。综合音义两方面的情况可知，忻州方言的 xɔ313 音之词就是"薅"字。例如：

你媳妇儿到地儿薅苗子去咪。

夜来（昨天）薅玉茭子（代指田里的玉米苗）去咪，还剩下些儿没弄完，这会儿去割杀（将剩余任务全部完成）唠哇。

这类用例最晚在西周即已有之。例如：

《诗·周颂·良耜》："其镈斯赵，以薅荼蓼。"《朱熹集传》："薅，去也。"

后世有沿用。例如：

《国语·晋语五》："曰季使，舍于冀野，冀缺薅，其妻馌之。"韦昭注："薅，耘也。"

《汉书·王莽传中》："予之南巡，必躬载耨，每县则薅，以劝南伪。"颜师古注："薅，耘去草也。"

贾思勰《齐民要术·水稻》："稻苗渐长，复须薅；拔草曰薅。薅讫，决去水，曝根令坚。"

之后词义进一步扩大，泛指拔去。例如：

韩愈《司徒兼侍中赠许国公神道碑铭》序："自吾舅殁，五乱于汴者，吾苗薅而发栉之，几尽。"

方孝孺《林泉读书斋铭》："内划其秽，外薅其戕，不吝以亏，不骄以亢。"

《儿女英雄传》第二十五回："邓九公哈哈大笑道：'师傅又错了？……薅你师傅的胡子好不好？'"

忻州方言称"拔去田草"为"薅"，还保留着词的本意。忻州方言中"薅"只用于称述田间庄稼。

现代汉语方言里，江淮官话（江苏涟水）、闽语（福建沙县）、粤语（广东增城）、冀鲁官话（河北唐山）、胶辽官话（辽宁丹东）、晋语（内蒙古临河、山西长治）、江淮官话（安徽安庆），西南官话（云南永胜），都有用"薅"表"除草"之义的用法。

帗

忻州方言常用"帗"称述"小孔或某缺损处由某物填充或覆盖而消失"这一变化，读作 xuəʔ²。例如：

前阵子打唠两个耳朵窟儿（耳朵眼儿），一直没带耳环，将将（刚刚）一看，两个都帗住咪。

种花池子快两年了没管，草长得把它帗住了。

《说文·巾部》："帗，覆也。"忻州方言的"帗"的词义与之相合。

这类用例最晚在东周时即已有之。例如：

《仪礼·士丧礼》："死于适室，帗用敛衾。"郑玄注："帗，覆也。"

后世的相关用例不多见，但一直沿用未衰。例如：

《儿女英雄传》第三回："我这妹子右耳朵眼儿豁了一个。"

《儿女英雄传》一例中的"豁"，正是忻州方言中"帗"的用法，并且在忻州方言中，"帗"与"豁"读音相同，均读 xuəʔ²。其次，"豁"的用法中没有例句中所涉及的使用情况，"豁"应为"帗"的同音误写。故学者李长云[①]将此例句中的"豁"释为"裂开"义，是不正确的。

现代汉语普通话"帗"没有忻州方言涉及的相关用法。

现代汉语方言里，东北官话、河南方言都有"帗"表"覆盖"义的用法。

囫囵

忻州方言常用"囫囵"一词表示"完整、整个儿"这一概念，读作 $xuə?^{22}luəŋ^{31}$。例如：

月饼都压坏了，连个囫囵的也寻不出来喽。

炸鱼前腌鱼顿唠（的时候）不要切成块子，要拿囫囵鱼。

你也学学人家小赵细嚼慢咽哩，哪是你这模样，简直就是囫囵咽喽。

这类用例最晚在宋时即已有之。例如：

《碧岩录》第三卷："若是知有的人，细嚼来咽；若是不知有的人，一似囫囵吞个枣。"

这一用法之后一直沿用未衰。例如：

《全元杂剧·冻苏秦衣锦还乡》："昨日个风又起，今日个雪乍晴。则我这领破蓝衫刚有那一条囫囵领，那夜里不长叹到二三更。"

《西游记》第二十四回："（八戒）见了果子，拿过来，张开口，毂辘的囫囵吞咽下肚。"

《西游记》第四十回："行者道：'你怎么这等量人！常言道，一叶浮萍归大海，为人何处不相逢！纵然他不认亲，好道也不伤我师父。不望他相留酒席，必定也还我个囫囵唐僧。'"

《水浒传》第一百一十九回："智深听了，摇首叫道：'都不要！要多也无用。只得个囫囵尸首，便是强了。'"

罗懋登《三宝太监西洋记》第十七回："哪晓得他钉碗全不是这等钻眼，全不是这等钉钉，抓了一把碎磁片儿，左手倒在右手，右手倒在左手，口里吐了两口唾沫，倒来倒去，就倒出一个囫囵的瓯儿来，双手递与三宝老爷。"

《天工开物·膏液》："凡皮油造浊法起广信郡，其法取洁净柏子，囫囵入釜甑蒸，蒸后倾入臼内受舂。"

---

① 李长云.河南方言中的古语词例释[J].郑州航空工业管理学院学报（社会科学版），2015(4):86.

现代汉语普通话表"完整，整个儿"之义也时常使用"囫囵"一词，且多用作"囫囵觉"或"囫囵吞枣"。与之相比，忻州方言"囫囵"的用法则更为宽泛。

花糕

忻州方言有一种过春节时蒸的一种祭神食品，称作"花糕"，读作 $xua^{31}k\mathfrak{d}^{31}$。例如：

都快腊月二十三咪，得快些儿蒸花糕咪。

李奶奶手巧，捏的花糕精巧咧很，蒸熟后花糕上的花瓣越发利好看咪。

现在的年轻人多半不会蒸花糕了。

相关用例最晚在明时即已有之。例如：

刘侗、于奕正《帝京景物略·春场》："九月九日……面饼种枣栗，其面星星然，曰花糕。糕肆标纸彩旗，曰花糕旗。父母家必迎女来食花糕。或不得迎，母则诟，女则怨，小妹则泣，望其姊姨，亦曰'女儿节'。"

之后有沿用。例如：

富察敦崇《燕京岁时记·花糕》："花糕有二种：其一以糖面为之，中夹细果，两层三层不同，乃花糕之美者；其一蒸饼之上星星然缀以枣栗，乃糕之次者也。每届重阳，市肆间预为制造以供用。"

从以上用例看，"花糕"都有由面与枣蒸制的意思，但忻州的花糕[1]与用例中不同。从花糕的相关习俗看，忻州多用于春节祭神，节日中没有"必迎女来食花糕"所指的"女儿节"，重阳节也没有吃花糕的传统。

现代汉语方言里，山西文水、太谷有吃花糕的习俗，当地农历九月初九叫重阳节，又称女儿节，九月初九当天女儿要吃两口母亲备好的花糕。

回门

忻州方言常用"回门"表达"出嫁女子首次回娘家"[2]这一现象，读作 $xuei^{313}m\mathfrak{d}\mathfrak{y}^{31}$。例如：

---

[1]　忻州的"花糕"，底盘先是面团擀制的圆形薄层，其上铺满枣，之后再加一层与底盘形状大小相当的面制薄层，底层就制作完成了，在底层之上摆放面团捏制的各种花型，如云勾勾（即云朵）等，其间在恰当的位置加枣以点缀，花糕制好之后，将其置于大蒸笼中蒸熟即可。

[2]　忻州回门多为婚礼的第二天，由于新郎要一同回新娘娘家拜谒岳父母和家族中的长辈，因此也称为"回女婿子"。

到哪儿上事宴去呀？王姐家，她家闺女真儿（今天）回门了。

闺女回门顿唠（的时候），咱家办咧热热闹闹了。

回门也称作"回女婿子"。例如：

回女婿子有什么讲究呀，要不去问问老辈的叔叔们？

这类用例最晚在元代即已有之。例如：

《隔江斗智》第二折："等我对月回门之日，我见母亲，自有话讲。"

之后的相关用例一直沿用未衰。例如：

《石点头》第五回："虽不是金榜题名，也算是洞房花烛。成亲之后，一般满月，然后打发起身。归到广西，一般是双回门，虽非衣锦还乡，也算荣归故里。"

《红楼梦》第一百零八回："一日，史湘云出嫁回门，来贾母这边请安。"

《官场现形记》第三十八回："花轿过去，一切繁文都不必说。到了三朝，宝小姐同了新姑爷来回门。"

《二十年目睹之怪现状》第六十五回："这里的拜堂、合卺、闹房、回门等事，都是照例的，也不必细细去说了。"

现代汉语普通话也有"回门"的说法，但时间不限于婚礼的第二天，且一般不常用"回女婿子"这类表述。与忻州风俗相似，第二天回门的地区有：晋语（山西太原）、中原官话（山西运城万荣县）、吴语（上海崇明县）、胶辽官话（山东牟平）。

豁

忻州方言常用动词"豁"表示"割开"之义，读作 xuə$\mathrm{?}^2$。例如：

把鸡肚子豁开，清除干净了，再下锅煮哇。

此外，"豁"还表"缺损、缺口"这一概念，用作"豁子"，读作 xuə$\mathrm{?}^2$tə^{20}[1]。例如：

丽丽这段时间老是跌（掉）头发，到哪儿看都治不好，得老（头）上都有几处豁子哝，理发顿唠（的时候）师傅尽量把豁子周围的头发留长一些，但还是遮盖不住。

切刀（菜刀）上有几个豁子，都不好使唤（使用）咪。

好好本书扯下个豁子，这可是问老师借下的。

---

[1] 忻州方言的词尾"子"多读作 tə^{20}，有时也念 lə$\mathrm{?}^2$。

找上几块砖把墙上的豁子快些儿补住哇。

"豁"在历史文献中的用例十分丰富。其中单用表"缺损"的用例，最晚在北魏时即已有之。例如：

贾思勰《齐民要术·种谷》："稀豁之处，锄而补之。"

单用表"缺口"的用例，最晚在唐时就已出现。例如：

韩愈《落齿》："忆初落一时，但念豁可耻。"

"豁"单用表"割开"义的用例最晚在元代产生。例如：

《刘弘嫁婢》第一折："着他把头发披开，顶门上着碗来大艾焙灸，豁开他两个耳朵，他就好了。"

与历史用例不同的是，忻州方言表"缺损或缺口"之义时，"豁"不单用，要说成"豁子"。

"豁子"一词表"缺损"的用例最晚在元末即已有之。例如：

《粉妆楼》第十二回："沈谦叫声'不好'，就往旁边一让，只听得一声滑喇，将沈谦的紫袍刺了一个五寸长的豁子。"

之后一直沿用。现代汉语方言里，东北官话（黑龙江齐齐哈尔），北京官话（北京），中原官话（江苏徐州）都将"缺口"说成"豁子"。

害娃娃

忻州方言常用"害娃娃"表示"妊娠反应"义，读作 xai⁵³uɑ³¹³uɑ³¹³。例如：

老婆害娃娃，就想吃那绿色的毛杏儿。

害娃娃难过，吃药可不管用。

这类用例最晚在明时即已有之，也作"害孩子"。

之后有沿用。例如：

曹去晶《姑妄言》卷十二："这牛氏吃了他十数丸，他原是害娃娃，过了那几日就好了。"

现代汉语方言中，中原官话（新疆吐鲁番）、晋语（山西榆次、陕西北部）、兰银官话（新疆乌鲁木齐）、东北官话（东北）、冀鲁官话（天津、河北昌黎）都有"害娃娃"或"害孩子"表"妊娠反应"的用法。

J

敁

忻州方言表示"用筷子夹取"之义，常用一个读作 $tɕi^{31}$ 的动词。

《广韵·支韵》："敁，居宜切，箸取物也。"

居宜切为见母支韵开口重钮三等平声，该音节演变至今，在忻州方言里正是读作 $tɕi^{31}$ 音。词义方面，"箸取物"也就是"用筷子夹"之义，不过是说法不同而已。综合音义两方面的情况可知，忻州方言的 $tɕi^{31}$ 音之词就是"敁"字。例如：

你快多敁点儿这个豆芽菜吃，这豆芽是自家的豆子做的。

艳艳（人名）多给爷爷敁些菜。

醋黄豆好吃，就是吃顿唠（的时候）不好敁。

刘起昆[①]认为，"敁"在《广韵》的反切注音"居宜切非"。从忻州方言的 $tɕi^{31}$ 之音来看，不可轻易得出此论断。

这一用例在宋代文献中可见。例如：

赵叔问《肯綮录·敁》："以箸取物曰敁。"

现代汉语普通话表"用筷子夹取"时，一般不常用"敁"。

现代汉语方言里，冀鲁官话（山东淄博、桓台），胶辽官话（山东临朐），中原官话（山西运城），晋语（内蒙古包头），吴语（上海），都把"用筷子夹取"之义说成"敁"。

饥荒

忻州方言常用"饥荒"表示"经济困难或借债"义，读作 $tɕi^{313}xu\ ɑ\ ŋ^{31}$。例如：

他家盖了五间新房，塌下饥荒唻。

去年的饥荒到今年年底肯定打完唻。

这类用例最晚在清代即已有之，例如：

---

① 刘起昆 . 客家方言词源考索 [D]. 成都：四川大学，2007：30.

《儿女英雄传》第五回："莫如趁天气还早，躲了他。等他晚上果然来的时候，我们店里就好合他打饥荒了。"

《红楼梦补》第二回："我想他们那边，虽说天天打饥荒，也不短我们这几个钱。姑娘分上也太顶真了，老太太那里知道这些事情呢！"

《官场现形记》第六十回："回称：'同太太、姨太太打饥荒，姨太太哭了两天不吃饭，所以他老人家亦不上院了。'"

现代汉语方言中，东北官话、北京官话（北京）、冀鲁官话（天津、山东聊城）、胶辽官话（山东烟台、荣成、安丘、长岛、辽宁大连）、中原官话（河南洛阳）、晋语（山西太原、平遥、榆次、孝义、岚县）都有"饥荒"表"债务"的用法。

尽

忻州方言常用"尽"表示"优先"义，读作 tɕiŋ³¹³。例如：

好的东西尽她用，好吃的尽她吃，还不知足，怪谁咧？

黄豆种子尽着点他，我们几个拿其他的也行咧。

梨先尽好的吃，不要舍不得。

这类用法最晚在北齐时即已有之。例如：

《魏书》卷一一四："四年夏，诏曰：'……后有出贷，先尽贫弱，征债之科，一准旧格。富有之家，不听辄贷。脱乃冒滥，依法治罪。'"

之后多有沿用。例如：

《新元史》卷七十五："若台州有装官粮，先尽本路船只，不敷于温州船内贴拨，绍兴路粮亦用本路船只装发，不敷用庆元路小料海船贴装。"

《徐襄阳西园杂记》上卷："童生入学，先尽乡宦士夫子弟，而后及于民间富民。"

《清史稿》卷一百二十一："三年而竣，一省之中，仍先尽上年灾缓之区，首先蠲免。"

现代汉语方言中，冀鲁官话（河北）、中原官话（陕西商县张家塬、新疆吐鲁番）、晋语（山西太原）、兰银官话（新疆乌鲁木齐）、西南官话（湖北随州、四川成都）都有"尽"表"优先"的用法。

墼

忻州方言称述"砖坯"这一概念，常用一个读作胡 tɕiəʔ² 的名词。

《广韵·锡韵》："墼，吉历切，土墼。"

吉历切为见母锡开口四等入声，忻州方言的 tɕiəʔ² 音，声、韵、调分别与见母、锡开口四等、入声相应；词义方面，"墼"是"土墼（砖坯）"之义，忻州方言用 tɕiəʔ² 所指称的概念与之相同。综合上述音义情况，忻州方言胡 tɕiəʔ² 中的 tɕiəʔ² 音之字就是"墼"。例如：

这个院墙是用胡墼垒的，年代一长就得重修唻。

再买些儿胡墼起（修建）上个东房哇。

胡墼便宜，可不结实呀，修盖这会儿都用砖了。

早在汉代"墼"就是常用词。例如：

刘向《烈女传·贤明》："有鲁黔娄之妻'枕墼席稿（槀）'。"

之后有沿用。例如：

《隋书·宇文恺传》："其室皆用墼累，极成褊陋。"

《景德传灯录》："师曰：比来抛砖引玉，却引得个墼子。"

"胡墼"这一组合的含义，实际上可由"墼"独自承担，"胡"则是一个次要的构词成分。"胡墼"的意义及本字问题，目前还没有定论，据毕谦琦的考证，"胡"是"土"字匣母模韵读音的保留。①

"墼"的名称多样，以"墼"为主要构词成分的双音词分布很广，南北方都有，大致使用情况整理如下表 2-3 所示。

表 2-3　以"墼"为主要构词成分的双音词分布使用情况

词	分布地区
胡墼	宝鸡、大宁、兰州、灵宝、洛阳、泌阳、绳池、太原、万荣、西宁、忻州
土墼	成都、楚雄、大理、大同、丹阳、昆明、南京、苏州、潍县、盐城、扬州、玉山
涂墼	雷州、厦门、台南

此外，在衡阳、灵宝、瑞金、武平、新余、宜春、长沙、驻马店等地，表"土坯"义时多用"土砖"称说。在一些方言报告中，"墼"字也写作"基、击"，它们应该是"墼"的记音字。

---

① 毕谦琦."胡墼"考[J].语言研究，2013(2)：97.

即溜

忻州方言常用"即溜"一词表示"机灵、聪慧"之义，读作 $tɕiəʔ^{2}liəu^{53}$。例如：

外（那）可是个即溜后生，到明儿（将来）不愁娶个好媳妇儿。

李大姐家二小子可是个即溜娃娃。

咱家小孙女儿即溜哩很咧。

据记载，宋代宋祁《宋景文公笔记·释俗》说："（三国魏）孙炎作反切语，本出于俚俗常言，尚数百种。故谓'就'为鲫溜。凡人不慧者，即曰不鲫溜。"

"即溜"又写作鲫溜、唧留、唧溜[①]。此外，还作即留、唧潘等。

这类用例最晚在唐时即已有之。例如：

卢仝《扬州送伯龄过江》："不唧溜钝汉，何由通姓名。"

之后的相关用例一直沿用未衰。例如：

《货郎旦》第二折："逞末浪不即留，只管里卖风流。"

《全元杂剧·尚仲贤·汉高皇濯足气英布》："汉王云既如此，曹参你去军中精选二十个即溜军士。"

陈士元《俚言解》卷一："称敏快曰鲫溜。唐卢仝诗：不鲫溜钝汉。"其中卢仝诗中的"鲫溜"与《全唐诗》中"唧溜"有不同，两版本间有差异。

冯梦龙《警世通言·金令史美婢酬秀童》："那一夜我眼也不曾合，他怎么拿得这样即溜。"

陈忱《水浒后传》第二十二回："在此留宿却不妨，晚间只要自己即溜些。"

顾张思《土风录》卷十：《西湖志》：余杭人有以二字反切一字以成声，如鲫潘[②]为秀是也。则鲫潘即伶俐之意。吴梅村《咏凉枕》词：眼多唧潘为知音。作唧潘。"

《汉语大词典》"即溜"一词首引"元代无名氏《货郎旦》的用例，例证晚出。

现代汉语方言中，吴语（江苏太仓、上海嘉定、浙江金华）有这一用法。

---

① 顾之川.明代汉语词汇研究 [M].开封：河南大学出版社，2000：225.

② 曾昭聪认为"潘"是《说文》小篆的隶定，可看作本字，今多以"溜"为规范写法，而"潘"成为异体。

脊背

忻州方言常用一个读作"tsəʔ²背"的名词称述"背脊，背部"这一概念。例如：

满脊背都是泥，你这是干甚活儿去唻？

现在干不了扛麻袋的活儿了，脊背疼得可厉害咧。

咋真个（这样）欺负人咧，你不要脊背看成肚^①，我也不是个俴的人。

《说文·部》："脊，背吕也，资昔切。"

资赐切为精母昔韵开口三等入声，忻州方言的 tsəʔ² 音，声、韵、调分别与精母、昔韵开口三等、入声相合；词义方面，"脊"为"背吕"义，"背吕"即"背膂"，指脊梁骨，段玉裁注"然则脊者，背之一端，背不止于脊"，故作"背脊"，也就是脊背、背部。忻州方言的"tsəʔ²背"与之相合，其中的 tsəʔ² 音之字就是"脊"。"脊背"同时也是现代汉语普通话的常用词汇，读作 tɕi²¹⁴pei⁵¹，忻州方言"脊"读 tsəʔ² 音是中古时期读音的保留。

"脊背"连用，最晚在西晋时即已有之，但尚未成为一个固定搭配的词语。

最晚在唐时"脊背"作名词表"背脊、背部"。例如：

《全唐诗续拾》卷六十："敬白诸君行路者，敢告重罪自为积。恶致灾交天困我，今月七日失阿爹。……我父躯体与众异，脊背^②伛偻卷如哉。唇吻参差不相值，此其庶形何能备。"

之后有沿用。例如：

《五灯会元》卷十九："曰：'直截根源人已晓，中下之流如何指示？'师曰：'石人脊背汗通流。'"

此外，敦煌变文中也有相关用法。例如：

《敦煌变文集新书》卷四："儿觅富贵百千般，不道前生恶业牵，盖得肚皮脊背露，脚根有袜指头串（穿）。朝求暮乞不成喰，有日无夜著甚眠，唯恨前生不修种，垂知贪苦最艰难。"卷七："凤凰云：'者贼无赖，眼恼蠹害，何由可奈。胥是捉我支配，捋出脊背，拔却左腿，揭却恼（脑）盖。'"

到明时"脊背"一词已经十分常见了。例如：

许仲琳《封神演义》第七十四回："陈奇曰：'只因拿一不堪匹夫，不防对

---

① "脊背看成肚"，忻州方言俗语，读作 tsəʔ² pei⁵³kʻã⁵³ tʂʻəŋ³¹ tu⁵³，比喻走眼，看错了眼。

② "脊背"该用例为戴良的《失父零丁》，戴良时代不明，一说为东汉人，经陈尚君先生考证，收入全唐诗。

过有一贱人，用石打伤面门，复一石又打伤脊背，致失机而回。'"

《水浒传》第二十七回："武松先把脊背上包裹解下来，放在桌子上。"

《水浒传》第四十二回："那赵能正走到庙前，被松树根只一绊，一跤撷在地下。李逵赶上，就势一脚，踏住脊背，手起大斧却待要砍。"

《西游记》第七十二回："三条绳把长老吊在梁上，却是脊背朝上，肚皮朝下，那长老忍着疼，噙着泪，心中暗恨道：'我和尚这等命苦！……'"

冯梦龙《喻世明言》卷三十六："宋四公安排行李，还了房钱，脊背上背着一包被卧，手里提着包裹，便是觅得禁魂张员外的细软，离了客店。"

到清代，此用法更是多见。据统计，仅公案小说的代表作《小五义》一书中，"脊背"的出现次数就多达 24 次。例如：

《小五义》第一回："皮鞘上有罗汉装丝绦，胸前双系蝴蝶扣，脊背后走穗飘垂，伸手掖于胁下，为的是蹿房越脊利落。"

《汉语大词典》"脊背"一词首引"明代《水浒传》第四十二回的用例，例证晚出。

"脊"为精母字，王力指出，精母字有读 ts 音现象的方言区主要为吴方言、粤方言、闽方言和客家方言。[①]

隮（隮）

忻州方言中老辈人称述"彩虹"这一概念，多用读作 tɕiɛ³¹ 的名词。

《广韵·霁韵》："隮，子计切，升也。"

子计切为精母开口四等，忻州方言今音 tɕiɛ³¹ 的声母与声调与这一古音相合，韵母方面稍有不合，这是方言分化略有偏离的表现，总体来看，这种古今对应还是较为严整的。"隮"有"升"义，"虹"的形成与云的升腾有关，"隮"可由"升"义引申出"虹"义，忻州方言用 tɕiɛ³¹ 所指称的概念与之相同。综合上述音义情况可以肯定，忻州方言表"彩虹"义的 tɕiɛ³¹ 音之词，就是"隮"字。例如：

天上放隮咧，看来这搭（这里）将将下雨咪。

隮出来了，雨可总算停咪。

小时候奶奶老是说，天上有隮可不敢拿手指着，这是要遭厄运的。

这类用例在先秦时即已有之。例如：

---

① 王力.汉语史稿[M].北京：中华书局，1980：146.

《诗经·鄘风·蝃蝀》:"朝隮于西,终朝其雨。"郑笺:"朝有升气于西。"孔疏:"言升气者,以隮升也,由升气所为,故号虹为隮。"

后世这类用例虽然不算丰富,但历代一直沿用未衰。例如:

束皙《广田农议》:"以其云雨生于畚臿,多称生于决泄,不必望朝隮而黄潦臻,禜山川而霖雨息。"

李峤《奉和春日游苑喜雨应制》:"叶向朝隮密,花含宿润开。"

枷

忻州方言指称"一种打谷的器具",常用一个读作"连 kɛ³¹³"的名词。

查《广韵·麻韵》:"枷,古牙切,连枷,打谷具。"

古牙切为见母麻韵开口二等平声,该音节演变至今,在忻州方言里正是读作 kɛ³¹³ 音。词义方面,"枷",即"连枷",是"打谷具"之义,忻州方言用连 kɛ³¹³ 所指称的概念与之相同。综合上述音义情况可知,忻州方言的连 kɛ³¹ 中 kɛ³¹ 音之字就是"枷"。例如:

场上的豆子晒上两天,就能连枷打唻。

家里的连枷就放在东墙边,你个人去取就行唻。

以前在谷场打豆子嗓(的时候),大家一人一个连枷,干活儿都可卖力哩。

现代汉语方言里,江淮官话(江苏南通)也有"连枷"的用法,但"枷"读作"皆"音。王念孙《广雅疏证》载:"今江淮间谓打谷器为连皆,皆、枷亦一声之转",最晚在清代"枷"已有读作"皆"音的现象。

忻州方言将"枷"仍读为见母 k,保留了"枷"音更久远(至晚为宋)时期的读音。

贱

忻州方言常用"贱"表示"价格低"义,读作 tɕian⁵³。例如:

今年土豆贱,种了一亩没挣下多少钱。

鸡蛋贱,多买了几斤。

这类用例最晚在先秦即已有之。例如:

《左传·昭公三年》:"国之诸市,屦贱踊贵。"

之后多有沿用。例如:

白居易《卖炭翁》诗:"可怜身上衣正单,心忧炭贱愿天寒。"

朱彝尊《普天乐》曲:"村村簖蟹肥,日日湖菱贱。"

《秋·三九》："租米也陆续兑来了，可是米价很贱。"

现代汉语方言中，陕北晋语也有"贱"表"价格低"的用法。

江米

忻州方言常用名词"江米"称述"糯米"这一概念，读作 tɕiã³¹mi³¹³。例如：

包粽子顿唠（的时候），包上一少半江米的哇，年年都是只包黄米的，今年改改样儿。

从小吃惯了小米、黄米，现在不喜欢吃大米和江米。

江米蒸凉糕可没有黄米蒸得好吃，家人都爱见（喜欢）吃黄米的。

这类用例最晚在唐时即已有之。例如：

李贺《始为奉礼忆昌谷山居》诗："长枪江米熟，小树枣花春。"

之后多有沿用。例如：

谢肇淛《五杂俎》卷十一："稻有水旱二种，又有秔田，其性黏软，故谓之糯米，食之令人筋缓多睡，其性懦也，作酒之外，产妇宜食之。又谓之江米。"

《红楼梦》第八十七回："紫鹃道：'还熬了一点江米粥。黛玉点点头儿，又说道：'那粥得你们两个自己熬了，不用他们厨房里熬才是。'"

《燕京岁时记》："腊八粥者，用黄米、白米、江米、小米、菱角米、栗子、红江豆、去皮枣泥等，合水煮熟，外用染红桃仁、杏仁、瓜子、花生、榛穰、松子，及白糖、红糖、琐琐葡萄，以作点染。"

现代汉语普通话"糯米"也称作"江米"，忻州方言没有"糯米"之说，只有"江米"的称说。现代汉语方言里，山西太谷（晋语）有"江米"的说法。

将就

忻州方言常用"将就"一词称述"勉强适应不很满意的事物或环境"，读作 tɕiã³¹tɕiəu⁵³。例如：

这间房是小了些儿，一时半霎也寻不下个别的地儿，就将就住这儿哇。

你饿了先将就着吃点儿，等开饭时再好好吃。

做好的棉袄稍微有些儿短，将就穿哇。

大概于南宋时期，"将就"凝固成词，多表"迁就"之义。例如：

吕祖谦《与陈同甫书》："或虽知其非诚，而将就借以集事，到得结局，其弊不可胜言。"

"将就"表"勉强"之义的用例，大致在宋元代出现。例如：

《京本通俗小说·拗相公》："雇他马是没有，止寻得一头骡，一个叫驴，明日五鼓到我店里。客官将就去得时，可付些银子与他。"

之后的相关用例一直沿用未衰。例如：

《白牡丹》第四十二回："凤姐道：'有胭脂可用否？'正德道：'将就可用。'即取出印来。凤姐把胭脂和涎沫调匀印上。"

《姑妄言》卷十九："那人叹了一口气，道：'小弟贱名鲍德，寒家虽不敢称为富足，也还有几十顷地，将就也还过得。'"

现代汉语普通话中表"勉强"义时也说"将就"。例如：

这里的条件不好，你就将就点儿吧！

耩

忻州方言称述"由牲畜牵引翻土用的农具把田里的土翻松"这类行为动作，常用一个读作 tɕiɛ³¹³ 的动词。

《广韵·江韵》："耩，古项切，耕也。"

古项切为见母江韵开口二等上声，该音节演变至今，在忻州方言里正是读作 tɕiɛ³¹ 音。词义方面，"耩"是"耕"之义，"由牲畜牵引翻土用的农具把田里的土翻松"就是"耕"的一种具体方式，忻州方言用 tɕiɛ³¹ 所指称的概念与之相合。综合上述音义情况可知，忻州方言的表"耕地"义的 tɕiɛ³¹ 音之词就是"耩"字。例如：

明儿就开始耩地呀，把该准备的一样都不要落下。

这几天天气好，都耩了五亩玉茭子地咮。

从工具演变上，如今田里翻土除了依靠牛、马、骡子等牲畜牵引的传统方式外，更多时候还采用机械设备。但在语义传承中，"耩"依然表"田里翻土"之义。例如：

听说现在耩地都是几家合起来雇机器耩，明年咱们几家联合哇。

在忻州方言里，很少有"耕地"的说法，常用的称说是"耩地"。此外，在忻州方言里，"耩地"还指儿童模仿牲口牵引翻土农具耕地的一种游戏①，这一现象是忻州悠久农耕文化的印记，但随着农业机械化的发展，这种游戏逐渐隐退，如今已不出现在忻州年轻一代的生活中了。

这类用例最晚在北魏时即已有之。例如：

---

① "耩地"的游戏：一个小孩扒在地上，一只脚被另一个小孩提着，在地上爬行，模仿牲口耕地。

贾思勰《齐民要术·胡麻》:"漫种者,先以楼耩,然后散子。"

后世的相关用例一直沿用未衰。例如:

高文秀《遇上皇》第一折:"者末为经纪,做货郎,使牛做豆将田耩。"

沈榜《宛署杂记·民风二》:"耕曰耩。"

现代汉语普通话中表"用耧来播种"之义常用"耩"来称说,作动词。如:耩地、耩豆子。忻州方言的"耩"与之相比,只有"耕地"义,没有"播种"义,也没有"耩豆子"的说法。

现代汉语方言里,北京官话(北京),冀鲁官话(河北沧州,山东寿光、淄博、桓台),胶辽官话(山东诸城),中原官话(山东菏泽、东平、费县,河南原阳、商丘),晋语(山西静乐),都有"耩地"的说法。

交春

忻州方言常用"交春"一词称述"立春",读作 tɕiɔ³¹³tsʻuəŋ³¹。例如:

每年到交春顿唠(的时候),我的腿病就快犯了。

等真年(今年)交春,我就去镇上寻营生(找工作)呀。

此词最晚在明时即已有之。例如:

李渔《闲情偶寄》:"草本之花,经霜必死;其能死而不死,交春复发者,根在故也。"

宋应星《天工开物·乃粒》:"若种谷晚凉入廪,或冬至数九天收贮雪水、冰水一瓮,(交春即不验)清明湿种时,每石以数碗激洒,立解暑气,则任从东南风暖,而此苗清秀异常矣。"

之后有沿用。例如:

屈大均《广东新语》卷一:"雷州之俗,以雷在春前者为旧雷,交春为新雷。"

徐珂《清稗类钞·气候类》:"十月初可衣小毛,无大雪及大冰雹,而降雪时期恒在交春之时。"

现代汉语普通话不说"交春",表该义时用"立春"来称说。

现代汉语普通话没有"交春"的用法。

现代汉语方言里,西南官话(柳州)、赣语(江西萍乡)、吴语(上海等地)、客家话(广东梅县)都将"立春"说成"交春"。

嚼子

忻州方言常用名词"嚼子"指称"为了便于驾驭或防止骡子等牲口伤人，横放在牲口嘴里的绳索（两端连在笼头或缰绳上）"，读作 tɕiɔ³¹tə²⁰[1]。例如：

放在骡子圈门口的嚼子咧，一转眼的功夫寻不见咪。

怕牛瞎吃东西，出门顿唠（的时候）给牛戴上嚼子哇。

村口的李师傅做的嚼子可精细咪，邻村上下好多人都找他买哩。

最晚在清代，"嚼子"就是常用词。例如：

《红楼梦》第六十八回："你的嘴里难道有茄子塞着？不然他们给你嚼子衔上了？"

《老乞大谚解》："这马都卸下行李，松了肚带，取了嚼子，这路傍边放了，著吃草著，教一个看著，别的都投这人家问去来。"

《七侠五义》第二十四回："屈申坐不住鞍心，顺着驴屁股掉将下来。连忙爬起，用鞭子乱打一回，只得揪住嚼子，将驴带转拴在那边一株小榆树上。"第二十五回："幸亏屈良步行，连忙上前将嚼子揪住，道：'你不知道这个驴子的毛病，他惯闻骚儿，见驴就追。'"第一百零八回："说罢，将坐骑拴在碾台子桩柱上，将镫扣好，打去嚼子，打去后鞘，把皮带拢起，用梢绳捆好。然后解了肚带，轻轻将鞍子揭下，屈却不动，恐鞍心有汗。"

现代汉语方言里，中原官话（河南滑县、封丘、中牟、南召），晋语（河南新乡、林县、获嘉、博爱），都有"嚼子"的说法。

嚼蛆

忻州方言常用"嚼蛆"表示"胡说，乱说"义，读作 tɕiɑu³¹tɕ'y³¹³。例如：

明明是你做得不对，就要说是人家的不是，你这不是嚼蛆咧。

听他们嚼蛆咧，当时人们都在现场，哪是他们说的那样。

不好好干事，每天在背后嚼蛆。

这类用例最晚在元代即已有之。例如：

《全元杂剧·王实甫》："那吃敲才不怕口里嚼蛆，那厮待数黑论黄，恶紫夺朱。"

之后多有沿用。例如：

《红楼梦》第五十七回："倒不是白嚼蛆，我倒是一片真心为姑娘。替你愁

---

[1] 忻州方言的词尾"子"多读作 [tə²⁰]，有时也念 [lə̆ʔ²]。

了这几年了，无父母无兄弟，谁是知疼着热的人？"

《醋葫芦》第九回："便是泥塑的，原也忍不住了，便将后厅香桌儿上的东西拍着骂道：'老不贤！老嚼蛆！我总也做人不成了，被你磨折不过，只索与你拼命！……'"

沈从文《绅士的太太》："听到一点毫无根据的谰言，就拿来嚼蛆。"

现代汉语方言中，东北官话（东北）、北京官话（北京）、江淮官话（江苏南京、淮阴）、西南官话（四川成都、云南昭通）、吴语（上海嘉定、江苏苏州）、赣语（江西）都有"嚼蛆"表"胡说，乱说"的用法。

叫街

忻州方言常用"叫街"表示"在街上大声喊叫乞食"义，读作 tɕi ɑ u⁵³tɕiɛ³¹³。例如：

这么小年纪满肚子坏水，长大了还不讨吃叫街去。

一个叫街的倚着墙坐着，音声倒是很大。

这类用例最晚在元代即已有之。例如：

《全元杂剧·张国宾·相国寺公孙合汗衫》："我好歹也是财主人家女儿，着我如今叫街。我也曾吃好的，穿好的。我也曾车儿上来，轿儿上去。谁不知我是金狮子张员外的浑家。如今可着我叫街，我不叫。"

之后多有沿用。例如：

《今古奇观》卷十一："还有一件，宋金终是旧家子弟出身，任你十分落泊，还存三分骨气，不肯随那叫街丐户一流，奴言婢膝，没廉没耻。"

《醒世恒言》卷二十七："焦氏道：'小贱人，你可见那叫街的丫头么？她年纪比你还小，每日倒趁五十文钱。你可有处寻得三文五文哩？'"

《小五义》第一百五十四回："张大连走出来，到他空房子那里，院中有两个看房之人，忽听外面叫街的乞丐，声音诧异。"

现代汉语方言中，北京官话（北京）、冀鲁官话（河北雄县）都有用"叫街"表"在街上大声喊叫乞食"的用法。

解

忻州方言称述"用锯锯开木料"这类行为动作，常用"解"这一动词，读作 tɕiɛ³¹³。例如：

这根木料起码能解成五圪垯板子，够做家具咪。

你快买上个电锯哇，电锯解你手头这些木料，顶多两天就行了。

去哪儿呀？寻人解上个案板子。

这类用例最晚在北宋时即已有之。例如：

陶穀《清异录·木》："同光中，秦陇野人得柏树，解截为版，成器物置密室中，时芬芳之气，稍类沉水"。

后世的相关用例一直沿用未衰，其中有"解"与"锯"连用的情况。例如：

《红楼梦》第十三回："贾珍听说，忙谢不尽，即命解锯糊漆。贾政因劝道：'此物恐非常人可享者，殓以上等杉木也就是了。'"

《醒世姻缘传》第三十三回："但凡人家卖什么柳树枣树的，买了来，叫解匠锯成薄板。"

现代汉语普通话没有"解"表"用锯锯开木料"的用法。

现代汉语方言里，中原官话（河南郑州），晋语（内蒙古呼和浩特、伊克昭盟），西南官话（贵州沿河），吴语（上海，江苏苏州、无锡薛典、常熟、常州，浙江金华岩下、杭州、温州），都用"解"来表"用锯锯开木料"之义。

解手

忻州方言常用"解手"一词称述"排泄大便或小便"，读作 ʨiɛ³¹³ʂəu³¹³。例如：

你等下他哇，他解手去了，一会儿就回来了。

也说"解下手"。例如：

附近哪儿有茅子（厕所）哩，我咱解下手去。

汽车开之前，你要不要去解下手呀？

这类用例最晚在宋时即已有之。例如：

《京本通俗小说·错斩崔宁》："叙了些寒温，魏生起身去解手。"

后世的相关用例一直沿用未衰。例如：

戚继光《练兵实纪》卷七："每马军一旗，每车兵二车，各开厕坑一个于本地方，遇夜即于厕中大小解。天明吹打时，遇起行，则埋之。……夜间不许容一人出营解手。"

洪楩《清平山堂话本》卷四："因见尼姑要解手，随呼个丫环领那尼姑进去，直至闺室。那尼姑坐在触桶上，道：'小姐，你明日同奶奶到我小庵觑一觑，若何？'"

陆人龙《三刻拍案惊奇》第三回："正待回步，忽听得'呀'地一声，开出房来，却是陆仲含出来解手。遇着芳卿，吃了一惊，定睛一看，好一个女子：肌如聚雪，鬓若裁云。……白团斜掩赛班姬，翠羽轻投疑汉女。"

袁于令《隋史遗文》第十七回："秦母原没有病，想儿子想得这般模样，听见儿子回来，病就去了一半。平常起来解手，少年媳妇同两个大丫头，搀半日还搀不起来，只听见是儿子回来，就爬起了……将秦琼膀背上下乱捏。"

《西游记》第八十一回："三藏道：'我半夜之间，起来解手，不曾戴得帽子，想是风吹了。'"

《红楼梦》第二十八回："少刻，宝玉出席解手，蒋玉菡便随了出来。二人站在廊檐下，蒋玉菡又赔不是。"

吴趼人《二十年目睹之怪现状》第二十回："我以为他到外面解手，谁知一等他不回来，再等他也不回来，竟是'溜之乎也'地去了。"

其中，也有"解手"与"撒尿"连用的情况。例如：

现代汉语普通话中"解手"在某些公共场合可作为"排泄"的婉辞来使用，在忻州方言中，"解手"就是"排泄"的日常代称。与忻州用法相同的地区有：北京、邯郸、齐齐哈尔、锦州、哈尔滨、呼和浩特、重庆、贵阳、西安、西宁。

关于"解手"一词的起源，顾劲松总结出目前主要有三种不同观点，即音讹说、双音说和移民说[①]。他认为这三种观点都各有偏颇[②]，并提出"解手"是由唐宋时期"解决"义引申发展而来的论断。

我们认为："解手"表"排泄"义的发端，既有内部机制的因素，也有外部原因的影响。非"排便"义的"解手"一词起源较早，元代以前文献已见（可参见《汉语大词典》相关论述）。"解手"的早期义项，主要有"分手、离别"和"解脱、解决"之义，后者可以看作前者引申而来。正如顾劲松所讲："作为一种很平常的生理活动，大小便本就意味解决或放下一种负担，是一种生理上的解脱和放松。"[③]因此，从词义发展角度看，这是有一定道理的。加上移民过程中，"悉系其手，牵之而行"的方式，途中大小便确实需要"解手"这一环节，在这一外力因素的推动下，原有词义渊源的"解手"直接赋予了新的意

---

① "音讹说"认为排便义"解手"的"手"本为"溲"，"解手"由"解溲"音近讹变而来；双音说认为"解手"由排便义的"解"双音化发展而来；移民说认为"解手"表"排便"义与明清代期的大规模移民传说有关。

② 顾劲松."解手"来源纠谬[J].常熟理工学院学报，2011(1)：90.

③ 顾劲松."解手"来源纠谬[J].常熟理工学院学报，2011(1)：91.

义——"排泄大便或小便"。另外,从我们目前所见的"解手"用例看,只有《歧路灯》一例"解手"与"撒尿"连用,其余用例都直接用"解手",这种表达与人们回避直接说"排泄大小便"的日常习惯有关,用"解手"可以婉转地表达该义,自然受大家青睐。

妗

忻州方言常用名词"妗子"或"妗妗"指称"舅母",读作 tɕiəŋ⁵³tə²⁰ 或 tɕiəŋ⁵³tɕiəŋ⁵³。例如:

你妗子来啦,赶紧出去割肉买菜,今儿吃顿好的。

我妗子最会做针线了,她绣的老虎枕头可好看了。

敏敏对她妗子说:"妗妗,我小时候总爱见(喜欢)跟着你玩,你又会唱又会跳,还教会我不少儿歌哩,我到这会儿还能哼得出几首来。"

在忻州方言里,"妗妗"多用于面称,"妗子"多用于背称。

《集韵·沁韵》:"妗,巨禁切,俗谓舅母曰妗。"

巨禁切为群母沁韵开口三等去声,忻州方言的 [tɕiəŋ⁵³] 音、声、韵、调分别与群母、沁韵开口三等、去声相应;词义方面,"妗"是"舅母"义,忻州方言的用法也与之相合。但"妗"不单用,要构成双音词"妗子"或"妗妗"。

"妗子"一词的用例最晚在宋时即已有之。例如:

蔡绦《铁围山丛淡》卷一:"今七夕节在近,钱三贯与娘娘充作剧钱,千五与皇后,七百与妗子充节料"。

后世相关用例一直沿用未衰,也作"妗妗"。例如:

白朴《墙头马上》第二折:"今日老身东阁下探妗子回来,身子有些不快。"

《全元杂剧·杜蕊娘智赏金线池》:"妾身张嬷嬷,这是李妗妗,这是闵大嫂,俺们都是杜蕊娘姨姨的亲眷。今日在金线池上,专为要劝韩辅臣、杜蕊娘两口儿圆和"。

刘侗、于奕正《帝京景物略》录《元宵曲》:"姨儿妗子此间谁,向着前门佯不知。笼手触门心暗喜,郎边不说得钉儿。"

李绿园《歧路灯》第四十回:"滑氏道:'他妗子呢?如今有几个侄?'滑玉道:'只有一个小闺女儿'"。

现代汉语方言里,冀鲁官话(山东淄博、寿光、济南)、胶辽官话(山东临朐、青岛)、中原官话(江苏徐州,陕西西安)、都把"舅母"说成"妗子";冀鲁官话(河北石家庄)、中原官话(山西襄汾、运城,陕西西安)、晋语(山

西大同)、吴语(浙江永康)、赣语(福建建宁)、闽语(福建建阳、顺昌),
则把"舅母"说成"妗妗"。

掬

忻州方言称述"用双手托"这一行为动作,常用一个读作 tɕyəʔ² 的动词。

查《说文·勹部》:"匊,在手曰匊,居六切。"

居六切为见母屋韵合口三等入声,该音节演变至今,在忻州方言里正是读作 tɕyəʔ² 音。词义方面,"在手"之义,可引申出"用双手托",综合上述音义情况可知,忻州方言的 tɕyəʔ² 音之词本字就是"匊"。

"匊"又作"掬",《集韵·屋韵》:"掬,居六切,《说文》在手曰匊",多写作"掬"。例如:

瓜子撒一地,幸好大家一起帮着掬,才又装到袋子里。

掬上些儿红枣儿回去蒸花糕用哇,这枣儿可甜哩。

另外,在忻州方言里,"掬"还用作量词,用于能掬的东西。例如:

夜来(昨天)孩子到大娘家玩,走的时候给他装一大掬花生,回来可高兴咧!

这个袋子好小呀,两掬米倒放满哚。

"掬"作动词的用例早在春秋时即已有之。例如:

《左传·宣公十二年》:"桓子不知所为,鼓于军中曰:'先济者有赏。'中军、下军争舟,舟中之指可掬也。"杨伯峻曰:"先乘舟者恐多乘,或恐敌人追至……故先乘者以刀断攀者之指。"舟中之指可掬,言其多也。《晋世家》云:"晋军败,走河,争渡,船中人指甚众,"即述其义。

掬音菊,《说文》有臼字,云'叉手也',实为掬之本字,像两手相合捧物之形。"

后世的相关用例一直沿用未衰。例如:

于良史《春山夜月》诗:"掬水月在手,弄花香满衣。"

徐复祚《投梭记·逃避》:"假饶掬尽湘江水,难洗今朝满面羞。"

"掬"作量词在古代文献中也有用例。例如:

《小尔雅·广量》:"一手之盛谓之溢,两手谓之掬。"(一掬的量指"两手之盛"的量)

《南史·何点传》:"点少时尝患渴利……梦一道人,形貌非常,授丸一掬,梦中服之,自此而差。"

谷神子《博异志·阴隐客》："又至白泉眼，令与漱之。味如乳，甘美甚。连饮数掬。似醉而饱。"

现代汉语普通话常用"捧"表示"用双手托"之义。例如："捧着花生米"。"捧"也可用作量词，如："一捧枣儿"。忻州方言没有"捧"的说法。

现代汉语方言里，冀鲁官话（河北满城）、中原官话（陕西西安）、晋语（山西太原、陕西北部）、都将"用双手托"说成"掬"。

<h2 style="text-align:center">揻</h2>

忻州方言常用动词"揻"称述"将面团、丝线等细软之物拽断"这一行为动作，读作 tɕyər^{31}。例如：

蒸大馒头得揻大点儿，还得揻匀称，要不蒸出来的馒头大的大，小的小。

缀完扣子，找不着剪刀咪，针线还在袄子上了，揻断算咪。

面团要揻成多大呀？要不你过来先揻一两个，我照上你的揻哇。

我将将（刚刚）揻下些儿面片子，晌午就在我家喝面（吃面）哇。

这类用例最晚在宋时即已有之。例如：宋代尹焕《霓裳中序第一·茉莉咏》词："人何在，忆渠痴小，点点爱轻揻。"

后世的相关用例元代多见，明清少见，一直沿用未衰。例如：

高文秀《黑旋风》第二折："我把那厮脊梁骨各支支生揻做两三截。"

《全元杂剧·刘玄德醉走黄鹤楼》："玄德公，你慢慢地住几日去，我与你身上无歹意。周瑜若是有歹心，你见我这一枝箭么？我揻箭为誓，丢在这江里。"

《水浒传》第四回："抢入僧堂里，佛面前推翻供桌，揻两条桌脚，从堂里打将出来。"

以上用例的"揻"的指称对象"脊梁骨""箭"均为粗硬之物，同时"揻"的后世用例也用于表软柔之物。例如：

《水浒传》第四回："跳上台基，把栅刺子只一拔，却似揻葱般拔开了。擒起一根折木头，去那金刚腿上便打。"

与之相比，忻州方言"揻"的指称对象更为疏松细小，常指面团和丝线等物。另外，"揻"与"折"有连用的现象，例如：

《全元杂剧·刘千病打独角牛》："孩儿也，恰才还是你善哩，若是我，我腰节骨都揻折他的！咱回家去来。"忻州方言没有这种用法。

现代汉语方言里，晋语（陕西绥德，内蒙古伊克昭盟、土默特旗）"揻"

表示"揪、撕"之义。

橛（橜）

忻州方言常用名词"tɕ'uəʔ² 子"指"用于标示方位或拴系牲口的小木桩"。查《广韵·月韵》："橜，其月切，《说文》杙也，一曰门捆，亦作橛。"

"杙"同"弋"。"橛"与"弋"在《说文》中释义互训，据李朝虹 [1] 考证："'橛'泛指短木桩，'弋（杙）'则专指一头尖的短木桩。"忻州方言"tɕ'uəʔ² 子"因常与地面装插固定，则多为一端略尖，与"弋（杙）"相合。读音方面，其月切，群母月韵合口三等入声，该音节演变至今，在忻州方言里正是读作 tɕ'uəʔ² 音。综合以上词义和读音可知，忻州方言的 tɕ'uəʔ² 音之词就是"橛"字。例如：

今天修路的时候打了几个橛子，为了明儿好寻，上头拴上个红绳绳儿哇。

垒起的羊圈儿前头还差个橛子，你家有没有合适的材料？

拴羊的橛子松唻，重钉一钉哇。

这类用例最晚在隋时即已有之。多写作"橜"（"橜"同"橛"）。例如：

《隋书·酷吏传·王文同》："因令左右剡木为大橜，埋之于庭，出尺馀，四角各埋小橜。"

后世的相关用例一直沿用未衰。例如：

汤显祖《邯郸记·入梦》："驴系这桩橛上，吃些草。"

石玉昆《七侠五义》第二十九回："忽又自己笑道：'银两业已到手，我还在此做什么？难道人家偷驴，我还等着拔橛儿不成。'"

现代汉语普通话也用"橛（橜）"表示"短木桩"之义，如"钉上一个小木橛儿"。

现代汉语方言里，吴语（上海）有"橛"作量词的用法，表"截，段"之义。如："吃橛藕"。而忻州方言"橛"没有量词的用法。

见不得

忻州方言常用"见不得"表示"嫌弃、讨厌"义，读作 tɕian⁵³pəʔ²liɛʔ²。例如：

我可见不得那种人，虚情假意咧。

---

① 李朝虹.《说文解字》互训词研究[D].杭州：浙江大学博士学位论文，2007.

见不得就不要招惹他，你偏好往这边跑。

这类用例最晚在元代即已有之。例如：

《全元杂剧·无名氏·争报恩三虎下山》："丁都管，我嫁你相公许多年，不知怎么说，我这两个眼里见不得他。我见你这小的，生得干净济楚，委的着人。"

也作"见不的"，例如：

《全元杂剧·张国宾》："呸！我两个眼里见不的这等穷的。你是甚么人？"

《全元杂剧·武汉臣》："出的这门来，引孙也，我那伯伯为着我父亲面上肯看觑我，我那伯娘眼里见不的我，见了我不是打便是骂，则向他女婿张郎。"

之后有沿用。例如：

《三宝太监西洋记》第三十一回："原来这个野水牛本性见不得穿青的，若还见了一个穿青的，它毕竟要追赶他，它毕竟要抵触他，不是你，便是我，直至死而后已。"

现代汉语方言中，西南官话（四川成都）常用"见不来"表"嫌弃、讨厌"义。

K

炕沿

忻州方言多用名词"炕沿"指称"火炕临地一边的上沿"，炕沿多由扁方木镶嵌，读作 k'ɛ⁵³iɛ̃³¹。例如：

敏敏，快坐到炕沿这儿，叫奶奶好好看看你。

娃娃都爬到炕沿边了，快去把娃娃放到新买的学步车车里哇，要不大人一不留意，他就摔下来了。

此外，用于镶嵌的扁方木，也叫"炕沿"。例如：

这个木料做成炕沿再合适不过唻。

炕上还短（缺）个炕沿，明儿（明天）到镇上买上个现成的哇。

这类用例最晚在清代即已有之。例如：

《红楼梦》第五十五回："平儿屈一膝于炕沿之上。"

清代"炕沿"的使用频率较高，用例十分丰富。例如：

《红楼梦》第九十回："这里三个人正说着，只听黛玉忽然又嗽了一声，紫鹃连忙跑到炕沿前站着，侍书雪雁也都不言语了。"

丁耀亢《隔帘花影》第四回："请到小屋炕上坐下，安了一张低桌，两人上炕，李大汉往来斟酒，接进菜肉来摆下，也就来炕沿上坐下，大家把门关了商议。"

《儿女英雄传》第三十八回："恰好华嬷嬷从外头托进一蒲包儿玫瑰花儿来，他见了，从摘花盘儿里拿起花簪儿来，就蹲在炕沿儿跟前给大奶奶穿花儿。"

李伯元《官场现形记》第十二回："两个人手拉手儿，一并排坐在炕沿上，赵不了见了眼热，心上想：'到底这些势利，见了做官的就巴结。'"

刘鹗《老残游记》第十二回："翠环坐在炕沿上，无事做。"

《老残游记》第十六回："老残拍着炕沿道：'不好了！'"

从用例使用情况来看，"炕沿"多用来指称火炕临地一边的上沿，很少表"镶嵌的扁方木"之义，从笔者收集到的用例看，未见后一种用法。

眍（瞘）

忻州方言称述"眼珠子深陷在眼眶里边"，常用一个读作 ŋəu^{313} 的词。

查《广韵·侯韵》："眍，乌侯切，同瞘。"瞘，深目貌。

乌侯切为影母侯韵开口一等平声，该音节演变至今，在忻州方言里正是读作 ŋəu^{313} 音。词义方面，"深目貌"与"眍"表义相似，也是表示"眼珠子深陷在眼眶里边"之义，只是说法不同而已。综合上述音义情况可知，忻州方言表示"眼珠子深陷在眼眶里边"的 ŋəu^{313} 就是"眍"字。

忻州方言里，"眍"一般不单用，常在四字格中作为语素使用。例如：

没想到大病了一场后就眼眍嘴歪成这副模样了。

街上有个弹棉花的，每年交春（立春）顿唠（的时候）就会来，长得眍眉凹眼可丑哩，可他做的东西好，大家都去寻（找）他哩。（"眍眉凹眼"一词，"眍"与"凹"互文，此处的"眍"主要还是指"眼眍"）

这类用例最晚在元代即已有之。例如：

《全元杂剧·宜秋山赵礼让肥》："我见他料绰口凹凸着面貌，眼嵌鼻眍挠着脸脑，这厮那不劣缺的心肠决奸狡！宽展那猿猱臂，侧坐着虎熊腰，雄纠纠施呈那燥暴！"

后世的相关用例一直沿用未衰。例如：

冯梦龙《醒世恒言》卷一："那潘华生得粉脸朱唇，如美女一般，人都称玉孩童。萧雅一脸麻子，眼眍齿簋，好似飞天夜叉模样。一美一丑，相形起来，那标致的越觉美玉增辉，那丑陋的越觉泥涂无色。"

夏敬渠《野叟曝言》卷三："那小兵亚鲁：身长八尺，眍眼高颧，目如闪电，声若洪钟，真是一员虎将。"

贪梦道人《彭公案》第一百零二回："但只见，前顶秃，他把头皮儿漏。元宝髻在中间扣，燕尾歪，天然就。鸡眉眼眍，塌鼻梁儿鼻涕流。脑袋小，黑又瘦，大麻子似酱稠，多亏他把粉搽得厚。"

从用例来看，"眍"除单用（如"两个眼往里眍"）之外，在四字格中出现频率较高。这些四字格通常有两类情况：一为二二并列式，如"眼眍齿簋""鸡眉眼眍""眍眼高颧"，这种用法中"眍"的描摹对象仅指向一方"眼"；二是互文，这种用法中通常出现与"眍"意义相近的成分，如"眼嵌鼻眍"，"嵌"与"眍"意义相近，"眍"描摹对象主要指向"眼"。忻州方言里，"眍"不单用，多出现在四字格中，以上用例中"眍"的两类四字格在忻州方言中出现频率都很高。

现代汉语普通话表中"眼珠子深陷在眼眶里边"也用"眍"，但一般不常用四字格表达。

现代汉语方言里，西南官话（四川成都）有"眍眉凹眼"的说法，西南官话（贵州大方）有"眍眉眍眼"的说法。

敤

忻州方言常用"敤"表示"击打"义，读作 k'uɛ³¹³。

查《广韵》："敤，苦果切。"

《广雅·释诂》："敤，椎也。"王念孙疏证："椎，击也。"

苦果切为上声溪母戈韵合口一等，该音节演变至今，在忻州方言正是读作 k'uɛ³¹³ 音。词义方面，按"敤"之字形，从果从攴，果为果实，攴为"敲打、击打"，可推断"敤"之本义为"击打果实"，后引申为"击打"，忻州方言用 k'uɛ³¹³ 所指称的概念与之相合。综合上述音义情况可知，忻州方言表"击打"义的 k'uɛ³¹³ 音就是"敤"。例如：

树上的枣儿棍子就被敤下来咧。

再不听话，小心你妈敤你咧，还敢折腾。

现代汉语方言中，江淮官话（安徽合肥、湖北蕲春）、湘语（湖南长沙）都有"敤"表示"击打"的用法。

可可儿

忻州方言常用"可可儿"表示"恰好，恰巧"义，读作 k'ε⁵³kər³¹³。例如：

你可可儿过来了，给大家跳段舞哇。

我正寻你去呀，可可儿在姥姥家碰上咪。

这类用例最晚在元代即已有之。例如：

武汉臣《生金阁》第一折："今日买卖十分苦，可可儿撞见大官府。"

郑光祖《三战吕布》第三折："我领着元帅将令，将着衣袍铠甲，正走中间，可可儿地撞着个大眼汉挡住我。"

之后多有沿用。例如：

《儿女英雄传》第二十一回："今日天不亮便往这儿赶，赶到青云堡褚家庄，可可儿地大家都进山来了。"

《西游记》第二回："这宝贝镇于海藏中，也不知几千百年，可可儿今岁发光。"

梁斌《播火记》二十："朱老忠最后一个走出小屋，可可儿一阵风顺着蓖麻地边上的小路吹过来，立时觉得浑身凉爽。"

现代汉语方言中，胶辽官话（山东安丘）、中原官话（山西吉县、运城）、江淮官话（江苏盐城）都有"可可儿"表"恰好，恰巧"的用法。

可了

忻州方言常用"可了"表示"病减轻，病痊愈"义，读作 k'ε³¹³lai³¹。例如：

看你夜来病的，今儿可了些儿么？

病也可了，我想寻上个工作咧。

这类用例最晚在宋时即已有之。例如：

《大宋宣和遗事·元集》："宋江回家，医治父亲病可了，再往郓城县公参勾当。"

之后多有沿用。例如：

《全元杂剧·关汉卿·包待制智斩鲁斋郎》："当初我医可了你病症还乡去，把你似太行山倚仗做亲属。"

《全元杂剧·无名氏·都孔目风雨还牢末》："俺家积趱下干柴粜下米，咱可便少甚的？（带云）大嫂，这病若痊可了呵。"

《西厢记杂剧》第三本："俺姐姐针线无心不待拈，脂粉香消懒去添。春恨压眉尖，若得灵犀一点，敢医可了病恹恹。"

现代汉语方言中，山西山阴、文水、洪洞也有用"可了"表示"病减轻"的用法。

L

赖

忻州方言常用形容词"赖"表示"不好、坏"之义，读作 læ^{53}。例如：

这圪堆西红柿不论好的赖的我都买了，你给我算便宜些儿哇。

还真不赖，今年南瓜大丰收，半屋子堆得都是。

这篮子枣我一颗一颗地选过了，把好的留下蒸花糕，赖的剥了枣核磨成面哇。

此外，"赖"还常与"懒"连用，含有"懒惰、坏的"之义。例如：

我又不是懒赖不干活，夜来就感冒了，今儿还头晕哩。

这娃娃咋这么懒赖哩？

这类用例最晚在清代即已有之。例如：

《儒林外史》第四十四回："其风俗恶赖如此。"

《歧路灯》第五十六回："貂鼠皮道：'我且问你：你如今把枝梢儿也干了，把汁水儿也净了，赖的你不吃，破的你不穿；叫你种地做土工，你没四两气力；……你说我没良心，你这前半年当房子，放头钱，肥吃肥喝，是你那一块良心地上收的籽粒呢？'"

之后一直有沿用，现代汉语普通话里"赖"也用来表"不好、坏"之义，表此义时也常说成"坏"，而忻州方言只用"赖"表示"不好、坏"之义。

烂（爛）

忻州方言常用"烂"表示"食物熟"之义，读作 lan^{53}。

查《广韵》："烂，郎旰切，火熟。"

郎旰切为去声来母寒韵开口一等，忻州方言的 lan^{53} 音声母、韵母、声调与之相应；词义方面，"烂"是"火熟"义，可以指称忻州方言的"食物熟"义。综合上述情况可知，忻州方言读作 lan^{53} 音之词就是"烂"字。例如：

看看锅里头肉烂了没唻，烂了就关火哇。

菜烂了就能吃饭唻，快开饭唻。

这类用例最晚在西汉时即已有之。例如：

《方言》第七："自河以北，赵魏之间，火熟曰烂。"

之后多有沿用。例如：

孙光宪《北梦琐言》卷五："性甚鄙啬，尝烂一羊脾，旋割旋噉，封其残者。"

现代汉语方言中，北京官话（北京）也有"烂"表"食物熟"的用法。

劙

忻州方言称述"用刀划"这一行为动作，常用一个读作 li^{31} 的动词。

查《说文·刀部》："劙，剥也，划也，里之切。"

里之切为来母之韵开口三等平声，该音节演变至今，在忻州方言里正是读作 li^{31} 音。词义方面，"劙"有"划"义，忻州方言用 li^{31} 所指称的概念与之相同，综合上述音义情况可知，忻州方言表"用刀划"义的 li^{31}，它的本字就是"劙"。例如：

蒸馒头顿唠（的时候），入笼甑子前在馒头上头劙开些熟得快。

快把甘蔗劙开分给娃娃们吃了哇。

这种用例先秦即已有之。汉代时已十分常见了。劙，亦作劦。例如：

《尸子》卷下："弓人劙筋，则知牛长少。"

《文选·扬雄〈长杨赋〉》："分劦单于，磔裂属国。"（李善注引韦昭，曰："劦，割也。"）

后世的相关用例一直沿用未衰。例如：

沈德符《野获编·内阁三·貂帽腰舆》："朔风劙面，不啻霜刀。

《太平广记》卷二百六十七："诸酋长诣阙，割耳劙面，讼冤者数十人，乃得不族。"

《三宝太监西洋记》第五十回："番人道：'欲尚节义，夫死，妇人削发劙面，七日不食，与死夫同寝，多有同死者。七日不死，亲戚劝化饮食。俟丈夫焚化之日，又多有赴火死者，万一不死，终身不嫁。'"

现代汉语普通话"劙"多用于书面语，而忻州方言中，"劙"则是日常口语使用频率很高的词。

现代汉语方言中，中原官话（山东济宁）、四川南充均有"劙"的用法。

撩

忻州方言常用"撩"表示"掀起,揭起"义,读作 liɔu³¹。例如:

二婶撩起袖子朝这边走了过来。

大娘撩起包布看了看发酵的面团。

这类用例最晚在金时即已有之。例如:

董解元《西厢记诸宫调》卷一:"手撩着衣袂,大踏步走至根前。"

之后多有沿用。例如:

《儿女英雄传》第四回:"那女子听了,便一手提着石头,款动一双小脚儿上了台阶儿,那双手撩起了布帘,跨进门去。"

冰心《超人》:"星光中间,缓缓地走进一个白衣的妇女,右手撩着裙子,左手按着额前。"

忻州方言常用"撩"表示"丢、抛"义,读作 liɔu⁵³。例如:

虎子把行李往炕上随手一撩,就去地里帮忙去唻。

这一回她把锅碗瓢盆全撩下,当裁缝去唻。

这类用例最晚在辽时即已有之。例如:

《龙龛手鉴·手部》:"撩,掷也。"

之后用例十分丰富。例如:

《初刻拍案惊奇》卷二十一:"(兴儿)把包裹一撩,竟还了他。"

《红楼梦》第八十一回:"探春把竿一挑,往地下一撩,却是活蹦的。"

《醒世姻缘传》第五十三回:"把那娶妾生子的事都撩在一邊去了。"

丁玲《自杀日记》:"她把一件一件的衣服脱下,撩在地上,撩在椅上,撩在床头。"

后"丢、抛"义的"撩"也多写作"撂",例如:

《红楼梦》第二十一回:"湘雲却一把青丝,拖於枕畔;一幅桃红绸被,只齐胸盖着,衬着那一弯雪白的膀子,撂在被外。"

《儿女英雄传》第十四回:"因先拣了一包碎的,约略不足百两,撂在一边。"

现代汉语方言里,上海、江苏苏州、江阴,浙江苍南金乡有"撩"表"掀起"义;胶辽官话(山东烟台、牟平)、江淮官话(江苏淮阴、南通)、西南官话(四川成都)、吴语(上海)"撩"有"丢、抛"义。

燎

忻州方言常用"燎"表示"用火焰烧"，读作liɔu³¹³。例如：

灶台火扑出来，把眉毛燎咪。

猪蹄子拿到火上燎一燎再下锅煮。

夜来烫坏头咪，都发黄咪，就跟火燎了一般。

这类用例最晚在西晋时即已有之。例如：

《三国志·魏书·王粲传》："以此行事，无异于鼓洪炉以燎毛发。"

之后多有沿用。例如：

《新唐书·李绩传》："（绩）性友爱，其姊病，尝自为粥而燎其须。"

何永鳌《火焰山上四十天》："火焰山的脾气可不小，我的胡子也给燎了一半哩。"

因此忻州话将"皮肤上因烫伤而起的水泡"称作"燎泡"，文学作品中也有此用法，例如：

《红楼梦》第二十五回："只见宝玉左边脸上起了一溜燎泡，幸而没伤眼睛。"

孙犁《白洋淀纪事·光荣》："（逃兵）正低着头包裹脚上的燎泡。"

现代汉语方言里，中原官话（江苏徐州）、晋语（山西太原、沁县）、西南官话（湖北武汉，云南昆明）、吴语（江苏苏州、无锡薛典、常熟）都有"燎"表"用火焰烧"的用法。

礧

忻州方言常用"礧"表示"滚落，塌陷"义，读作luei⁵³。

查《集韵》："礧，卢对切，同礌。推石自高而下也。"

卢对切为去声来母灰韵合口一等，忻州方言luei⁵³音的声母、韵母、声调与之相应；词义方面，"礧"有"推石自高而下"义，可引申指称"滚落，塌陷"义。综合上述音义的情况，忻州方言的luei⁵³音之词就是"礧"字。例如：

夜来风大，新修的女儿墙又礧咪。

草棚礧咪，好在掉下来的东西没有打着人。

"礧"表"推石自高而下"最晚在西汉即已有之。例如：

《史记·司马相如列传》："礧石相击，琅琅磕磕。"

之后有沿用。例如：

《世说新语·文学》中左太冲作《三都赋》初成，刘孝标注引《思别传》："初作《蜀都赋》云：'鬼弹飞丸以礌磇，火井腾光以赫曦。'"

现代汉语方言中，西南官话（四川南充）、吴语（浙江象山）都有"礌"表示"滚落，塌陷"的用法。

力巴

忻州方言常用形容词"力巴"称述"对某种事情或工作不懂或没有经验"，读作 li^{53}bər^{20}[1]，也说"二力巴"。例如：

你说的这不是些力巴话吗？

耩地他可不二力巴。

此外，"力巴"也用来指"力巴的人"，这种作名词的用法，多说成"二力巴"，一般不常用"力巴"。例如：

蒸花馍我可是二力巴，捏出来的花瓣可不细发（精致）。

这么当紧的营生（活儿）咋就瞅住我这个二力巴了？

鞋垫是我第一次割（缝），个人纯粹是个二力巴，东西不好，可不要笑话。

这类用例最晚在清代即已有之。可作名词，也可作动词，亦作"力把"。例如：

《儿女英雄传》第六回："女子见这般人浑头浑脑，都是些力巴，心里想道：'这倒不好和他交手，且打倒两个再说！'"第十一回："行家莫说力把话，你难道没带着眼睛，还要问'却是为何'！"

现代汉语方言里，东北官话（辽宁锦州，黑龙江绥化）、北京官话（北京）、冀鲁官话（天津、山东济南）、中原官话（青海西宁、山西临汾、山东曲阜）、晋语（山西阳曲）都把"外行"说成"力巴"。

连襟

忻州方言常用名词"连襟"称述"姐姐的丈夫和妹妹的丈夫之间的亲戚关系"，读作 liẽ^{313}tɕiəŋ^{31}。例如：

连襟们这次可帮了大忙了，要不我一个人哪能把地锄过（锄完）咧。

我还不知道你跟我们村的李师傅原来是连襟呀。

叔叔今年六十，几个连襟里头数他年长。

---

① 此处的儿化与"丢丢"一词儿化现象相同。

"连襟"一词源于杜甫《送李十五丈别》,其中有诗句:"孤陋忝末亲,等级敢比肩?人生意气合,相与襟袂连。"不过,这里的"襟袂连"只是形容彼此关系密切,还没有用来称说彼此之间的亲戚关系。

最晚在宋时,"连襟"表"姐姐的丈夫和妹妹的丈夫之间的亲戚关系"的用例即已有之。例如:

马永卿《嬾真子》卷二:"《尔雅》曰:'两婿相谓为亚'。注云:'今江东人呼同门为僚婿'。《严助传》呼友婿,江北人呼连袂,又呼连襟。"

后世的相关用例一直沿用未衰。例如:

冯梦龙《东周列国志》第十四回:"齐襄公喝教刀斧手,将泄、职二公子斩讫。公子黔牟是周王之婿,于齐有连襟之情,赦之不诛,放归于周。"

李绿园《歧路灯》第六十八回:"我想舍弟的外父,现在湖广做知府;舍弟的舅子,十七八岁新进士;他的连襟邵老先生做翰林,已开了坊;舍弟是个半通半不通的秀才,贤弟你说这亲完得完不得?"

顾张思《土风录》卷十六:"姊妹之夫曰连襟。"

落魄道人《八贤传》第六回:"这艮河岸上,有一庄村,名东崖村,中有一名门之子,是一秀才,与小儿是连襟。"

"连襟"也作"联襟"。例如:

凌濛初《初刻拍案惊奇》卷二十:"李尚书既做了天祐舅舅,又做了天锡中表联襟,亲上加亲,十分美满。"

此外,"连襟"还有"襟兄""襟弟"的相关用例。例如:

如莲居士《反唐演义全传》第四十回:"陈进相见太子礼毕,太子道:'弟因家叔差人来接,暂往边庭,图一出身,即刻起行,特来相别。岳母处,还求襟兄念骨肉至亲,不时照管一二,异日小弟自当图报大德。'"第六十回:"陈进接道:'襟兄令叔为唐王元帅,襟兄官职料也不小。'"

陆士谔《十尾龟》第三回:"从此与马静斋却攀了一层戚谊,变为襟兄襟弟,便格外地知己起来。"

现代汉语普通话有"连襟"一词,也说"襟兄""襟弟"。忻州方言中"连襟"为常用词语,但没有"襟兄""襟弟"的说法,而是习惯说成"大连襟、二连襟、三连襟……"。

糫

忻州方言里,称述"粥煮的稠而匀"这一形态,常用一个读作lyã53的形容词。

《集韵·线韵》:"䉤,龙眷切,熬饵黏也。"

"䉤"为龙眷切,忻州方言的 lya⁵³ 音,声母和声调与龙眷切相合,韵母方面稍有不合,这是方言分化略有偏离的表现。总体来看,这种古今对应还是较为严整的;词义方面,"䉤"是"熬饵黏"之义,可引申表熬粥黏,即粥煮得稠而匀,忻州方言用 lya⁵³ 所指称的概念与之相同。综合上述音义两方面的情况,忻州方言的 lya⁵³ 音之词就是"䉤"字。例如:

姥姥爱见(喜欢)喝䉤䉤儿的稀粥。

夜来早起(昨天早上)的稀粥清汤寡水咧,不好喝,这回熬下个䉤的。

小时候家里吃的紧张,一年也喝不上顿䉤粥。

檩

忻州方言常用"檩子"表示"架在屋架或山墙上用以支承椽子或屋面板的长条形构件",读作 liŋ³¹³lə?²。例如:

房子大肯定檩子长呀。

这是翻盖时拆下来的檩子。

这类用例最晚在唐时即已有之。

之后多有沿用。例如:

《聊斋志异·卷四》:"邸中建高楼,梁木初架。佳沿楼角而登,顷刻至巅,立脊檩上疾趋而行,凡三四返。"

《太平广记》卷三白九十二:"洛京北邙太清观钟楼,唐咸通年中忽然摧塌。有屋檩一条,其中空虚,每撑动触动转,内敲磕有声。"

郭澄清《大刀记》第十八章:"一个合格的战士,要既能当大梁,当基柱,也能当陪檩,当垫楔,那才对呀!"

现代汉语方言中,东北官话(辽宁)、西南官话(湖北武汉)、湘语(湖南长沙)都有用"檩子"表"架在屋架或山墙上用以支承椽子或屋面板的长条形构件"的用法。

灵

忻州方言常用形容词"灵"表示"聪明,通晓事理"之义,读作 liəŋ³¹。例如:

这个娃娃可灵咧,又仁义(礼貌),谁见了都爱见(喜欢)。

璐璐不是不灵，可学习就是不好，贪玩得很。

现在的娃娃比我们小时候灵多了，小小儿的就能看懂大人的表情咪，你高兴不高兴，小家伙心里清楚着哩。

这类用例最晚在战国时即已有之。例如：

《庄子·天地》："大惑者终身不解，大愚者终身不灵。"成玄英疏："灵，知也。"王先谦集解引司马彪曰："灵，晓也。"

之后多有沿用。例如：

韩愈《鳄鱼文》："不然，则是鳄鱼冥顽不灵，刺史虽有言，不闻不知也。"

现代汉语普通话极少使用"灵"表"聪明，通晓事理"之义。

现代汉语方言里，东北官话（吉林长春）、冀鲁官话（天津，山西广灵）、晋语（河北张家口，山西阳曲）、中原官话（陕西商县张家塬、宝鸡）、西南官话（广西桂林）、徽语（安徽歙县）、吴语（浙江温州、苍南金乡）都将"聪明"说成"灵"。

馏（饂）

忻州方言称述"把凉了的熟食蒸热"这一行为动作，常用一个读作 liəu⁵³ 的动词。

《广韵·尤韵》："力求切，饭气蒸也；又力救切，馏饭。"

力救切为来母尤韵开口三等去声，该音节演变至今，在忻州方言里正是读作 liəu⁵³ 音。词义方面，"馏"有"饭气蒸或馏饭"之义，可引申表"再次蒸"之义，忻州方言 liəu⁵³ 所指称的概念与之相合。综合上述音义情况可知，忻州方言的 liəu⁵³ 音之词就是"馏"字。例如：

晚饭吃什么？熬稀粥馏馒头。

这些萝卜先馏一下，再晒干就行了。

馏馒头顿唠（的时候）顺便蒸上这几片红薯。

这类用例最晚在北魏即已有之。例如：

贾思勰《齐民要术·造神曲并酒等》："初下酿，用黍米四斗。再馏，弱炊，必令均熟，勿使坚刚生减也。"

后世的相关用例一直沿用至今。例如：

《全元散曲·关汉卿》："冷餐重馏，口刀舌剑，吻槊唇枪，独攻决胜，混战无忧，不到得落人奸彀。"

《湛然居士文集》卷十三："师云：'万里此时同皎洁，一年今夜最分明。将此胜因，用严和公觉灵中秋玩月，彻晓登楼，直饶上生兜率，西往净方，未必有燕京蒸梨馏枣爆栗烧桃。'"

徐光启《农政全书》卷四十二："稻米佳，无者早稻米亦得充事，再馏弱炊，摊令小冷。"

现代汉语普通话里有"馏"的用法，如："把剩菜馏一馏再吃"。与之相比，忻州方言"馏"的使法更为灵活，既可以单用，又可以构成双音词"圪馏"。使用"圪馏"时，指称的蒸制时间通常比单用"馏"的时间为短。

现代汉语方言里，湘语（湖南长沙）用"馏"称述名词"饭蒸气"。闽语（福建厦门）把"重复"说成"馏"。而闽语（广东揭阳）把"温习"说成"馏"。忻州方言没有"馏"的这三种相关用法。

娄（蔞）

忻州方言称述"某些瓜类过熟而变质"，常用一个读作 ləu³¹ 的词。

《广韵·侯韵》："娄，落侯切，空也。"

落侯切为来母侯韵开口一等平声，忻州方言的 ləu³¹ 音，声、韵、调分别与来母、侯韵开口一等、平声相应；词义方面，"娄"是"空"之义，可引申表瓜瓢化水变空的现象，忻州方言用 ləu³¹ 所指称的概念与之相合。综合上述音义两方面的情况可知，忻州方言表"某些瓜类过熟而变质"的 ləu³¹ 就是"娄"字。例如：

这两颗西瓜娄了，不能吃了，真是可惜眯。

娄了的瓜还拿早市卖，这不是明摆着坑人哩？

前阵子忙收割玉茭子，没去瓜地儿看看，早升（早晨）去，五六个香瓜都娄唰。

现代汉语普通话称说"某些瓜类过熟而变质"一般不常用"娄"。

现代汉语方言里，东北官话（东北地区）、北京官话（北京）、都用"娄"表"某些瓜类过熟而变质"之义。

嚧

忻州方言中称述"唤猪声"，常用一个读作 lɔ³¹³ 的词。

查《广韵·模韵》："嚧，落胡切，呼猪声也。"

落胡切为来母模韵合口一等平声，该音节演变至今，在忻州方言里正是读作 lɔ³¹³ 音。词义方面，"嚧"是"呼猪声"之义，忻州方言用 lɔ³¹³ 所指称的概念与之相合。综合上述音义情况可知，忻州方言表"唤猪声"的 lo³¹³ 就是"噓"字。但"噓"一般不单用，常是多个"噓"叠在一起成串出现。例如：

又听到隔壁院子李奶奶"噓噓噓"的声音了，一定是又在喊猪从圈里出来吃食了。

噓噓噓噓噓噓——这小猪每次一喊它，很快就跑到食槽边了，才买回家十来天，长了一大截唻，让它香香地吃哇，咱们到家说会儿话。

小侄女学着大人喂猪的模样，嘴里还不停地说"噓噓噓""噓噓噓"，逗得大家腰都笑弯了。

另

忻州方言常用"另"表示"分居，分家"义，读作 li⁵³。例如：

现在是和父母一起呢，还是另开了？

两兄弟年时就把家另了。

这类用例最晚在清代即已有之。例如：

《三侠剑》第六回："黄昆此时已与三太之父分居另过，每日喝完了酒仍然练武，练完了武仍然喝酒。"

之后有沿用。例如：

《中国民间故事选·天牛郎配夫妻》："就象这样，昨个坏铧，今个坏犁，你就甭耕地啦！明个另吧。"

现代汉语方言中，晋语（陕西北部）、冀鲁官话、兰银官话（甘肃兰州）都有用"另"表"分居，分家"的用法。

M

马闸子

忻州方言常用名词"马闸子"指称一种"可以折叠的无靠背坐具"，读作 mɑ³¹³ts ɑ³¹³tə²⁰[1]。例如：

看戏走顿唠（的时候），别忘记搬上两个马闸子。

---

[1]　忻州方言的词尾"子"多读作 tə²⁰，有时也念 lə̂²。

路上带上个马闸子哇，想坐顿唠（的时候）也能坐坐。

凳子可没有马闸子好坐，马闸子坐起来又稳又舒服。

最晚在清代这类用例即已有之，也作"马札子""马夹子"。例如：

梁绍壬《两般秋雨盦随笔·马闸子》："今人以皮为交床，名马闸子，官长多以自随，以便于取挈也。按唐明皇作逍遥座，远行携之，如折叠椅，盖即此之权舆乎。"（例句中的"床"与供人睡卧的家具不同，是古代坐具，忻州方言就有这种用法，如小床子。）

刘鹗《老残游记》："县官有马扎子，老残与人瑞仍坐长凳子上。"

钱锡宝《梼杌萃编》第二十回："那县官又拿马夹子坐到店门口，把街坊、地保同打更的人每人打了几百个板子，勒限破案。"

这种坐具为何称为"马闸子"？清代金埴《巾箱说》用例中有相关论述："南方而误为北音者，予再举一二。如……又俗名'马踏子'者，其物似杌，而张则可坐，交则可举；乃仆夫携于马后，本为踏而上马，故名踏，音达，入声也。乃北音闸，平声。南方亦相率读如闸，曰马闸子，此皆南音之讹也。"我们从这一记载中可知，"马闸子"的称谓有可能源于"马踏子"。"马闸子"一词演变至今，忻州方言的读音与记载反映出的发音有所区别。

现代汉语方言里，冀鲁官话（山东寿光），胶辽官话（山东青岛），中原官话（山东平邑，江苏徐州，新疆吐鲁番），晋语（山西五寨），兰银官话（新疆乌鲁木齐），西南官话（广西桂林），都将这种可折叠的坐具说成"马扎子"，其中"扎"字均不读作入声"达"。

慢怠

忻州方言常用"慢怠"表示"怠慢"义，读作 $maŋ^{53}tai^{53}$。例如：

人家一年才来几回，可不要慢怠了。

你去的时候她家可没慢怠你，得记人家的好咧。

这类用例最晚在唐时即已有之。例如：

《晋书·郗超传》："及超死，见憔慢怠，屡而候之，命席便迁延辞避。"

之后多有沿用。例如：

《剪灯余话》卷五："夫人说：'先生召见你不可慢怠，应该赶快前去。'"

《九云记》第六回："周瑞家的们都答应着道：'岂敢慢怠。'一宿无话。"

《彭公案》第四十二回："张耀联突然冷笑说：'大人，你这是何苦？你来私访，我早已看破，多有慢怠！'"

现代汉语方言中，东北官话（吉林长春、白城）、冀鲁官话（天津，河北沧州，山东济南、淄博）、胶辽官话（山东荣成、辽宁丹东）、中原官话（山西襄汾，陕西宝鸡，山东费县，河南郑州、邓州）、晋语（山西山阴、五寨，河北平山，内蒙古临河）、兰银官话（甘肃兰州，新疆乌鲁木齐）、西南官话（贵州毕节）、湘语（湖南）、闽语（福建、台湾）都有用"慢怠"表"怠慢"的用法。

眊

忻州方言常用"眊眊眼"指称"视力不好或近视眼"，读作 mau³¹³mau³¹³ȵiaŋ³¹³。例如：

小姑娘长得可标致咧，就是有个眊眊眼。

现在的小学生都成眊眊眼唻，都戴上眼镜唻。

单用"眊"时表"看、看望"义，读作 mau³¹³。例如：

你们围在一起看啥咧，我也眊一下。

婷婷前天眊你唻，听你弟说你到上海去唻，也没碰上面。

你快快眊眊姨夫去哇，夜来到医院做个大手术。

查《广韵》："眊，莫报切，目少睛。"

莫报切为去声明母豪韵，该音节演变至今，在忻州方言中正是读作 mau³¹³音；词义方面，"目少睛"即"眼睛失神、视物不清"，"看"与"看望"义应该由此引申而来。

这类用例最晚在先秦即已有之。例如：

《孟子·离娄上》："胸中正，则眸子瞭焉；胸中不正，则眸子眊焉。"

之后多有沿用。例如：

王充《论衡·本性》："心清而眸子瞭，心浊而眸子眊。"

《包龙图判百家公案》卷七："包公见那婆子两目昏眊，衣服垢恶，便问：'汝是何人，要告什么不平事？'"

《柳如是别传》第五章："余老矣，耳聩目眊，无以佐二子，然私心幸二子旦夕成书，得一寓目。"

现代汉语方言中，闽语（福建政和）"眊"有表"近视眼"的用法；晋语（山西太原、山阴）"眊"有表"看望"的用法。

鞔

忻州方言称述"鞋面上遮盖白布并与鞋子缝合"这类行为动作，常用一个读作 mã³¹ 的动词。

查《广韵·桓韵》："鞔，母官切，鞔鞋履。"

母官切为明母桓韵合口一等平声，该音节演变至今，在忻州方言里正是读作 mã³¹ 音。词义方面，"鞔"是"鞔鞋履"之义，可引申指"鞋面上遮盖白布并与鞋子缝合"之义，忻州方言用 mã³¹ 所指称的概念与之相同。综合上述音义情况可以确定，忻州方言的 mã³¹ 音之词就是"鞔"字。鞔好的鞋子，称为"鞔鞋"，也有人死后亲属和亲戚中的晚辈或平辈穿鞔鞋，以示哀悼的习俗。例如：

老爷爷眼看不行了，大伯找裁缝给家人每人鞔上双鞋，开始准备后事咪。

这大冷天的，找双厚些的鞋鞔哇，可不能穿单鞋。

发引（出殡）当天，孙子们都得穿鞔鞋。

"鞔"表"蒙上、连缀"义，历代用例较为丰富。例如：

《周礼·考工记·舆人》："饰车欲侈。"汉郑玄注："饰车，谓革鞔舆也。"

贯休《闻赤松舒道士下世》诗："仙庙诗虽继，苔墙篆必鞔。"

姚守中《粉蝶儿·牛诉冤》套曲："觔儿铺了弓，皮儿鞔了鼓。"

和邦额《夜谭随录·朱佩茝》："朱复剥其皮而卷之，曰：'吾正需此以鞔三弦也。'"

现代汉语方言里，冀鲁官话（河北昌黎，陕西户县、商县张家塬，山东剡城，江苏徐州）、晋语（山西娄烦、陕西北部、内蒙古呼和浩特）、江淮官话（江苏南通），都有"鞔"的用法。

没事

忻州方言常用"没事"一词称述"无端，无缘无故"之义，读作 məʔ² sʅ⁵³。例如：

你说他没事是打甚架哩，打伤人家二狗子，一个月住院就花了一万多块钱。

没事跑来对人家一顿数落，给谁也受不了。

没事吵甚架咧，把李婶婶气得几天没吃东西。

这类用例最晚在元代即已有之。例如：

高明《琵琶记·五娘劝解公婆争吵》："区区个孩儿，两口相依倚。没事为着功名，不要他供甘旨。"

相关用例之后有沿用。例如：

《水浒传》第十六回："没事讨别人疑心做甚么。"

《醋葫芦》第五回："都氏道：'我家那老柴根，快活不过，没事生烦恼，道昨夜得着一梦，今日要剃发出家。我想料不是个结局事体，故此接你劝他一劝。'"

现代汉语普通话表"无端，无缘无故"义，一般不常用"没事"称说，忻州方言表该义的"没事"是日常基本词汇。

袂

忻州方言里，表"衣服"这一概念，有时用"衣 mei³¹"来称说。

《说文·衣部》："袂，袖也，弥弊切。"

弥弊切为明母祭韵开口重钮四等去声，该音节演变至今，在忻州方言里正是读作 mei³¹ 音。词义方面，"袂"是"袖"之义，可引申代指"衣服"，忻州方言用"衣 mei³¹"所指称的概念与之相同。综合音义两方面的情况可知，忻州方言的 mei³¹ 音之词就是"袂"字。例如：

瞧身上这衣袂，哪能去上事宴咧，赶紧买上身新的哇。

你这身衣袂脏得不像样唻，快换下来洗洗哇。

快别吹牛了，瞧你这身衣袂就知道不像个文化人。

"袂"表"衣袖"，在先秦时就是常用词，也作"衣袂"。例如：

《易·归妹》："帝乙归妹，其君之袂，不如其娣之袂良。"王弼注："袂，衣袖，所以为礼容者也。"

《周礼·春官·司服》："齐服有玄端素端。"汉郑玄注："士之衣袂，皆二尺二寸。"

最晚到宋时，"袂"由"衣袖"借指"衣衫"。例如：

刘过《贺新郎》词："衣袂京尘曾染处，空有香红尚软。"

之后有沿用。例如：

王实甫《西厢记》第四本第四折："你是为人须为彻，将衣袂不藉。"

《红楼梦》第七十四回："凤姐、平儿等都忙与探春理裙整袂，口内喝着王善保家的说：'……快出去，别再讨脸了！'"

忻州方言与以上用例相比，"袂"不单用，一般说"衣袂"，不专指"衣袖"或是"衣衫"，所表达的是"衣服"这一整体概念，既包括上衣，也包括裤子。

劘

忻州方言称述"瞬间削掉"这一情形，常用一个读作 mɛ³¹³ 的动词。

查《广韵·戈韵》："劘，莫婆切，削也。"

莫婆切为明母戈韵合口一等平声，该音节演变至今，在忻州方言里正是读作 mɛ³¹³ 音。词义方面，"劘"是"削"之义，可引申指"瞬间削掉"，忻州方言用 mɛ³¹³ 所指称的概念与之相同。综合上述音义情况可知，忻州方言表"瞬间削掉"的 mɛ³¹³ 就是"劘"字。例如：

赵叔将（刚）学木匠嗓（的时候）用电锯不留意劘了个指头，后来干活儿就不得劲唻。

小秦杀得一手好猪，劘猪头剁排骨三八两下，利索得很。

不是说着吓唬人，机器东西可不能乱动，指头说劘就劘。

"劘"表"削、切"的用例在汉代即已有之。例如：

王褒《楚辞·王褒〈九怀·株昭〉》："修洁处幽兮，贵宠沙劘。"洪兴祖补注："劘，削也。"

后世的相关用例一直沿用未衰。例如：

张皓《藏冰赋》："不劘不劂，如磋如切。"

张井《担夫叹》诗："沙石刺足如刀劘，痛苦谁敢为延俄。"

现代汉语普通话一般不常用"劘"，偶尔用于书面语。忻州方言里"劘"是日常使用频率较高的词汇，且与"切"义不等同，专指"瞬间削掉"义。

现代汉语方言里，与忻州用法相同的地区有冀鲁官话（山东淄博），胶辽官话（山东胶县）。

湎

忻州方言称述"嘴唇轻轻地沾一下碗或杯子，略微喝一点"这一行为动作，常用一个读作 miən⁵³ 的动词。

查《说文·水部》："湎，饮也，绵婢切。"

绵婢切为明母支韵开口重纽四等上声，该音节演变至今，在忻州方言里正是读作 miən⁵³ 音，其中韵母和声调稍有不合，这是在方言分化过程中略有偏离的表现；词义方面，"湎"是"饮"之义，可引申指"小口少量喝"，忻州方言用 miən⁵³ 所指称的概念与之相同，综合上述音义情况可知，忻州方言的 miən⁵³ 音之词就是"湎"字。例如：

大夫说你这病不得多喝酒，你实在想喝就涊上些些儿哇。

也说"圪涊"。例如：

这蜂蜜是自家产的，比市面上的蜂蜜要吃得放心，你可以每天给小孙孙圪涊上些儿。

娃娃太小，还没开始给他喂饭菜，过段时间教他圪涊上些儿小米粥哇。

这类用法有相关记载。例如：

李实《蜀语》："饮曰涊"。

现代汉语普通话没有"涊"的相关用法。

现代汉语方言里有这一用法的地区十分宽泛，主要有中原官话（江苏徐州、陕西商县张家塬、甘肃甘谷）、江淮官话（江苏镇江、扬州、淮阴、盐城，安徽巢湖）、西南官话（贵州清镇，云南昭通、昆明，四川）、徽语（安徽绩溪）、吴语（江苏无锡薛典、苏州，浙江宁波、嘉兴）、湘语（湖南长沙）、赣语（湖南常宁）、粤语（广东广州）、闽语（福建建瓯）。

縻

忻州方言常用"縻"一词表示"把牲畜用缰绳固定好"之义，读作 mi^{53}。例如：

把羊縻在树底下哇，教它吃上会儿草。

快出去把猪縻住，正糟蹋菜畦咧。

查《广韵》："縻，靡为切，系也。"

《说文解字》："縻，牛辔也。"

靡为切为明母支韵开口三等，忻州方言的 mi^{53} 音，声、韵分别与明母、支韵相应；词义方面，"縻"有"系"之义，由"牛辔"义演化而来，可用来称述"把牲畜用缰绳固定好"的动作。综合音义两方面的情况可知，忻州方言的 mi^{53} 音之词就是"縻"字。

表"牛辔"用例最晚在西汉时即已有之。例如：

《史记·司马相如列传》："盖面天子之于夷狄也，其义羁縻勿绝而已。"

之后有沿用，多泛指绳索。例如：

刘琨《答卢谌诗》："乃奋长縻，是辔是鑣。"

《集异记·嘉陵江巨木》："广备縻索，多聚勇力。"

作动词表"拴缚，牵制"用例最晚在秦时即已有之。例如：

《晏子春秋·问上十二》："其谋也，左右无所声，上下无所縻，其声不悖，其实不逆。"

之后一直沿用未衰。例如:

《晋书·文帝纪》:"吾当以长策縻之,但坚守三面。"

陆游《芳华楼夜饮》诗之二:"难觅长绳縻日住,且凭羯鼓唤花开。"

沈鲸《双珠记·与珠觅珠》:"须知此身縻官籍,况又在文章台阁。"

"縻"在忻州方言里作动词,词义范围缩小,仅指"把牲畜用缰绳固定好"。

面茶

忻州人常将莜麦面粉或玉米面粉等炒成半熟,拌成糊状,放入沸水中,加上佐料,煮熟食用,依据个人口味,可在面茶中加入丸子、粉丝等。这种食品忻州方言用"面茶"这一名词予以称说,读作 miɛ̃⁵³tsʻɑ³¹,"面茶"既可以指"炒成半熟的莜麦面粉或玉米面粉",也可以指"熬好的面茶"。例如:

我今天后晌(下午)爁(炒)下些儿面茶,给你挖上一碗哇。

我爱见在面茶里放粉丝子。

今年正月还是可冻(冷)哩,最适合热乎乎的面茶啦。

"熬好的面茶",也叫"面茶糊糊"。例如:

这面茶糊糊可熬好咵,我还放了几个肉丸子,你多喝上些儿哇。

这类用例最晚在清代即已有之。例如:

桂馥《札朴·乡里旧闻》:"面茶即炒面。吾乡行炒大麦、小麦面,夏则和冷水,冬则和熟水,俗呼炒面。"

从用例内容看,忻州如今的"面茶"与之有别,忻州的面茶用莜麦面粉或玉米面粉炒制,一般也不用水来冲着喝,而是要先拌成糊状,然后置于沸水熬煮,除佐料外,还可依据口味添加丸子、粉丝等。

现代汉语中普通话有"面茶"的说法,与忻州方言的指称概念不同,义为"糜子面等加水煮成糊状的一种食品",吃时可加麻酱、椒盐等。

现代汉语方言中,冀鲁官话(山东利津)、中原官话(山东曲阜、青海西宁)、西南官话(四川成都)、闽语(福建厦门)都有"面茶"的说法。

烩

忻州方言称述"熟食回锅加热或熟食煮烂",常用一个读作 xuei⁵³ 的动词。

查《广韵·灰韵》:"烩,呼罪切,熟貌;烩烂也。"

呼罪切为晓母灰韵合口一等，该音节演变至今，在忻州方言里正是读作 xuei⁵³ 音。词义方面，"爤烂"就是"熟食煮烂"之意，不过说法不同而已，由此引申可表熟食回锅加热的意思。综合音义两方面的情况可知，忻州方言的 xuei⁵³ 音之词就是"爤"字。例如：

今晚吃剩的饭菜收好，明天早上爤一爤我们出发前吃。

这两盘菜早凉了，这会儿吃的话，放在一起爤爤哇。

这锅菜再爤爤哇，要不山药（土豆）奶奶咬不动。

现代汉语方言里，冀鲁官话（河北雄县），吴语（上海嘉定、宝山、崇明，浙江萧山、绍兴），西南官话（四川）均使有此用法。

N

衲

忻州方言称述"密针缝纫""疏缝粗缝"之义，常用一个读作 nəʔ² 的动词。

查《广韵·合韵》："衲，奴答切，补衲緻也。"

奴答切为泥母合韵开口一等入声，忻州方言的 nəʔ² 音，声、韵、调分别与泥母、合韵开口一等、入声相应；词义方面，"衲"是"补衲緻"之义，可引申指密缝，也可引申指粗缝，忻州方言用于两种概念的 nəʔ² 所指称的概念分别与之相合。综合上述音义情况可知，忻州方言的 nəʔ² 音之词就是"衲"字。

忻州方言中，表密缝义时，"衲"单用；表粗缝义时，多用"圪衲"，含快速粗略缝之义。例如：

你家有没有鞋底样子借我用用呀，我准备衲上几双鞋底子，给爷爷做几双家做鞋，他穿不惯商场买来的鞋。

你会不会衲袜底呀？小时候奶奶教过我，可我衲得不好。

以上用例中的"衲鞋底、衲袜底"① 常作"纳"，王力② 曾指出"纳"后作"衲"，衲是"后起字"。那么，"纳"与"衲"为古今字，二字在"缝缀"义

---

① 将数层布帛依鞋底样剪裁粘合成整体，然后在上面密密地缝，使它结实耐磨。

② 王力.王力古代汉语字典[z].北京：中华书局，2000：914、1207.

上的训释理应是相同的。但据叶娇①的考察，《汉语大字典》《汉语大词典》中有关两者的训释，都存在前后不能对应的地方，其他的各种古代汉语字、词典对"纳""衲"二字的解释也多有与大字典和大词典不合之处。字词典中之所以出现这么让人莫衷一是的情形，笔者认为叶娇的解释是合理的，即"'纳（衲）'表"缝纫"义时，"专指缝有夹层或多层的衣物，缝时自可如绣花般细致，也可如纳被般粗针缝合。"意识不到此点而仅从个别例句中寻特征，自然会众说纷纭。

从忻州方言的用法看，"衲"单用，表"密缝"义时，缝的对象多是鞋底、袜底，都有多层的特征；表"粗缝"义时，"圪衲"的对象可以是多层，也可以是单层。这一语言现象主要是受到构词语素"圪"的影响，增加了"快速"这一语素的同时削弱了"衲"宾语范围的限定导致的。例如：

闺女的夹袄破啦，我明儿（明天）给她圪衲住就又能穿咪，不用买新的。

被罩的拉链坏了，不行把口子圪衲住些将就用哇，一时也寻不下个合适的拉链换。

盖地（被子）套子不用小针尖缝，圪衲住些儿就行咪。

"衲（纳）"作"缝缀"义，最晚在汉时即已有之。例如：

王充《论衡·程材》："刺绣之师，能缝帷裳；纳缕之工，不能织锦。"

相关用例之后一直沿用未衰。例如：

《广雅·释诂四》："缮、致、衲……补也。"王念孙疏证："衲者，《释言》云：'紩，纳也。'纳与衲通，亦作内，今俗语犹谓破布相连处为衲头。"

《三国志·魏志·武帝纪》："庚子，王崩于洛阳，年六十六。"裴松之注引晋代王沈《魏书》："帷帐屏风，坏则补纳。"

《全元杂剧·薛仁贵荣归故里》："我经了些冉冉年华，萧萧冬月，炎炎的那长夏，盼得我心切切眼巴巴。这其间干运供给，执蕙挽菜。缝衣补衲，多亏你这柳氏浑家。"

《红楼幻梦》第二十一回："后面群钗也提着花囊，洒时花的、绣蝶的、皮钱的、万字的、……各色衲锦的、戳纱的、结络的、打子的、盘线的、掐线的、堆片的，各色各样，光怪陆离。"

现代汉语普通话有"纳"的用法，多用于"纳鞋底"一词，其他情况多用"缝"来表达。忻州方言中"衲"还有"圪衲"的用法，可用于表多种衣物的

---

① 叶娇. 绣织还是补缀，粗缝还是密缝——"纳""衲"之缝补义考辨[J]. 台州学院学报，2005(2)：52—53.

缝合。

耐

忻州方言中，"耐"有"禁得起，受得住"之义，常用来指衣物等结实，不容易穿坏或用坏，念作 næ⁵³。例如：

帆布包可耐哩，比皮包都好用，又耐又实用。

这家具，核桃树木料，耐咧很咧，用是用不烂咪，传数辈哇。

此外，"耐"还用来表"久（即时间长）"之义。例如：

这本小说厚得很，可耐看哩，这都快半个月咪，还没看完。

真耐等哩，敏敏还不出来，咱们两个在这儿都等她有半个钟头咪。

事宴的饭不比平时，可耐做哩，得早些准备。

"耐"表"禁得起，受得住"的用例最晚在唐时即已有之。例如：

房玄龄等《晋书·苻生载记》："洪大惊，鞭之。生曰：'性耐刀槊，不堪鞭捶。'"

李商隐《霜月》诗："青女素娥俱耐冷，月中霜里斗婵娟。"

相关用例之后有沿用。例如：

赵明道散曲《夜行船·寄香罗帕》："幅尺阔全无半缕纰，密实十分耐洗。"

苏轼《减字木兰花·雪词》："云容皓白，破晓玉英纷似织。风力无端，欲学杨花更耐寒。"

现代汉语普通话也用"耐"来表"衣物结实不易穿坏"之义，如："锦纶袜子耐穿"，但一般不常用于表"久"之义。现代汉语方言里，中原官话（山西永济、吉县）、晋语（山西太原、朔县、阳曲、太谷，内蒙古兴和）都有衣物耐穿的说法。粤语（广东广州）、平话（广西南宁心圩），则都有以"耐"表"久"的用法。

撵

忻州方言常用"撵"表示"驱逐，赶走"义，读作 nian³¹³。例如：

把小鸭撵出去，要不进菜畦呀。

你怕啥，去了人家又不会撵你出门？

这类用例最晚在元代即已有之。例如：

《全元杂剧·关汉卿·杜蕊娘智赏金线池》："俺这妮子，一心待嫁他，那厮也要娶我女儿；中间被我不肯，把他撵出去了。"

之后多有沿用。例如：

《七侠五义》第十五回："包兴上马，一抖丝缰，先到天齐庙，撵开闲人，并告诉老道：'钦差大人打此经过，一概茶水不用。你们伺候完了香，连忙躲开。我们大人是最爱清静的。'"

《红楼梦》第六十一回："凤姐方才歇下，听见此事，便吩咐：'将他娘打四十板子，撵出去，永不许进二门。把五儿打四十板子，立刻交给庄子上，或卖或配人。'"

此外，忻州方言还常用"撵"表示"追赶"义，读作 nian[313]。例如：

补了一个暑假的课，也没能撵上同学的进度。

他刚出门，你走快点，或许能撵上。

这类用例最晚在清代即已有之。例如：

《红楼复梦》第十回："平儿听说，赶忙取三两碎银，命丫头递与三儿，说道：'你快些拿去，对爷说，逛会子早些回来。'三儿答应，出来骑上马，加上两鞭，飞撵出城。'"

《红楼复梦》第九十九回："梦玉们大喜道：'你快些家去，给老太太个信儿。横竖咱们走得慢，老爷很可撵得上。'"

之后有沿用。例如：

周立波《暴风骤雨》第二部十四："刘桂兰走不多远，白玉山撵出门外，把她被子送给她。"

现代汉语方言中，陕北晋语也有"撵"表"驱逐，赶走"的用法：东北官话（东北）、北京官话（北京）、冀鲁官话（山东寿光、济南）、胶辽官话（山东安丘）、中原官话（山西洪洞，河南，陕西西安、商县张家塬，江苏徐州，新疆吐鲁番）、晋语（山西太原）、兰银官话（新疆乌鲁木齐）、江淮官话（安徽合肥，江苏盐城）、西南官话（四川成都，湖北武汉，云南永胜、楚雄）都有"撵"表"追赶"的用法。

能能

忻州方言称述"抬起脚后跟用脚尖站着"这一行为动作，常用"能能"这一动词，读作 nəŋ[31]nəŋ[31]。例如：

咋把篮子放这么高呀，你应该够不着，我这么高的个子，能能起才将（刚）够着。

你个子高，能能一下帮我把架子上的篮子取下来。

这类用例最晚在元代即已有之。例如：

郑光祖《伊尹耕莘》第一折："好个小厮儿！不要哭！与员外做儿，你是有福的。员外，我着他打个能能。"

上例句中的"能能"有幼儿初学站立"之义，与忻州的用法不尽相同。忻州的"能能"也可用作开始学步的小孩，但不与"打"连用，仅表"抬起脚后跟用脚尖站着"的意思，没有"初学站立"之义，且只是表与成人相比站立时间极短。例如：

这孩子昨天能能了一下，可能自己也觉着好玩，真儿（今天）时不时就能能下，还盼着别人夸哩。

现代汉语普通话没有"能能"的说法，常用"踮"表示"抬起脚后跟用脚尖站着"之义，如："她人矮，得踮着脚才能看见"。

现代汉语方言里，北京官话（北京）、晋语（山西文水）、都把"幼儿初学站立"说成"能能"。

能事

忻州方言有时用形容词"能事"表示"能干"之义，读作 nəŋ^{31}si^{53}。例如：

你可能事了个能事，这小衣服做的比买的还好看咧。

各人能事了半天，就考下这么点分数呀，平时让多看会儿书，还说已经都会了。

咱也不是能事的人，做出来的针线肯定是不如裁缝的好，将就穿哇。

这类用例最晚在元代即已有之。例如：

《陈州粜米》第二折："不知老相公曾差甚么能事官员陈州去也不曾？"

后世的相关用例一直沿用未衰。例如：

《全元杂剧·包待制智赚灰栏记》："如今将张海棠解上开封府去，我想那海棠，又无甚么亲人讨命，不若到路上结果了他，何等干净！因此特特拣两个能事的公人董超、薛霸解去。起身时节，每人与了五两银子，教他不必远去，只在僻静处所，便好下手。"

天然痴叟《石点头》第十回："知县即写一朱票，唤过两个能事的皂隶，低低吩咐，如此如此。皂隶领命，飞也似去了。"

王錂《春芜记·定计》："王四兄，我一向晓得你是个能事的人，如今一件事求着你。"

华琴珊《续镜花缘》第十六回："花如玉道：'这倒承姊姊的情了。'说罢便道：'能事的快来比试。'只见东边来了一人，名唤一枝桃，战不上十个回合，便败了下来。又是一个名唤景钟声，也战了七八个回合退下。"

现代汉语普通话也有"能事"一词，但与忻州方言用法有别。其义主要为"擅长的本领"，且常与"尽"字配合使用，如"能事已尽"，"极尽标新立异之能事"。

现代汉语方言里，北京官话（北京）将"能干"说成"能事"。

搦

忻州方言称述"用手按压"或"握持"这一行为动作，常用一个读作 nuəʔ² 的动词。

查《说文·手部》："搦，按也。"

《广韵·觉韵》："搦，女角切，持也。"

女角切为娘母觉韵开口二等入声，该音节演变至今，在忻州方言里正是读作 nuəʔ² 音。词义方面，"搦"有"按"或"持"之义，忻州方言的"用手按压"或"握持"义与之相合。综合上述音义情况可知，忻州方言的 nuəʔ² 音之词就是"搦"字。例如：

案板上剁好的白菜馅儿还得搦一搦，脱脱水，再和肉馅拌一搭（一起）。

这娃娃爱见（喜欢）画画，搦着画笔硬是不放下。

此外，忻州方言"搦"还表"捏"之义，指用拇指和别的手指来夹。这一用法，是由"握持"这一义项引申而来。例如：

胳膊好困疼呀，每回搦一会儿就好了，这回不管用咮，得去诊所看看。

快搦住鼻子，这是什么味呀，真难闻。

"搦"表"按压"义，最晚在西汉时即已有之。例如：

《史记·扁鹊仓公列传》："因五藏之输，乃割皮解肌，诀脉结筋，搦髓脑，揲荒爪幕，湔浣肠胃，漱涤五藏，练精易形。"

后世这类用例一直沿用未衰。例如：

曹植《幽思赋》："搦素筝而慷慨，扬《大雅》之哀吟。"

贾思勰《齐民要术·杂说》："河东染御黄法，碓捣地黄根，令熟，灰汁和之，搅令匀，搦取汁。"

胡云翘《沪谣外编·山歌》："拿过金盆来洗手，拿过银盆来和面，拿起杆杖搦成月，拿起刀来切得条条线。"

"搦"表"握持"义，最晚在南朝宋时即已有之。例如：

《后汉书·藏洪传》："抚弦搦矢，不觉涕流之覆面也。"

后世的相关用例也较为常见。例如：

韩愈、孟郊《纳凉联句》："君颜不可觊，君手无由搦。"

《儿女英雄传》第三十五回："先把左手的帽子递过去，请老爷自己搦着顶托儿戴上。"

"搦"在古代文献用例中，还有量词的情况，义为"一把"，即表一只手所持握的量。例如：

王实甫《西厢记》第四本第一折："绣鞋儿刚半拆，柳腰儿够一搦。"

忻州方言"搦"没有量词的用法，另外，在文献用例中很少见到"搦"表"捏"义的情况。

现代汉语普通话中"搦"一般不常用于口语，仅出现在少量书面语中，如"搦管"（执笔，也指写诗文）等。

现代汉语方言里，中原官话（山东枣庄、剡城、平邑）、"搦"都有"捏"义的用法。

蔫

忻州方言常用"i ɛ̃ ³¹³ 不来来儿①"或"i ɛ̃ ³¹³ 圪朽朽儿②"称述"花木、瓜果等显现出萎缩"的状态。

查《广韵·仙韵》："蔫，於乾切，物不鲜也。"

於乾切为影母仙韵开口三等平声，该音节演变至今，在忻州方言里正是读作 i ɛ̃ ³¹³ 音。词义方面，"蔫"是"物不鲜"之义，即可由此引申指"花木、瓜果等不新鲜，显现出萎缩的现象"，忻州方言表此义时，其两个多音节词的关键语素 i ɛ̃ ³¹³ 所指称的概念与之相合。综合上述音义情况可知，词中的 i ɛ̃ ³¹³ 音之字就是"蔫"。例如：

盆子里的番茄苗几天了都没人栽，这会儿都变得蔫不来来儿咮。

你看看，叶子都蔫圪朽朽儿咮，这盆花是难救活了。

这些青菜放了四五天就蔫不来来儿／蔫圪朽朽儿咮。

其中，"蔫不来来儿"还可指表现出精神不振的意思，也用"蔫的溜卸

---

① "蔫不来来儿"一词读作 i ɛ̃ ³¹³pəʔ²læ³¹³l̃ɛ̃r³¹³，"不来来儿"作"蔫"的后缀，是同音替代字。

② "蔫圪朽朽儿"一词读作 i ɛ̃ ³¹³kəʔ²ueiəu³¹³ɕiər³¹³，"圪朽朽儿"作"蔫"的后缀，"朽朽儿"是同音替代字。

胯^①"，这一用法由表"花木、瓜果等显现出萎缩"引申而来。例如：

王婶子那是咋啦，蔫不来来儿/蔫的溜卸胯哩，是不是病咪？

单音节"蔫"表花木等显现出萎缩，最晚在唐时即已有之。

之后有沿用。例如：

韩偓《春尽日》："树头初日照西檐，树底蔫花夜雨沾。"

齐己《怀巴陵》："垂白堪思大乱前，薄游曾驻洞庭边。寻僧古寺沿沙岸，倚杖残阳落水天。兰蕊蔫菸骚客庙，烟波晴阔钓师船。此时欲买君山住，懒就商人乞个钱。"

杨慎《词品》卷二："范石湖骖鸾录云：'番禺人作心心字香，用素馨茉莉半开者，著净器中。以沉香薄劈，层层相间，密封之。日一易，不待花蔫，花过香成。'"

《汉语大词典》"蔫"下列义项"花草枯萎"，即花木等显现出萎缩，首引晚唐五代韩偓《春尽日》的诗句，例证晚出。

李实《蜀语》有"不鲜曰蔫，蔫音焉"的记载，说明最晚到明时仍存在"焉"的发音。

现代汉语普通话"蔫"读作 niɛ⁵⁵，当为后起之事。忻州方言中的 iɛ̃³¹³ 音，较大程度地保留了中古读音。

现代汉语方言里与忻州读音情况类似，"蔫"读音与中古时期相合的地区还有晋语（陕西北部）、江淮官话（湖北浠水）、中原官话、兰银官话（新疆乌鲁木齐）表"花木等显现出萎缩或精神不振的样子"时，也使用多音节词，作"蔫头搭拉"。

P

襻

忻州方言指称"用布做的扣住纽扣的套"，常用一个读作"p'ã⁵³p'ã⁵³"的叠音名词。

---

① "蔫的溜卸胯"一词读作 iɛ̃³¹³ tə?²¹liəu³¹³ɕiɛ̃⁵³k'uɑ⁵³，"的溜卸胯"作"蔫的后缀"，均为同音替代字。

查《广韵·删韵》："襻，普患切，衣襻。"

普患切为滂母删韵开口二等去声，该音节演变至今，在忻州方言里正是读作 p'ã⁵³ 音。词义方面，"襻"是"衣襻"义，可引申指"用布做的扣住纽扣的套"，忻州方言"p'ã⁵³ p'ã⁵³"所指称的含义与之相同。综合上述音义情况可知，忻州方言表"用布做的扣住纽扣的套"的 p'ã⁵³ 音就是"襻"字。在忻州方言里，用作该义时，"襻"不单用，只说叠音词"襻襻"。例如：

絮袄儿（棉衣）快做住喇，就差缀几个襻襻喇。

此外，忻州方言称说"缀在裤腰上供皮带穿插用来固定皮带的小物件"时，除"襻襻"外，还用"裤襻子"。例如：

新买的裤子裤腰上没襻襻，寻（找）人缀上几个哇。

看看哪个旧裤儿（裤子）上有裤襻子，拆几个我往这条裤儿上缀呀。

另外，忻州方言还有"襻带"的说法，"襻带"一词主要用于两层意思：

一是"连在裤腰上的肩带"，即背带（搭在肩上系住裤子或裙子的带子）。例如：闺女小时候过六一噪（的时候），学校经常要求娃娃们出节目，还给统一服装，这会儿家里头还有好几件当时穿过的襻带裤儿、襻带裙子，每回看到这些衣裳，我就能想起闺女当时的样子，白衬衣上两条红色的襻带，过肩的地方还有花边，可好看哩。

二是"裤子上用来系结的带子"，即用来系裤子的带子。例如：棉裤上加松紧（松紧带）不咋管用，也不好穿，裤腰上缀襻带哇，一系就行喇。

例句中这种用来系结的带子不光在裤子上缝缀使用，凡衣服开口处都可以缝缀此类带子供系扣或打结（区别于用作扣纽扣的套，直接用钉带子系扣），用在裤子上的用"襻带"称说，裤子之外衣服上用的带子统称为"襻襻子"，形容衣服上此类带子多，常用"襻襻溜系"来称说。例如：

裤腰上本来就缀了个襻带，袄儿上又有这么多襻襻子，这襻襻溜系的穿上不好看哇。

双音词"襻带"的用例最晚在南朝梁即已出现。例如：

王筠《行路难》："襻带虽安不忍缝，开孔裁穿犹未达。"（襻带：系衣裙的带）

之后有沿用。例如：

《儿女英雄传》第二十七回："姑娘一看，原来里面小袄、中衣、汗衫儿、汗巾儿，以至抹胸、膝裤、裹脚襻带都有，连舅太太亲自给他做的那双凤头鞋也在里头。"

现代汉语方言里，中原官话（河南洛阳）将"背带"说成"襻带"；西南官话（四川成都、云南腾冲）也有"襻襻"的说法。

泼

忻州方言常用"泼"表示"用开水冲泡"义，读作 p'ə?²。例如：

家里来客人唻，我赶紧泼茶去咧，妈妈端了盘水果出来。

早起泼了碗鸡蛋，吃了个包子，这会儿有些饿唻。

这类用例唐时即已有之。例如：

张又新《煎茶水记》："过桐庐江至严子濑，溪色至清，水味甚冷，家人辈用陈黑坏茶泼之，皆至芳香。"

之后有沿用。例如：

《警世通言·苏知县罗衫再合》："老婆婆请小官人于中间坐下，自己陪坐，唤老婢泼出一盏热腾腾的茶。"

现代汉语方言中，中原官话（陕西商县张家塬）也有"泼"用于"沏茶"的用法。

破

忻州方言常用动词"p'ε⁵³"表示"豁出、拼上"之义，之前可用"满"修饰。例如：

破上所有家当也得把牛牛的大学供出来，不要让孩子错过上学机会。

满破上我这条老命也得把村口的路修好，出了几趟事唻，不能再拖延唻。

跟他不值得动气，满破上个树上的枣子不要，行了哇，多大个事呀。

有时，也说"破出去"，读作 p'ε⁵³ts'uə?²kə?²①。例如：

法子都想遍了，全不奏效，我只好破出去唻。

这类用例在元代即已有之。多作"破着""破出"。例如：

贾仲明《对玉梳》第一折："他两个去了，奶奶，破着我二十载绵花，务要和他睡一夜，方遂我平生之愿。"

后世的相关用例一直沿用未衰。例如：

蒲松龄《聊斋俚曲集·墙头记》第四回："叶二弟你听知：这丧事待整齐，

---

① 忻州方言有"去"读 kə?² 的现象，再如：起去，读作 tɕ'i³¹³kə?²⁰，"起去"在忻州方言里用法多样，如常用在动词后面作补语：飞起去、扶起去等。

每人破上十亩地。"

梦笔生《金屋梦》第二十一回："玉卿道：'我替他算来，你去下礼完婚谢亲，还有他家的亲眷添箱的，道喜的，也得十数席酒，这些尝钱，喜钱，也得一二百两银子，再替他全包了，添上二百两，共凑一千二百两之数。他若不依，小弟跪着央也央他允了。咱破着花这些银子，到底有回来的日子。'"

《儿女英雄传》第二十六回："如今听了这话，猛然想起，愣了一愣，心里说道：'是啊，方才我见抬进那两个匣子来，我还猜道是画像，及至闹了这一阵，始终没得斟酌这句话。他说这两个匣子就是红定，……我可也就讲不得他两家的情义，只得破着我这条身心性命，和他们大作一场了！'"

文献用例中，有用"满"修饰"破着"的情况，与忻州方言的相关用法一致。例如：

《红楼梦》第五十五回："凤姐儿笑道：'我也虑到这里，倒也够了。……二姑娘是大老爷那边的，也不算。剩了三四个，满破着每人花上七八千银子。环哥娶亲有限，花上三千银子，若不够，那里省一抿子也就够了。……'"

现代汉语方言里，东北官话（东北地区）、冀鲁官话（山东淄博）、胶辽官话（山东安丘）、中原官话（河南洛阳）、晋语（陕西北部），都将"豁出、拼上"之义说成"破上"。

Q

起

忻州方言常用"起"称述"兴建、建造""发酵""起床"之义，现代汉语普通话没有相关用法，下面分别予以论述。

忻州方言"起"称说"兴建、建造"这一概念，读作 tɕʻi^{313}。例如：

我行（我家）明年也起二楼呀，到时候大家过来帮衬（帮忙）下。

你看看我这个院子，起多高的围墙合适呀？

这是谁家起的三楼，还栽了栏杆儿，明晃晃的真好看哩。

此外，"起"还可称说"发酵"这一概念，多指面发酵，此时读作 tɕʻi^{313}。例如：

夜来黑夜（昨天晚上）和的一大盆子面，这会儿起咪，开始蒸馒头哇。

我咱看看面起了没，等面起唠就能蒸咪，灶火都准备好咪。

"面起后制成的饼"用"起面饼"称说。例如：

东头师傅的摊子生意最好，去迟了起面饼就卖完咪。

"起"表"兴建、建造"的用例最晚在汉时即已有之。例如：

《汉书·昭帝纪》："赐长公主及宗室昆弟各有差。追赠赵倢仔为皇太后，起云陵。"

后世的相关用例一直沿用未衰。例如：

颜之推《冤魂志·弘氏》："梁武帝欲为文皇帝陵上起寺，未有佳材，宣意有司，使加采访。"

刘义庆《世说新语·豪爽》："明帝欲起池台，元帝不许。"

梅尧臣《邺中行》："武帝初起铜雀台，丕又建阁延七子。"

《古今小说·木棉庵郑虎臣报冤》："（贾似道）于葛岭起楼台亭榭。穷工极巧。"

《续资治通鉴·元成宗大德二年》："守敬尝起水浑莲、浑天漏，大小机轮凡二十有五。"

现代汉语方言里，西南官话（广西柳州，四川）、吴语（浙江金华岩下、温州）、粤语（广东东莞）、闽语（福建福州、厦门、福清、莆田、仙游，广东揭阳、汕头、海康），都将"建造"说成"起"。

"起"作"发酵"的用例最晚在北魏即已有之。例如：

贾思勰《齐民要术·作烧饼法》："面一斗，羊肉二斤，葱白一合，豉汁及盐熬令熟炙之，面当令起。"

后世有沿用。例如：

赵佶《大观茶论》："上下透彻，如酵蘖之起面。"

其中有"起面饼"的用法。例如：

《南齐书·礼志》："永明九年，诏太庙四时祭，荐宣皇帝起面饼、鸭臛。"

王世贞《游摄山楼霞寺记》："摄级复上为方丈，供起面饼，茵蔯菌而甘瞰之。"

现代汉语方言里，中原官话（陕西商县张家塬）、闽语（福建莆田）、将"发酵"说成"起"。

"起"表"起床"的用例最晚在西汉时即已有之。例如：

《礼记·内则》："孺子蚤寝晏起。"

之后多有沿用。例如：

梁元帝《金楼子·箴戒》："齐武帝時，置钟于景阳楼上，宫人闻钟，则起装饰。"

《警世通言·白娘子永镇雷峰塔》："李员外不说其事，说道：'我今日起得早了，连日又辛苦了些，头风病发晕倒了。'"

梁斌《红旗谱·三一》："春兰娘又说：'饭熟了，还不起？'"

现代汉语方言中，冀鲁官话（山西广灵）、中原官话（山西襄汾、吉县、新绛、永济，山东枣庄、梁山、东平）都有"起"表"起床"的用法。

挈

忻州方言称述"垂手拿着（有提梁、绳套之类的东西）"这一行为动作，常用一个读作 tɕʻiɛ⁵³ 的动词。例如：

《说文·手部》："挈，县持也，苦结切。"段注："下文云：提，挈也。则提与挈皆谓县而持之也。"（县，古同"悬"）

苦结切为溪母屑韵开口四等入声，该音节演变至今，在忻州方言里正是读作 tɕʻiɛ⁵³ 音。词义方面，"挈"是"县持"义，可表提义，忻州方言用 tɕʻiɛ⁵³ 所指称的概念与之相同。综合音义两方面的情况可知，忻州方言的 tɕʻiɛ⁵³ 音之词就是"挈"字。例如：

说好到邻居家挈水回来做饭，等半天咪，咋还不见这娃娃人影哩？

桶里是刚做好的豆腐，你挈去二奶奶家给她炖菜吃哇。

教小朱把院子里就（接）满水的桶挈回来，做饭顿唠（的时候）用呀。

这个篮子小孩家可挈不动，等等大人过来挈哇。

这类用例最晚在战国时即已有之。例如：

《庄子·天地》："凿木为机，后重前轻，挈水若抽，数如泆汤，其名为槔。"

《墨子·兼爱中》："夫挈太山而越河济，可谓毕劫有力矣。自古及今，未有能行之者也。"

之后有沿用。例如：

李咸用《和吴处士题村叟壁》："粝曲芰汀蓼，甘茶挈石泉。"

陶宗仪《南村辍耕录》卷十："广海采珠之人，悬綆于腰，沉入海中，良久得珠，撼其綆，舶上人挈出之。"

陆人龙《辽海丹忠录》第二十六回："不及一日，只见鞑兵来了，也不分个队伍，也不携囊的，也有挈笼的，驱率着些百姓妇女，哭哭啼啼相随，还赶着些牛羊犬马，已是闻得张继善有兵来，急急起行的。"

现代汉语普通话用"提"称述"垂手拿着（有提梁、绳套之类的东西）"这类行为动作，"挈"表"提"义多用于书面语"提纲挈领"等之中，用来比喻把问题简明扼要地提示出来，而一般不表其本义——"提住网的总绳，提住衣服的领子"。

忻州方言的"挈"是常用词，使用的还是"挈"的本义。现代汉语方言里，吴语（浙江宁波、象山、黄岩）、赣语（湖北蒲圻），都有"挈"的用法。

侵早

忻州方言常用"大侵打早①"称述"日出前后一段时间"，读作 $t\varepsilon^{53}t\varphi'i^{313}t\alpha^{313}ts\sigma^{313}$，也说"大侵早起②"，读作 $t\varepsilon^{53}t\varphi'i^{313}ts\sigma^{313}t\varphi'i^{313}$。例如：

大侵打早咧，就跑来敲门，有甚事咧？

姑姑家真是远，大侵打早就动身哎，晌午才将（刚）到家门口。

老三大侵早起就出去给牛割草去哎。

此外，还有"侵早起"和"侵打早③"的表达形式，"侵早起"读作 $t\varphi'i\sigma\eta^{313}ts\sigma^{313}t\varphi'i^{313}$，"侵早起"读作 $t\varphi'i\sigma\eta^{313}t\alpha^{313}ts\sigma^{313}$。例如：

她闺女是我们学校里头最好的音乐老师，天每（每天）侵早起练嗓子。

侵打早喝开水，对身体好，要坚持这个好习惯。

"侵早"的用例最晚在唐时即已有之。例如：

杜甫《赠崔十三评事公辅》："天子朝侵早，云台仗数移。"

白居易《拜表早出，赠皇甫宾客》："一月一回同拜表，莫辞侵早过中桥。老于君者应无数，犹趁西京十五朝。"

方干《采莲》："采莲女儿避残热，隔夜相期侵早发。指剥春葱腕似雪，画桡轻拨蒲根月。"

---

① "大侵打早"一词中，首字"大"读"大"的忻州白读音 $t\varepsilon^{53}$，之后的"打"为同音替代字；"侵"在"侵略"一词中读文读音 $t\varphi'i\sigma\eta^{313}$，此处为白读音 $t\varphi'i^{313}$，忻州方言中文读为 $i\sigma\eta$，白读为 i 的情况十分常见，如：月饼（文读 $pi\sigma\eta^{313}$），饼子（白读 pi^{313}），等等。另外，"侵早"亦作"清早"，忻州方言中没有双音节"侵（清）早"，"侵（清）"作为语素在多音节中使用，"侵"与"清"在忻州方言里都读 $t\varphi'i\sigma\eta^{313}$。同时，"清"也有文白两读的现象：如清官（文读 $t\varphi'i\sigma\eta^{313}$），清汤寡水（白读 $t\varphi'i^{313}$），单从读音方面看，亦可作"清"，再加上现代汉语普通话已不写作"侵"，今天各地方言记录用作"清"的情况就更多了，但鉴于"清早"是后起词，且表义方面看，"侵早"更贴切，故作"侵"。

② "大侵早起"一词中，"大"和"侵"都读忻州白读音。

③ "侵早起"和"侵打早"的"侵"都读作忻州文读音 $t\varphi'i\sigma\eta^{313}$。

后世的相关用例一直沿用未衰。例如：

《祖堂集》卷四："行者见师向前，便顾视老宿云：'莫言侵早起。'"

华岳《骤雨》："牧童家住溪西曲，侵早骑牛牧溪北。慌忙冒雨急渡溪，雨势骤晴山又绿。"

冯梦龙《醒世恒言·苏小妹三难新郎》："秦少游到三月初一日五更时分，就起来梳洗……侵早就到东岳庙前伺候。"

冯梦龙《醒世恒言·卖油郎独占花魁》："那子弟多则住一二月，最少也住半月二十日，只有金二员外侵早出门，是从来未有之事。"

"侵早"亦作"清早"，但"清早"出现时间要晚些。从笔者收集到的用例来看，"清早"最晚在宋时即已有之。如：宋代王安石《苏州道中顺风》："北风一夕阻东舟，清早飞帆落虎丘。运数本来无得丧，人生万事不须谋。"据郭杰查证，除《祖堂集》外，在《景德传灯录》《古尊宿语录》《五灯会元》中，只有"侵早"的用例，未见"清早"。可见，宋时"侵早"与"清早"都在使用。

"清早"之后有沿用。例如：

《水浒传》第三回："俺明日清早来，发付你两个起身。"到现代汉语普通话中仍用"清早"一词，也说"清晨"，已经不作"侵早"了。例如：明天清早出发。

据丁惟汾考证，认为从"侵早"到"清早"，即"清为侵之变声音转"，同时指出"侵当读'涉之为王沈沈者'之'沈（古音读侵）'"，意在取沈沈一词"深邃黑暗"之义。从今天的忻州方言看，"侵"与"清"的读音已经毫无二致，从读音角度难以得知两者之间的转变。

"侵早"表"日出前后一段时间"是比较准确的，这点毫无疑问。但其读音未必是与古时表"深邃黑暗"义的"沈沈"之"沈"同。《说文·人部》："侵，渐进也"，故"侵"又可由此引申出"临近"义。如：唐代杜甫《陪诸贵公子丈八沟携妓纳凉晚际遇雨》诗之二："'缆侵堤柳系，幔卷浪花浮。'仇兆鳌注：'侵，迫近也。'"

《说文·日部》："早，晨也"，晨即指天亮、日出时。例如"《诗·小雅·庭燎》：'夜如何其，夜乡晨。'郑玄笺：'晨，明也。上二章闻鸾声尔，今夜乡明，我见其旗，是朝之时也。'"可见，"侵早"即指临近天亮的这段时间，这一构词特征与"傍晚（指临近晚上的时候）"相似，用"侵早"来表临近天亮的这段时间更尤为贴切。

当然，语言中许多词都带有模糊性质，"侵早"也不例外，"侵早"的中心意义是临近天亮的这段时间，具体要找到天亮前和天亮后具体的界限是非常困难的。但只要中心意义是清晰的，外延部分宽泛模糊的特征就不会影响用词的准确性。"侵早"是临近天亮的这段时间，也就是日出前后一段时间。"侵早"，也作"侵晨"或"侵晓"。例如：

陈寿《三国志·吴志·吕蒙传》："侵晨进攻，蒙手执枹鼓，士卒皆腾踊自升，食时破之。"

《北齐书·崔暹传》："侵晓则与兄弟问母之起居，暮则尝食视寝，然后至外斋对亲宾。"

欧阳炯《木兰花》词："侵晓鹊声来砌下，鸾镜残妆红粉罢。"

赵彦卫《云麓漫钞》卷十："绍兴三十一年七月二十六日侵晨，日出如在水面，色淡而白。"

现代汉语普通话和现代汉语方言较少有"侵早"和"侵晨"的说法。此外，从用例情况看，最晚在元代出现了"大清早""清早晨"的用法。例如：

《全元杂剧·江州司马青衫泪》："虽则学了几曲琵琶，争奈叫官身的无一日空闲，这门衣食，好是低微。大清早母亲叫，只得起来。天色还早哩。"

《全元杂剧·东堂老劝破家子弟》："今日老的大清早出去，看看日中了，怎么还不回来？"

《全元杂剧·散家财天赐老生儿》："自从老的往庄儿上来了，俺一家儿看着老的面皮上，都尽让小梅，又不曾打他，又不曾骂他。今日大清早起来，推配绒线去，怀空走了也。"

《全元杂剧·看钱奴买冤家债主》："大清早起，利市也不曾发，这两个老的就来教化酒吃，被我支他对门讨药去了，便心疼杀他，也不干我事。"

《全元杂剧·钱大尹智勘绯衣梦》："在此棋盘街井底卷开着座茶房，但是那经商客旅、做买做卖的，都来俺这里吃茶。今日清早晨起来，烧的汤瓶儿热，开开这茶铺儿，看有甚么人来。"

《全元杂剧·晋陶母剪发待宾》："清早晨我不发这钞出去，你转一转来取。"

《全元杂剧·刘玄德醉走黄鹤楼》："自家村姑儿的便是，清早晨起来，头不曾梳，脸不曾洗，喝了五六碗茶，大烧饼吃了六七个，才充了饥也。"

《全元杂剧·宋上皇御断金凤钗》：自家是个银匠，清早晨开开这铺儿，看有甚么人来？"

以上用例的"清早"均为多音节形式，忻州方言中"侵早"有"侵早起""侵打早"的三字格形式，也有"大侵打早"或"大侵早起"的四字格形式，这一语言现象跟人们喜用三音节、四音节词的习惯有关，忻州方言的多音节词十分丰富，据张光明统计，忻州方言仅"A眉B眼"的四字结构就多达一百四十多条，数目之大，令人惊异。

以上是忻州方言表"日出前后一段时间"这一概念用法的考察。如果称述"从天将亮到八九点钟的一段时间"，忻州方言则常用"打早、早起、早升"等名词，且可互换使用。例如：

明儿（明天）打早/早起/早升，你早些儿起（起床），咱们去镇上一趟。

其中"打早"最初为"很早起床"的意思。例如：《韩非子·忠孝》："某子之亲，夜寝早起，强力生财，以养子孙臣妾。"忻州有句常用谚语便是这种用法："走时气不用打早起，盖地（被子）窝儿捡住黄烧饼。"

"早起"表"从天将亮到八九点钟的一段时间"，最晚在元代即已有之。例如：

秦简夫《东堂老》第一折："俺等了一早起，没有吃饭哩。"

之后有沿用。如：

《红楼梦》第一百一十九回："我早起在大太太跟前说得这样好，如今怎么样处呢？""早起"一词至今保留在多地方言中。现代汉语普通话称述这一概念，常用"早晨"或"早上"。

结合以上分析，将"侵早"一词论述过程中涉及到的相关要点，整理列表如下：

表2-4　"侵早"以此涉及的相关要点

使用范畴	日出前后一段时间		从天将亮到八九点钟的一段时间			备注
忻州词语	大侵打早 大侵早起	侵早起 侵打早	打早	早起	早升	表"日出前后一段时间"，忻州方言说成多音节形式(四音节、三音节)；忻州方言常用谚语中有"打早"做短语的用法

使用范畴	日出前后一段时间	从天将亮到八九点钟的一段时间		备注
文献用例	先作"侵早"，后出现"清早"，"清早"的出现时间要晚些，从表义角度看，用"侵早"更为贴切，现代汉语普通话只作"清早"，元代有用作三音节的情况	最晚元代出现表该义的用例		从文献用例看，"早起"最初用作短语，是"很早起床"的意思，最晚到元代用作时间名词
普通话相应称说	清晨 清早	早晨 早上		现代汉语普通话中，据余东涛的考察，"清晨"和"早晨"使用场合较正式；"清早"和"早上"口语化程度较高

现代汉语方言里，与忻州方言用法相同，将"侵早"说成"侵（清）早起"的地区十分广泛，"打早""早起"与"早升"也有地区使用，其中"早起"的用法使用地区最多。

表2-5　"侵早"的表达方式即适用地区

"侵早"的表述方式	所属方言片区	具体地域
侵（清）早起	胶辽官话	山东牟平
	中原官话	河南洛阳、新郑、杞县、永城、睢县、南阳、内乡、新野，安徽颍上
	晋语	陕西北部
	江淮官话	安徽淮南、郎溪
	吴语	江苏海门
打早	晋语	山西孝义
	江淮官话	江苏南通
	湘语	湖南衡阳

续　表

"侵早"的表述方式	所属方言片区	具体地域
早起	东北官话	辽宁锦州
	北京官话	北京，内蒙古赤峰
	冀鲁官话	河北石家庄、井陉，山西广灵
	胶辽官话	山东牟平
	中原官话	河南商丘、偃师、宜阳、渑池、洛阳、郑州、永城、沈丘、息县，青海西宁，陕西户县、西安，安徽宿县、阜南
	晋语	山西太原、隰县、大宁、灵石、临县、长治阳泉，内蒙古呼和浩特、临河，河北平山、张家口、宣化，陕西北部
	兰银官话	新疆乌鲁木齐
	江淮官话	湖北红安，江苏南通
	西南官话	四川成都，湖北武汉
	徽语	安徽旌德
	吴语	上海，安徽铜陵
	湘语	湖南长沙
	闽语	福建厦门、仙游、永春
	土话	湖南宁远
早升	晋语	山西五寨

另外，现代汉语方言里，部分地区与忻州方言用法类似，将"侵早"说成多音节形式。如：浙江地区用三音节称述"侵早"为"侵早头"；还有一些地区用四音节词称说"侵早"。例如："清明打早"（山西临县）、"清代曼早"（江西宜春）、"清代八早"（湖北武汉，江西宜春）、"清早不早"（浙江杭州）、"清早拔力"（山东牟平）。但很少有地区像忻州一样称述"侵早"时既有三音节形式（侵早起），也有四音节形式（大侵早起），且词语形式多样，还可作"侵打早""大侵打早"。

頿

忻州方言称述"低头"之义，常用一个读作"圪 tɕ'iəŋ³¹³"的词。

查《说文·页部》："頿，低头也，五感切。"

"頷"为"低头"义，忻州方言"圪 tɕʻiəŋ³¹³"所表含义与之相同。读音方面，"頷"为五感切，忻州方言的 tɕʻiəŋ³¹³ 音与之不合。我们知道，许慎时代注音多用直音法等，《说文》一书本身没有反切。今本《说文》每字之下的反切，是后世补加的。宋代徐铉等人校订许慎《说文解字》时就依据了孙愐的《唐韵》而加注反切。因此，"五感切"反映的不一定是汉时的读音。

又查《广韵》，"頷"有三音："去金切，侵韵，曲颐；钦锦切，侵韵，曲颐之貌；五感切，覃韵，頷頷"。

"颐"古同"颐"，即下巴。《急就篇》卷三："颊颐颈项肩臂肘。"颜师古注："下颔曰颐。"曲颐，即点头，由于点头时有低头的动作，故可引申指低头貌，忻州方言的圪 tɕʻiəŋ³¹³ 与之语义相合，取"去金切"或"钦锦切"。"頷頷"义为"摇头"，忻州方言的圪 tɕʻiəŋ³¹³ 用法与之不合，不取"五感切"。"去金切"与"钦锦切"都为溪母侵韵，忻州方言的 tɕʻiəŋ³¹³ 音与之相应。综合以上词义和读音两方面的情况可知，忻州方言称说"低头"义的"圪 tɕʻiəŋ³¹³"就是"頷"字。但"頷"在忻州方言中不单用，一般说成"圪頷"。例如：

好歹也说句话呀，大家都着急得很，问老半天，他倒好，圪頷下得老（头）一句也不作声。

爷爷走路就好圪頷得老（头），经常听不见别人给他打招呼，小李也随爷爷，不光圪頷得老（头），走路的模样都一模一样。

"頷"作"低头"义的用例最晚在唐时即已有之。例如：

韩愈《送无本师归范阳》诗："天阳熙四海，注视首不頷。"

之后有相关记载。例如：

章炳麟《新方言·释言二》："今吴越谓低头曰頷倒头，淮南曰頷住。頷音渠锦切。"

勤谨

忻州方言常用"勤谨"这一形容词称述"勤劳，勤快"之义，读作 tɕʻiəŋ³¹tɕiəŋ²⁰。例如：

这个小伙子可勤谨了，家里家外都靠他哩。

一每同胞的两兄弟咋这么不一样呀，一个勤谨，一个懒。

要想过好日子呀，还得勤谨些儿才行。

王婶是个勤谨人，一天到晚就是做营生（干活儿）哩。

这类用例最晚在东汉时即已有之。例如：

班固《汉书·食货志》:"治田勤谨则晦益三升,不勤则损亦如之。"

后世相关用例一直沿用未衰。例如:

《全元杂剧·桃花女破法嫁周公》:"此人勤谨老实,又不懒惰,又不偷盗,我家中甚是少他不得,所以年年雇他,也有三十多年了。"

《元史·列传》卷七十九:"许义夫,砀山人,为夏邑县尹,每亲诣乡社,教民稼穑。见民勤谨者,出己俸赏之,怠惰者罚之,三年之间,境内丰足。"

《西游记》第八十五回:"你今日却怎肯这等勤谨?快去快来。"

《痴人福》第二回:"北平听见答应,慌忙披衣,蓬头起来说道:'小姐为何这等勤谨,东方未白就起来了。'"

《儿女英雄传》第一回:正是'人逢喜事精神爽',乏也忘了,困也没了,忙忙的带着丫鬟仆妇,一面打点帽子衣服,又去平兑银两,找红毡,拿拜匣,所喜都是自己平日勤谨的好处,一件一件的预先弄妥,还不费事。"

现代汉语普通话里不常用"勤谨",而常用"勤快"。忻州方言则正好相反,极少说"勤快",而多用勤谨。

现代汉语方言里,将"勤快"说成"勤谨"的方言区十分广泛,主要有:东北官话(东北地区)、北京官话(北京)、冀鲁官话(天津,河北)、中原官话(新疆吐鲁番,河南)、晋语(山西太原、山阴、五寨、阳曲)、兰银官话(新疆乌鲁木齐、哈密、巴里坤)、吴语(上海松江,江苏苏州)、闽语(福建福州、宁德碗窑)、西南官话(广西宜州)。

轻省

忻州方言常用"轻省"表示"轻松,不费力"义,读作 tɕʻi³¹³sʅ³¹³。例如:

换了厚衣裳,觉着浑身都轻省,走路也快咮。

这回你可捡了个轻省的营生,再不用怨天怨地咮。

这类用例最晚在元代即已有之。例如:

《全元杂剧·桃花女破法练周公》:"近因年老,做不得甚么重大生活,只教他管铺,无非开铺面,挂招牌,抹桌凳,收课钱,这轻省的事。"

《全元杂剧·武汉臣》:"我如今年纪老,鬓发苍,我做不得重难的生活,只管几件轻省的勾当。"

之后有沿用。例如:

《西游记》第二十三回:"哥啊,你只知道你走路轻省,那里管别人累坠?自过了流沙河,这一向爬山过岭,身挑着重担,老大难挨也!"

现代汉语方言中，北京官话（北京）、冀鲁官话（天津）、中原官话（新疆吐鲁番、陕西渭南）、晋语（山西文水、沁县、岚县）、兰银官话（新疆乌鲁木齐）、西南官话（云南建水）都有用"轻省"表"轻松，不费力"的用法。

七老八十

忻州方言常用"七老八十"指称"年纪很大"义，读作 tɕʻiə^{2}lɑu^{313}pə^{2}şə^2。例如：

又不是七老八十唻，自己走着去哇。

还不到七老八十，以为我倒没用唻？

这类用例最晚在明时即已有之。例如：

《初刻拍案惊奇》卷十："还有最可笑的，传说十个绣女要一个寡妇押送，赶得那七老八十的，都起身嫁人去了。"

之后多有沿用。例如：

《荡寇志》第七十一回："便有妇人，也都是七老八十。"

现代汉语方言中，东北官话（东北）、冀鲁官话（河北中部、东部）、胶辽官话（山东牟平）、中原官话（河南洛阳）、兰银官话（甘肃兰州）、江淮官话（湖北鄂州，江苏扬州）、西南官话（四川成都）、吴语（上海）、粤语（广东广州）都有用"七老八十"指称"年纪很大"的用法。

取灯子

忻州方言中老辈人常用"取灯子"表示"火柴"义，读作 tɕʻyə^{2}təŋ^{313}lə^2。例如：

他划了根取灯子点着火。

家里只剩半盒取灯子唻。

这类用例最晚在明时即已有之。

之后有沿用。例如：

《儿女英雄传》第二十八回："姑娘一看，只见方盘里摆的是一条堂布手巾，一条粗布手巾，一把大锥子，一把小锥子，一分火石火链片儿，一把子取灯子，一块磨刀石。"

现代汉语方言中，东北官话（黑龙江齐齐哈尔、肇东，吉林通化、白城，辽宁沈阳、锦州）、北京官话（北京，内蒙古赤峰）、冀鲁官话（河北保定、满城、青龙、青县）、胶辽官话（辽宁宽甸）、中原官话（山西临汾、汾西，河南滑县、洛宁）、晋语（山西岚县、山阴、大宁、柳林、沁水、长子，内蒙古呼和浩特，河北张家口、邯郸、宣化，河南林州、济源、获嘉、辉县、焦作，陕西西部）都有用"取灯子"表"火柴"的用法。

R

纫

忻州方言常用动词"纫"称述"引线穿过针鼻儿"这类行为动作，读作 zəŋ⁵³。例如：

奶奶做针线还好，就是纫不上针，每次都喊别人帮她纫针。

婶婶老是说，多纫纫针手就变灵巧嗛，还真是这样的。

敏敏快过去帮姥姥纫上条红线，一会儿让姥姥给你补下夜来穿的那条红色校服裤儿（裤子）。

缝这条裙子，哪能纫白线呀？算了算了，我来纫线你来缝哇。

这类用例最晚在西汉时即已有之。例如：

《礼记·内则》："衣裳绽裂，纫箴请补缀。"（"箴"同"针"）

后世的相关用例一直沿用未衰。例如：

段成式《酉阳杂俎续集·支诺皋下》："阿贺今住洛阳会节坊，成式家雇其纫针。"

康骈《剧谈录·潘将军失珠》："有母同居，盖以纫针为业。"

郭应祥《鹧鸪天·戊辰七夕》："罗异果，炷名熏，纫针捻线漫纷纷。蓬莱底事回车处，暗想当年钿合分。"

《儿女英雄传》第二十四回："姑娘看见，一把手抢过来道：'拿来吧！纫一个针也值得这么累赘！'"

从历史文献用例来看，单字"纫"还有表"缝"义的用法，缝制对象不仅有"衣"，还有"履"。例如：

《元诗选》第三集："按古乐府有《游子吟》《游子移》，贞曜盖拟古而作。彦清要予赋《春草轩诗》以实前叙引中语，辄为题此而不敢易旧题云。作序后三年七月二十日谦书。母爱儿，比瑶草……儿兮劝尔无出游，忍令母心日夜忧。纫衣一针一度钩，针线不比心绸缪。"

《明史·列传第一百九十》："李氏，郃阳安尚起妻，尚起商河南，病亡。氏闻讣……闭户将自缢，邻妇欲生之，排闼曰：'尔尚有所逋，何遽死？'氏启门应曰：'然吾资已尽，奈何？请复待一日。'乃纫履一双往畀之，曰：'得此足偿矣。'归家，遂缢死。"

忻州方言没有单用"纫"表"缝"之义的说法。《汉语大词典》"纫"字下列"缝缀"义项，首例引"[清]蒲松龄《聊斋志异·侠女》：'日尝至生家，见母作衣履，便代缝纫'"。我们认为此例句中，"纫"作"缝纫"一词语素似有不妥，选用单字"纫"表"缝"之义的用例更严谨些。

另外，"缝纫"一词在清前早已普遍使用。例如：

《东观汉记·和熹邓皇后传》："后重违母意，昼则缝纫，夜私买脂烛，读经传，宗族外内皆号曰诸生。"欧阳修《南阳县君谢氏墓志铭》："其衣无故新，而澣濯缝纫，必洁以完。"凌濛初《二刻拍案惊奇》卷二："老汉无儿女，止有个老嬷缝纫度日，也与女棋师往来得好。"

现代汉语普通话称说"引线穿过针鼻儿"时也说成"纫"。表该义时，"纫"常与"针"搭配，一般不与"线"配合使用。忻州方言里，除说"纫针"外，还常用"纫红线、纫白线、纫线"等称述。

现代汉语方言里，中原官话（河南南阳、内乡、西峡）、晋语（河南安阳）表"引线穿过针鼻儿"时，都说成"纫线"。

撄

忻州方言称述"用手往前递送东西"这一行为动作，常用一个读作 zu^{53} 的动词。

查《集韵·遇韵》："撄，儒遇切，手进物也。"

"撄"为儒遇切，该音节发展演变至今，在忻州方言里正读作 zu^{53} 音。词义方面，"撄"是"手进物"之义，可引申指递送东西的动作，忻州方言用 zu^{53} 所指称的概念与之相合。综合上述音义情况可知，忻州方言表"用手往前递送东西"义的 zu^{53} 就是"撄"字。例如：

快再往灶火里撄上些柴，把锅里的水烧滭（沸腾）。

真儿（今天）前晌我到地儿（田里）割唠些玉茭圪栏（玉米杆），将将（刚刚）借回个铡刀来，你过来搭把手（帮忙）拿上玉茭圪栏往铡刀里撄，我咱切，争取一后晌（下午）把这个营生（活儿）做完。

此外，忻州方言"撄"还表示"插、塞"之义，其中表"塞给"之义时，常含暗中给予的意思。例如：

快把手攌进袖筒里温一温（暖一暖）哇，手都冻红唻。

看见这个老太太真是恓惶，我攌给她两块钱。

现代汉语普通话较少使用"攌"。现代汉语方言里，"攌"的用却法十分常见：中原官话（山东平邑）冀鲁官话（天津，河北东部）把"用手往前递送东西"说成"攌"；西南官话（云南昆明）表"插、塞"义时也用"攌"，如"挨手攌进袖子去"；北京官话（北京）、冀鲁官话（天津）把塞说成"攌"，并含"暗中给予"之义。以上方言中提到的三种用法在忻州方言里都十分常见。此外，赣语（湖南浏阳南乡）表"把食物送到嘴里"之义时常用"攌"，最晚在宋代时即有这类用法，如《太平御览》卷七百八十六："食罢，还用杨枝净齿，饮食多苏酪、沙糖、炕粟、米饼。欲食之时，先取杂肉羹与饼相和，手攌而食。"忻州方言则没有此类用法。

S

㷭

忻州方言称述"食物因变质而发出酸臭味"时，常用一个读作"si^{313}气"的形容词。

查《广韵·支韵》："㷭，息移切，火焦臭也。"

息移切为心母支韵开口三等平声，该音节演变至今，在忻州方言里正是读作 si^{313} 音。词义方面，"㷭"是"火焦臭"义，可引申指食物因变质而发出的酸臭味，忻州方言用"si^{313} 气"指称的概念与之相同，忻州方言中"si^{313} 气"一词中发 si^{313} 音的字就是"㷭"。例如：

伏天放不住东西，昨晚刚炒的菜，没吃完，放碗里，早起倒坏唻，一股㷭气味。

家里有什么吃的坏了，我怎么老闻见一股㷭气味呀？

"㷭气"有时也用作动词，指"食物变质且有酸臭味"。例如："馒头㷭气唻，不要吃唻，再蒸上些儿哇。"

这类用例最晚在清代即已有之。作"尸气"。

现代汉语普通话中没有"㷭"的相关用法。现代汉语方言里，西南官话

（四川重庆、贵州遵义）用"撕臭了"称说"食物因变质而发出酸臭味"，与忻州方言相同。用"撕气"表述"食物因变质而发出酸臭味"的方言区还有：中原官话（山西河津、临猗、运城，山东菏泽，河南郑州、原阳、商丘、灵宝，安徽阜阳，陕西宝鸡、汉中、白河，甘肃天水，青海西宁）、晋语（山西太原、襄垣、长治、大同、离石，内蒙古集宁、临河，陕西绥德）、兰银官话（新疆哈密）、西南官话（湖北天门）。

㞞

忻州方言常用一个读作 suəŋ[31] 的词称述"胆量小、软弱"之义。

查《广韵·钟韵》："㞞，息恭切，恭怯貌。"

息恭切为心母钟韵合口三等平声，该音节演变至今，在忻州方言里正是读作 suəŋ[31] 音。词义方面，"㞞"是"恭怯貌"义，有胆量小、顺服之义，可引申指软弱，忻州方言 suəŋ[31] 所指称的概念与之相合，综合音义两方面的情况可知，忻州方言的 suəŋ[31] 音之词就是"㞞"字。例如：

你可真㞞咧，这么高高儿个梯子倒不敢踩咪。

这个娃娃可㞞咧，他哪敢自己寻（找）上老师当面说呀。

小李小时候不爱说话，还很㞞，爬树抓鱼都不敢去，见人也不太敢搭话，上大学后就是不一样，活脱脱换个了人，变得精明强干咪。

东头的李奶奶是个热心人，就是㞞得很，夜来（昨天）的事明明是卖米老头的不对，可李奶奶一句也没作声（吭声），教（让）那个老头说了一气（很长时间）。

忻州方言里，"㞞的人"，也称为"㞞骨头"。例如：知道他就是㞞骨头，哪里能吃那么重的苦。

现代汉语普通话一般不常用"㞞"。现代汉语方言里，北京官话（北京）、冀鲁官话（河北保定，山东利津）、中原官话（甘肃甘谷）、晋语（内蒙古临河，河北邯郸，陕西绥德）、兰银官话（宁夏银川）、江淮官话（江苏镇江、涟水，安徽合肥、安庆、芜湖，湖北广济）、西南官话（云南昆明、腾冲、蒙自、保山，湖北武汉、天门）、湘语（湖南衡阳）、闽语（广东汕头）中都有"㞞"的说法；北京官话（北京）也把"㞞的人"说成"㞞骨头"。

晌午饭

忻州方言常用"晌午饭"这一名词称述"午饭"，读作 ʂɔ[313]u[313]fã[53]。例如：

晌午饭吃豆角子焖面，你去把李奶奶喊来一起吃哇。

将（刚）过十点钟，还不是吃晌午饭的时候，你咋倒又饿了。

我后晌（下午）要去硙（磨）豆面，晌午饭简单吃上口就行了，去迟了就轮不到咪。

这类用例最晚在元代即已有之。例如：

《全元杂剧·崔莺莺待月西厢记》："琴童料持下晌午饭，俺到那里走一遭便回来也。"

《冤家债》第二折：""我可怎生舍得那两贯钞买吃？我去那羊肉上将两只手捏了两把，我推嫌羊瘦，不曾买去了。我却袖那两手肥油，到家里盛将饭来，我就那一只手上油舔几口，吃了一碗饭……留着一只手上油，待吃晌午饭。不想我睡着了，漏着这只手，却走将一个狗来，把我这只手上油都吮干净了。"

之后有沿用。例如：

《水浒传》第二十九回："武松正要吃酒，见他只把按酒添来相劝，心中不快意，吃了晌午饭，起身别了，回到客房里坐地。只见那两个仆人又来服侍武松洗浴。"

"晌午饭"也有用作"晌饭"。例如：

蒲松龄《聊斋俚曲集·慈悲曲》："你不必找他，他待中来家吃晌饭哩。"

现代汉语方言里，一些地区与忻州方言的用法相同，将"午饭"说成"晌午饭"，这样的方言区有：晋语（山西五寨）、胶辽官话（山东诸城）；一些方言区将"午饭"说成"晌饭"，例如：东北官话（吉林长春）、北京官话（北京通州）、冀鲁官话（山东淄博）、胶辽官话（山东烟台、长岛、牟平、临朐、青岛）、中原官话（江苏赣榆，安徽五河、颍上、霍邱）、江淮官话（安徽淮南）、西南官话（湖北随州）。

声气

忻州方言常用"声气"一词称述"说话的声音和语气"，读作 $ȿ̩^{313}tɕ'i^{53}$。例如：

听，这是你妗妗的声气，快出去开门去。

你敏敏这声气，事情多半是没成。

听你这声气，是不是有些儿感冒呀？

这类用例最晚在东汉时即已有之。例如：

王充《论衡·骨相》："相或在内，或在外，或在形体，或在声气。"

之后有沿用。例如：

干宝《搜神记》卷十八："司空南阳来季德停丧在殡，忽然见形，坐祭床上，颜色、服饰、声气，熟是也。"

《太平广记》卷六十七："其上尊语，即是丈夫声气；善伦阿母语，即是妇人声，各变其语。如此或来或往，日月渐久，谈谐戏谑，一如平人，每来即香气满室，有时酒气，有时莲花香气，后妙女本状如故。"

《冯玉兰》第三折："就是恰纔那一只空船上，有人在舱里啼哭，像一个女人的声气。"

《全元杂剧·同乐院燕青博鱼》："这是衙内的声气，他来了也，待我唤他：'衙内！你进屋里来。'……"

《全元杂剧·罗李郎大闹相国寺》："老汉是愚民，特地来诉词因，（苏文顺云）：'那老的，哪里人氏？'正末云：'我听这官人声气，也是我陈州人。'"

《姑妄言》卷二十："又一日，他到了一家门首，举目一看，真是桑户绳枢，茅檐草舍，萧条景状，鄙不堪言。听得里面一个女孩子声气，哭得十分哀恸。"

现代汉语方言里，将"说话的声音和语气"说成"声气"的方言区有：北京官话（北京）、中原官话（新疆吐鲁番）、晋语（山西离石）、兰银官话（甘肃兰州，新疆乌鲁木齐）、江淮官话（湖北红安）、西南官话（四川成都，贵州大方、赫章、遵义、沿河，湖北武汉）、吴语（上海，江苏苏州）、赣语（江西南昌）、粤语（广西）。

声嗓

忻州方言常用"声嗓"称述"嗓音、嗓门儿"，读作 $ʂ^{313}sɛ^{313}$。例如：

瞧这声嗓，脆亮亮的真好听，像她奶奶唻。

爱见（喜欢）唱歌还得声嗓好咧，光爱见可唱不好歌。

卖菜的都得有副好声嗓，你吆喝别人才听得见，要不咋知道你卖菜过来唻？

这类用例最晚在明时即已有之。例如：

《三宝太监西洋记通俗演义》第五十三回："王明心上有些不明，到了定更时分，却假装一个番兵的声嗓，叹一口气说道：'这等一池的水，怎么要个人来看它？'……又假装一个番兵的声嗓，说道：'一夜筵赶不得一夜眠，我们坐得这一夜过哩！'"

之后有沿用。例如：

蒲松龄《聊斋俚曲·蓬莱宴》第四回:"仔细端详,仔细端详,耳大头圆好声嗓,雪白的玉人儿,就有个福像。"

李绿园《歧路灯》第七十七回:"少爷看见两个旦脚又年轻,又生得好看,去了包头,还像女娃一般,声嗓又中听,一笤笛儿相似,一定不肯放。只费五百银子,当下交与一百两,剩下明年全完,批了合同文约,连箱全买了。"

《汉语大词典》"声嗓"一词首引"梁斌《红旗谱》"用例,例证太晚。

现代汉语方言里,冀鲁官话(山东淄博)、晋语(山西岚县)也把"嗓音、嗓门儿"说成"声嗓"。

世界

忻州方言常用"世界"一词称述"到处、满地"之义,读作 ʂʅ⁵³tɕiɛ²⁰,常与"一"或"满"连用。例如:

真是娃娃喜娃娃,两个小家伙一见面就投缘,高兴坏咾,一会儿扮家家,一会儿捉迷藏,家里的玩具扔下一世界。

提溜上枣儿走到半路袋子开了,撒了一世界,圪蹴(蹲)在那儿捡了半天。

我满世界跑,才寻见(找到)上电视的那个中医大夫,就把人家请到家里来咾。

与"满"连用时,"世界"多置于动词前;与"一"连用时,"世界"常置于动词后。例如:

我满世界地寻(找)你,你是跑到这儿清闲来了,快跟我回去看看,家里水龙头坏咾,喷下一世界。

世指时间,界指空间。由"世界"的"时空"义可引申表"到处、满地",即"遍布各处"之义,忻州方言"世界"的用法与之相合。

这类用例最晚在清代即已有之。例如:

俞万春《荡寇志》第七十五回:"丽卿已齁齁地睡着,东西丢了一世界。"

现代汉语普通话一般不常用"世界"来表"到处、满地"义;陕西方言表"到处、满地"义时,跟忻州方言用法基本一致,也说"满世界"或"一世界"。

苦

忻州方言常用"苦"表示"用席、布遮盖东西",读作 ʂɑŋ⁵³。

查《广韵》:"苦,舒赡切,以草覆屋。"

舒赡切为去声书母艳韵开口三等，该音节演变至今，在忻州方言中正是读作 ʂɑŋ⁵³；词义方面，"苫"为"以草覆屋"义，可引申为"遮盖"，"用席、布遮盖东西"就是"遮盖"的一种具体方式，忻州方言用 ʂɑŋ⁵³ 所指称的概念与之相合。综合上述音义情况可知，忻州方言表"用席、布遮盖东西"义的 ʂɑŋ⁵³ 音之词就是"苫"字。例如：

要下雨了，把玉米用席子苫起来哇。

苫住这个针线笸，要不娃娃们看见又要呀。

这类用例最晚在宋时即已有之。例如：

梅尧臣《和孙端叟寺丞农具》之一："但能风雨蔽，何惜茅蓬苫。"

之后有沿用。例如：

《西游记》第十四回："如今脸上无了泥，头上无了草，却象瘦了些，腰间又苫了一块大虎皮，与鬼怪能差多少？"

烧

忻州方言常用"烧"表示"烫，灼"义，读作 ʂɑu³¹³。例如：

摸一摸盆儿，看看烧手不烧手味？

晌午做饭，油点子溅出来烧着手味。

这类用例最晚在唐时即已有之。例如：

《法苑珠林》卷八十三："地有热沙，走行其上，烧烂人脚。"

之后多有沿用。例如：

《红楼梦》第九十七回："雪雁也顾不得烧手，从火里抓起来撂在地下乱踩，却已烧得所余无几了。"

《歧路灯》第四十八回："夏逢若早走向女人一边，叫了一声：'娘，带个手巾不？谭绍闻贤弟热茶烧手，把衣服湿了。'"

朱家胜《飘动的篝火》："一个火星子落在我的脚上，猛一烧，我醒过来了。"

此外，忻州方言还常用"烧"表示"霞"义，读作 ʂɔ⁵³。例如：

早烧天阴晚烧晴。

早烧不出门，晚烧行千里。

这类用例最晚在清代即已有之。例如：

乾隆五十四年《虞乡县志》："霞曰烧。"

道光七年《赵城县志》："早烧不出市，晚烧行千里。"

现代汉语方言中，中原官话（新疆吐鲁番，山西运城，陕西西安）、晋语（陕西北部，河南新乡、安阳）、兰银官话（新疆乌鲁木齐）、赣语（江西南昌）、闽语（福建永春、厦门、建瓯，广东汕头、潮阳，台湾）中都有"烧"表"烫，灼"的用法；中原官话（山西永济、临猗，青海西宁）、晋语（山西洪洞）都有用"烧"表"霞"的用法。

伤

忻州方言常用"伤"表示"因过度而不能忍受或不能继续"义，读作 $\mathrm{s\epsilon}^{313}$。例如：

吃鸡蛋吃伤唻，再也不想吃唻。

这几年外头做生意，可把我伤着唻。

这类用例最晚在明时即已有之。例如：

《水浒传》第二十四回："王婆道：'呵呀！哪里有这个道理！老身央及娘子在这里做生活，如何颠倒教娘子坏钱？婆子的酒食，不到的吃伤了娘子！'"

之后有沿用。例如：

巴金《秋》："我看他们爱闹就索性让他们一次闹伤了，免得以后再时常闹。"

现代汉语方言中，西南官话（湖北武汉，四川成都）中有"伤"表示"因过度而不能忍受或不能继续"的用法。

失笑

忻州方言常用"失笑"表示"不自主地发笑、可笑"义，读作 $\mathrm{\eta}_7^{22}\ \mathrm{\epsilon iao}^{53}$。例如：

真个失笑咧，他居然那样想。

不要失笑咧，有话好好说。

"失笑"表"不自主地发笑"早在晋时即已有之。

之后多有沿用，例如：

苏轼《文与可画筼筜谷偃竹记》："发函得诗，失笑，喷饭满案。"

陈登科《赤龙与丹凤·十四》："韦克和纪怀仁手脸都在救火时沾满黑灰，相互一见面，不禁哑然失笑。"

《南亭词话》："末语用毗陵方言，读之令人失笑。"

忻州方言由此引申表"可笑"。现代汉语方言中，山西孝义、甘肃陇西也有"失笑"表"可笑"的用法。

耍笑

忻州方言常用"耍笑"表示"开玩笑"义，读作 su ɑ³¹³ɕi ɑ u⁵³。例如：

我和你耍笑咧，咋还生上气唻。

你不是耍笑吧，一下变得这么仁义。

这类用例最晚在元代即已有之。例如：

《全元南戏·白兔记》："（净暗听上）妹丈，那个有仇报仇？（生）大舅，这是耍笑。（净）妹丈，我昨日醉了冲撞，休怪休怪。"

之后多有沿用。例如：

《西游记》第六十八回："那些闲杂人都在门外喧哗，八戒领着一行太监校尉，径入馆中，只听得行者与沙僧在客房里正说那揭榜之事耍笑哩。"

《三侠剑》第四回："和尚对贾明说道：'明儿，你还耍笑呢，你胜三大爷过去了。'"

现代汉语方言中，晋中地区也有用"耍笑"表"开玩笑"的用法。

耍钱

忻州方言常用"耍钱"表示"赌博"义，读作 su ɑ³¹³tɕ'ian³¹。例如：

耍钱可不是好事，年轻人要学正经本事。

她老汉耍钱把房子也给输了。

这类用例最晚在明时即已有之。例如：

《今古奇观》卷一："这一日巷中相遇，同走到当初耍钱去处，再旺又要和长儿耍子，长儿道：'我今日没有钱在身边。'"

之后多有沿用。例如：

《儿女英雄传》第七回："人家都知道挣钱养家，独他好吃懒做，喝酒耍钱，永远不知道顾顾我，我全仗着人家大师傅一个月贴补个三吊五吊的。"

《飞龙全传》第十八回："罢了，罢了！只当我耍钱掷了个黑臭。你们也不必多言，待我下山到神丹观内，把银子取来打发，便也了帐。"

《红楼梦》第六十三回："林之孝家的吩咐：'别耍钱吃酒，放倒头睡到大天亮。我听见是不依的。'"

现代汉语方言中，东北官话（吉林长春、白城，辽宁义县）、北京官话（北京，内蒙古赤峰）、冀鲁官话（天津，河北保定）、胶辽官话（山东荣成）、中原官话（陕西宝鸡）、晋语（山西太原、长治，河北张家口，内蒙古临河）、西南官话（四川成都）都有用"耍钱"表"赌博"的用法。

耍把戏

忻州方言常用"耍把戏"表示"变戏法"或"比喻耍手腕，耍花招"义，读作 su ɑ³¹³p ɑ³¹³ɕi⁵³。例如：

村东来了些耍把戏的，大家都围上去看。

这不是耍把戏哄人嘛，咋这样做事情咧？

这类用例最晚在清代即已有之，也作"顽把戏""弄把戏""做把戏"。例如：

《七剑十三侠》第二十二回："那'驴行'，就是出戏法、顽把戏、弄缸甏、走绳索，一切吞刀吐火，是第三行。"

《二十年目睹之怪现状》第七十二回："昨夜的事，他一定明知是公子，但不知他要怎样耍把戏罢了。"

《歧路灯》第四十四回："先二日还往街头走走，走的多了，亦觉没趣。穷极无聊，在店中结识了弄把戏的沧州孙海仙。"

现代汉语方言中，中原官话（山西沁水、吉县、临汾、新绛，陕西宝鸡，新疆吐鲁番）、晋语（山西太原、定襄、静乐、榆次、五寨）、兰银官话（新疆乌鲁木齐）、西南官话（四川成都，云南玉溪、昭通、澄江、昆明、蒙自，贵州贵阳、赫章）、赣语（江西宜春，湖南耒阳）、粤语（广东信宜）都有用"耍把戏"表"变戏法"的用法；西南官话（四川成都）也有用"耍把戏"表"比喻耍手腕，耍花招"的用法。

T

漯

忻州方言称述"汗水把衣服、被褥等打湿"的行为动作，常用一个读作 tʻə ʔ² 的动词。

《集韵·盍韵》："漯，托盍切，湿也。"

托盍切为透母盍韵入声，该音节演变至今，在忻州方言里正是读作 tʻə ʔ²

音。词义方面，"漯"是"湿"义，可引申指汗水把衣服、被褥等打湿，忻州方言用 t'ə?² 所指称的概念与之相合。综合上述音义情况可知，忻州方言表"汗水把衣服、被褥等打湿"的 t'ə?² 就是"漯"字。例如：

天气太热，二小子又好出水（出汗），刚穿的半袖子又漯过唻。

这件秋衣质量还是不赖的，就是让汗漯坏唻。

今天阳婆（太阳）大，把铺盖拿出来晒晒，汗漯得潮得很唻。

这类用例最晚在五代时即已有之。例如：

贯休《读玄宗幸蜀记》诗："泣漯乾坤色，飘零日月旗。"

此例句的"漯"与忻州方言常用来指汗水打湿不同，是"（泪水）漯"，但"漯"的动词用法是相同的。

之后有沿用，也作"搨"。例如：

《聊斋俚曲集·磨难曲》第六回："一伙人连跑了两回，还没歇过来，喘吁吁的，把衣服都搨了。"

现代汉语方言里，与忻州"漯"用法相同的方言区有：东北官话（东北地区）、北京官话（北京）、冀鲁官话（山东莒南）、胶辽官话（山东牟平、安丘，辽宁大连）、中原官话（陕西商县张家塬，山东剡城、梁山、枣庄、平邑，江苏徐州，新疆吐鲁番）、晋语（陕西北部）、兰银官话（新疆乌鲁木齐）。

探

忻州方言常用"探"表示"努力够取"义，读作 t'ɑŋ⁵³。

查《说文解字》："探，远取之也。"

《广韵》："探，他含切。"

他含切为平声透母覃韵开口一等，忻州方言的 t'ɑŋ⁵³ 音声母、韵母、声调与透母、覃韵开口相应；词义方面，"探"有"远取"义，可以引申指"努力够取"。综合以上音义两方面，忻州方言的的 t'ɑŋ⁵³ 音之词就是"探"字。例如：

咋样，探上了没？

桃子压弯了枝头，远处看着不高，走到跟前却怎么也探不上。

这类用例最晚在西汉时即已有之。例如：

《战国策·韩策一》："秦马之良，戎兵之众，探前跌后，蹄闻三寻者，不可称数也。"

之后有沿用。例如：

朱有燉《义勇辞金》第三折："半坐雕鞍探虎躯，把敌军轻觑。"

此外，忻州方言还常用"探"表示"预先"义，读作 t'ɑŋ⁵³。例如：

钱可不能探着花，要不总得塌饥荒。

这类用例最晚在唐时即已有之。例如：

姚合《武功县中作三十首（其十七）》："每旬常乞假，隔月探支钱。"

之后有沿用。例如：

陆游《初秋即事》诗："却愧邻家常作苦，探租黄犊待寒耕。"

现代汉语方言中，陕北府谷、靖边、横山、米脂、子洲、清涧等地都有用"探"表"努力够取"的用法。

熥

忻州方言常用"熥"表示"把熟的食物蒸热"义，读作 t'əŋ³¹³。

查《集韵》："熥，他东切，以火暖物。"

他乐切为平声透母东韵，该音节演变至今，正是忻州方言的 t'əŋ³¹³ 音；词义方面，"以火暖物"可引申指称"把熟的食物蒸热"义。综合以上音义两方面的情况可知，忻州方言的 t'əŋ³¹³ 音之词就是"熥"字。例如：

把馒头熥一熥再吃。

把稀粥熬好，包子一熥就能吃饭咪。

抬掇

忻州方言常用"抬掇"表示"生育、抚养"之义，读作 t'æ³¹tuəʔ²。例如：

姑姑一共抬掇了三个娃娃。

这年头抬掇娃娃可费事了，娃娃三岁大人就得准备上学的开销了。

二狗子（人名）是姥姥抬掇大咧，为人处世还跟老人家挺像，可开通（知书达理）哩。

此外，忻州方言中"抬掇"还表"收养"之义。例如：

"你要是爱见（喜欢）个闺女，就抬掇上个哇。"

这类用例最晚在明时即已有之。例如：

傅山《红罗镜》："我只为他良家子弟多游荡，我权且抬掇孩儿有下稍，梳椛娇娇。""天长地久，做人家过活，抬掇了个粉头，叫做弱娟。"

以上用例，"抬掇孩儿"为"抚养"之义，"抬掇了个粉头"为"收养"义，这两种用法忻州方言使用频率都很高。

现代汉语方言中，晋语（山西太原）也将"抚养"说成"抬掇"。此外，太原还将"抬掇"用作动词表"收藏"，这是忻州没有的用法。

挑

忻州方言常用"挑"表示"挖、掘"义，读作 tiau³¹³。例如：

夜来后晌挑苦菜去唻，也没碰上你。

挑下一袋子苦菜，洗好腌上，够吃上段时间唻。

十来个人挑渠就是快，两天倒完工唻。

这类用例最晚在先秦时即已有之。例如：

《墨子·非儒下》："挑鼠穴，探涤器。"

之后多有沿用。例如：

《世说新语·德行》："范宣年八岁，后园挑菜，误伤指，大啼。"

《朱子语类》卷四："孟子分明是於人身上挑出天之所命者说与人，要见得本原皆善。"

魏巍《东方》第一部第三章："树底下有一个七八岁的小女孩，穿着小破花袄，在那儿挑野菜。"

现代汉语方言中，中原官话（山东曲阜，陕西商县张家塬）、吴语（上海崇明，江苏苏州，浙江杭州）都有"挑"表"挖、掘"的用法。

豚

忻州方言称述"臀部"这一概念，常用一个读作"tuəʔ² 子"的名词。

查《集韵·屋韵》："豚，都木切。……《博雅》'臀也。'或作𡱂。"

都木切为端母屋韵合口一等入声，该音节演变至今，在忻州方言里正是读作 tuəʔ² 音。词义方面，忻州方言的"tuəʔ² 子"即为"臀"之义，只是不能单用，要带词缀"子"构成双音词"tuəʔ² 子"。综合音义两方面的情况可知，忻州方言的 tuəʔ² 音之字就是"豚"。例如：

谁把烩菜洒在凳子上咧，教我坐下一豚子。

小时候有新裤儿，先在豚子上补上个补丁才开始穿咧。

你又在地上坐了？一豚子白灰。

现代汉语普通话较少用到"豚"。现代汉语方言里，冀鲁官话（河北深州）、晋语（陕西北部）中都把"臀部"说成"豚子"。

提溜

忻州方言常用"提溜"一词称述"提起，提着"这一动作或状态，念作 tiəʔ²liəu³¹³。例如：

这个兜兜（包）不很沉，你提溜上哇。

我提溜的袋子里装的是家里炸的萝卜丸子，你快尝尝。

别把小桶放地上，快提溜起来。

这类用例最晚在明时即已有之。

之后的相关用例一直沿用未衰。例如：

魏源《筹漕篇下》："（船）今既改小，则不胶不拨，遇闸提溜，通力合作，勒索无由。"

《反唐演义全传》第五十五回："邓十豹道：'末将愿往。'遂提溜金铲上马出营。"

《忠烈小五义传》第九十一回：北侠过去，把他脖子一掐，往起一提溜，脚一离地，手足乱蹬乱踹。"

《刘墉传奇》第五十五回："然后把何氏的人头割下来，提溜在手中，又跳过墙来，背超陶桶子，送到开粮店的赵子玉家的房后，把一个脑袋往他家一扔，他这才回家。"

现代汉语普通话口语中表"提起、提着"之义时也说"提溜"一词，忻州方言的用法与之大体一致。

现代汉语方言里，冀鲁官话（山东寿光、济南、聊城）、晋语（山西定襄）、胶辽官话（辽宁大连，山东烟台）、中原官话（山东平邑），都常把"提起、提着"说成"提溜"。

听说

忻州方言常用形容词"听说"称述"听从长辈或领导的话，能顺从长辈或领导的意志"之义，读作 tʻi³¹³suəʔ²。例如：

这娃娃可听说咧，下学（放学）回来自己主动会张罗着写作业。

老赵家孙子不听说，尽给他爷爷闯祸哩，夜来（昨天）又不知闯甚祸了，老师叫家长到学校咧。

文文小时候就听说，长大越发利懂事唻。

这类用例最晚在明时即已有之。例如：

《醒世姻缘传》第七十五回："童奶奶道：'也是个不听说的孩子；他见不得我，只传言送语的？你请了他来；我自家和他说。'"

相关用例一直沿用未衰。例如：

《红楼梦》第五十九回："你既要在这里，又不守规矩，又不听说，又乱打人。"

李渔《比目鱼》第五回："绛仙答道：'我可好从何来呢？日子不如那二年，生意又不济，孩子又不听说，那像你老人家这等的受用呢？可是咱二人一年不见，不知你老人家也想我不？'"

《儿女英雄传》第十五回："你们这般孩子也忒不听说！"

现代汉语方言里，与忻州"听说"用法相同的方言区有：东北官话（东北地区）、冀鲁官话（山东寿光、利津）、胶辽官话（山东平度）、中原官话（江苏赣榆，山西运城、襄汾、吉县、永济、临汾、曲沃，山东东平、平邑，河南内黄、开封、郑州、卢氏、沈丘、商城，新疆吐鲁番）、晋语（山西朔州、临县、长子、定襄、山阴，河南济源、安阳、卫辉、获嘉、沁阳、博爱）、兰银官话（新疆乌鲁木齐）、西南官话（四川成都）。

嚏喷

忻州方言常用"嚏喷"表示"喷嚏"义，读作 $t'i^{53}p'\vartheta?^2$。例如：

看这嚏喷打的，有人想你咧。

不是感冒哇，打了好几个嚏喷咪。

这类用例最晚在元代即已有之。例如：

《全元杂剧·钟离春智勇定齐》："可不道梦是心头想，眼跳眉毛长，鹊噪为食忙，嚏喷鼻子痒。"

之后多有沿用。例如：

《西游记》第七十回："行者道：'利害，利害！我曾经着，打了两个嚏喷，却不知他的铃儿放在何处？'"

《儿女英雄传》第三十四回："不防一个不留神，误打误撞真个吸进鼻子一点儿去，他就接连不断打了无数的嚏喷，闹得涕泪交流。"

《三侠剑》第四回："女贼思索至此，遂由袄袖中掏出一物，形同手帕，照定贾明脸上一晃，贾明打了一个嚏喷，两眼发直。"

《红楼真梦》第五十回："晴雯忍不住打了一个嚏喷，两眼半睁半闭地说道：'又是哪个小蹄子来搅我？把我搅醒了，你也没有便宜，看我打折你那爪子！'"

现代汉语方言中，天津方言、张家口方言、淮安方言都有用"嚏喷"表"喷嚏"的用法。

土骨堆

忻州方言常用"土骨堆"一词指称"坟墓"，读作 t'u³¹³kuə？²tuei³¹。例如：

王梅姨姨也到土骨堆里头唻，再也吃不上她做的油糕唻，想着就不由得难过（难受）。

这类用例最晚在唐时即已有之。例如：

韩愈《饮城南道边古墓》诗："偶上城南土骨堆，共倾春酒三五杯。"方世举注："《檀弓》：延陵季子曰，'骨肉复归于土。'今古墓则惟土与骨而已矣，故曰土骨堆。"

现代汉语普通话表"坟墓"之义时一般不说"土骨堆"。

现代汉语方言里，冀鲁官话（河北献县、保定）把"坟墓"说成"土骨堆"。

W

绾（綰）

忻州方言常用"绾"表示"打结或卷起"义，读作 vaŋ³¹³。

查《广韵》："乌板切，系也。"

乌板切为上声影母删韵合口二等，忻州方言的 vaŋ³¹³ 音，声、韵、调分别与影母、删韵、上声相应；词义方面，"绾"是"系"之义，可由此引申表达"打结、卷起"，忻州方言用 vaŋ³¹³ 所表之义与之相合。综合两方面情况可知，忻州方言的 vaŋ³¹³ 音之词就是"绾"字。例如：

她穿了件蓝底花衬衣，衣襟上绾了个疙瘩，看起来挺时髦。

剩下的电线绾起来放在货架上哇。

他绾起袖子，就干起活来，两个钟头了一下都没停。

"绾"表"系结"最晚在东汉时即已有之。

之后多有沿用。例如：

刘孝标《广绝交论》："近世有乐安任昉，海内髦杰，早缩银黄，夙昭民誉。"

杨朔《昨日的临汾》："来人左臂上缩的一块白布徽章，明白地告诉我他是八路军的人员。"

在唐时出现"缩"表"盘绕成结"义，例如：

李贺《大堤曲》："青青教缩头上髻，明月与作耳边珰。"

刘禹锡《杨柳枝》词之七："如今缩作同心结，将赠行人知不知？"

之后多有沿用。例如：

《古今词话》："宝髻松松缩就，铅华淡淡妆成。红烟翠雾罩轻盈。飞絮游丝无定。"

何景明《悼亡》诗之三："裁为双中衣，罗带纷缩结。"

《儒林外史》第三回："范进一面自缩了头发，一面问郎中借了一盆水洗洗脸。"

现代汉语方言中，北京官话（北京）、胶辽官话（山东临朐）、中原官话（陕西商县张家塬）、赣语（湖南浏阳南乡）都有用"缩"表"卷起"的用法。

外父 外母

忻州方言里，老辈人常用"外父""外母"指称"岳父""岳母"，分别读作 $væ^{53}fu^{53}$ 和 $væ^{53}mu^{313}$。例如：

你外父真年（今年）也该八十来哇，眼不花耳不聋，身体可好哩。

我外母是裁缝，你们谁有衣裳要做，就去寻（找）她哇。

此词多与"老"连用，说成是"老外父""老外母"。例如：

前阵子老外母过生儿（生日）咱也没顾上回来，明儿（明天）老外父过生儿（生日），咱几个女婿摆桌酒席红火（热闹）红火哇。

"外父"的用例最晚在宋时即已有之。例如：

《潜居录》："冯布少时，绝有才干，赘于孙氏，其外父有烦琐事，辄曰：'俾布代之'，至今吴中谓'倩'为'布代'。"

"外母"从所收集到的文献来看，最早的是明时的用例。例如：

李昌祺《剪灯余话·琼奴传》："适因入驿，见妈妈状貌，酷与苕外母相类，故不觉感怆，非有他也。"

"外父""外母"后世的相关用例一直沿用未衰。例如：

冯梦龙《警世通言》卷二十："当日酒也吃不成，即时缚了庆奴，到店中床上拖起周三，缚了解来府中，尽情勘结，两个各自认了本身罪犯。申奏朝廷，内有戚青屈死，别作施行。周三不合图财杀害外父外母，庆奴不合因奸杀害两条性命，押赴市曹处斩。"

李绿园《歧路灯》第六十五回："只见德喜儿跪禀道：'小的家主，今早上外父家祝寿去了。'"

吴趼人《二十年目睹之怪现状》第三回："虽是他外母代他连恳求带蒙混地求出信来，他却不争气，误尽了事！"

亦有用"外父亲"来表"外父"之意的用例，例如：

安遇时《包龙图判百家公案》卷八："杨庆道：'这家都是小人外父亲交付小人的，不干翁龙事。'遂呈上遗嘱。"

忻州方言没有这种用法。

现代汉语方言里，将"岳父"说成"外父"的方言区有：冀鲁官话（山西广灵）、中原官话（河南郏县、南召、桐柏、鄢陵、新密，甘肃敦煌，新疆鄯善）、晋语（山西朔州、山阴、阳曲、大同，内蒙古呼和浩特、临河，河北张家口，河南林州）、兰银官话（新疆乌鲁木齐、哈密）、江淮官话（湖北浠水）、土话（湖南江永）、粤语（广东电白、广州、花山、高明明城，香港新界锦田，澳门）、闽语（广东隆都）；将"岳母"说成"外母"的方言区有：冀鲁官话（山西广灵）、中原官话（河南桐柏、甘肃敦煌、新疆鄯善）、晋语（山西阳曲、河北张家口）、兰银官话（宁夏银川，新疆哈密、乌鲁木齐、巴里坤）、江淮官话（湖北广济、浠水）、客家话（广东从化吕田）、粤语（广东广州、阳江、珠海前山、台山）、闽语（广东隆都）。

温

忻州方言常用"温"表示"使暖，稍微加热"义，读作 vəŋ[313]。例如：

大家先吃菜，酒也马上温好唻。

取暖水袋温温被窝，太凉了。

这类用例最晚在西汉即已有之。例如：

《礼记·曲礼上》："凡为人子之礼，冬温而夏清，昏定而晨省。"

之后多有沿用。例如：

《全元散曲·刘伯亨》："热残病体，谁问将息？睡损孤身谁温被？漫漫黑海向东流，总是相思泪。"

《七侠五义》第二十九回："且说丫环奉命温酒，刚然下楼，忽听哎哟一声，转身就跑上楼来，只吓得张口结舌，惊慌失措。"

《老残游记》第十七回："人瑞道：'今日北风虽然不刮，还是很冷，快温酒来吃两杯。今天十分快乐，我们多喝两杯。'"

鲁迅《呐喊·孔乙己》："柜里面预备着热水，可以随时温酒。"

现代汉语方言中，吴语（浙江绍兴）、闽语（福建厦门）都有用"温"表"使暖，稍微加热"的用法。

硙（碨）

忻州方言称述"用石磨或电磨把粮食弄碎"这一行为动作时，常用一个读作 vei^{31} 的动词。

查《广韵·灰韵》："硙，五灰切，磨也。"

五灰切为疑母灰韵合口一等平声，该音节演变至今，在忻州方言里正是读作 vei^{31} 音。词义方面，"碨"即"磨"之义，由磨的用途引申指动词"磨碎"，忻州方言用 vei^{31} 所指称的概念与之相合。综合上述音义情况可知，忻州方言的 vei^{31} 音之词就是"硙"字。例如：

这些荍子面（高粱面）是自家行（自己家）石磨硙的。

晌午（中午）到西头电磨上硙了些儿豆面，明儿（明天）就能吃豆散散（一种食品）咦。

有空了得去磨房儿一趟，硙上些儿玉荍子面，家里头都不够一碗面咦。

"硙"表"切磨"最晚在汉时即已有之。例如：

扬雄《太玄·疑》："阴阳相硙，物咸雕离。"宋衷注："物相切磨称硙。"

后世的相关用例一直沿用未衰。例如：

贾思勰《齐民要术·法酒》："大州白堕曲方饼法：谷三石，蒸两石，生一石，别硙之，令细，然后合和之也。"

陆游《蜗庐》诗："有书懒读吾堪愧，睡起何妨自硙茶。"

现代汉语方言里，把"将粮食磨碎"说成"硙"的方言区有：江淮官话（江苏扬州、镇江、红安）、西南官话（湖北武汉、襄樊，四川成都、南充、重庆云阳，贵州清镇、黎平，云南昆明、玉溪、邵通、思茅、临沧）、吴语（江苏苏州、常州）。

外后天

忻州方言常用"外后天"表示"紧接在后天之后的那一天"义，读作

vai⁵³xəu⁵³t'ian³¹³。例如：

数起日子来，外后天才是奶奶过寿的日子。

天气预报说外后天有雪咧。

这类用例最晚在宋时即已有之，作"外后日"。例如：

陆游《老学庵笔记》卷一："今人谓后三日为外后日。"

之后有沿用。

现代汉语方言中，东北官话（辽宁沈阳）、冀鲁官话（河北昌黎）、中原官话（青海西宁，陕西白河，甘肃天水）、晋语（山西太原、大同、榆次，内蒙呼和浩特，河北阳原）、兰银官话（甘肃兰州，新疆乌鲁木齐）、江淮官话（安徽庐江、安庆）、西南官话（湖北武汉、天门，四川达州，重庆奉节，云南昭通、保山，贵州黎平）、徽语（安徽屯溪）都有用"外后天"表"紧接在后天之后的那一天"的用法。

外后年

忻州方言常用"外后年"表示"后年的下一年"义，读作 vai⁵³xəu⁵³nian³¹。例如：

外后年小孙孙就应该能学毛笔字唻。

到外后年咱家的饥荒就打完唻。

这类用例最晚在宋时即已有之。

现代汉语方言中，胶辽官话（山东诸城）、中原官话（甘肃天水）、晋语（山西太原、岚县、阳曲、山阴，内蒙古临河、集宁，陕西绥德）、兰银官话（新疆乌鲁木齐）、江淮官话（安徽芜湖，江苏扬州）、西南官话（湖北宜昌、天门，四川成都）、徽语（江西宜春）都有用"外后年"表"后年的下一年"的用法。

X

蟢

忻州方言常用名词"ɕi³¹³蛛蛛"称述"蜘蛛"。

查《集韵·止韵》："蟢，许己切，蟢子，虫名，蟏蛸也。"

许己切为晓母止韵上声，该音节演变至今，在忻州方言里正是读作 $ɕi^{313}$ 音；词义方面，"蟢"有"蟏蛸"义，"蟏蛸"即"蜘蛛"，忻州方言用"$ɕi^{313}$蛛蛛"所指称的概念与之相合。综合上述音义情况可知，忻州方言表"蜘蛛"义的"$ɕi^{313}$蛛蛛"，其中的 $ɕi^{313}$ 字就是"蟢"。例如：

门背后头住了个蟢蛛蛛，不要伤它，快把它送出去哇。

一大早就能看见蟢蛛蛛，这是要有好运咪。

"蟢"表"蜘蛛"最晚在魏晋时即已有之。例如：

曹植《令禽恶鸟论》："得蟢者莫不训而放之，为利人也。"

后世的相关用例一直沿用未衰，多作"蟢子"。例如：

刘昼《新论·鄙名》："今野人昼见蟢子者，以为有喜乐之瑞。"

李齐贤《居士恋》："鹊儿篱际噪花枝，蟢子床头引网丝。"

金农《蟢子》："双烛生花送喜频，红丝蟢子漾流尘。"

现代汉语方言里，把"蜘蛛"说成"蟢蛛子"的方言区有：晋语（山西长治）江淮官话（安徽含山、来安、和县）；把"蜘蛛"说成"蟢蟢子"的地区有：江淮官话（安徽芜湖）、吴语（安徽铜陵）。

饧（餳）

忻州方言称述"在小年时吃的一种瓜状或棍状的乳白色麦芽糖"，常用一个读作"$ɕi^{31}$ 糖"的名词。

查《广韵·清韵》："饧，徐盈切，饴也。"

徐盈切为邪母清韵开口三等平声，该音节演变至今，在忻州方言里正是读作 $ɕi^{31}$ 音。词义方面，"饧"是"饴"之义，即饴糖，忻州方言用 $ɕi^{31}$ 糖所指称的概念与之相合。综合上述音义情况可知，忻州方言 $ɕi^{31}$ 糖中的 $ɕi^{31}$ 字就是"饧"。例如：

看见街上有卖饧糖的，又要到腊月二十三了。

快过小年咪，到街上给娃娃们买了些儿饧糖。

以前腊月二十三过小年的时候经常听家里的长辈说，吃饧糖是为了让灶王爷说话顿唠（的时候）嘴甜些儿，娃娃们在这一天也都要吃饧糖，吃过饧糖后就不能说赖话（脏话）咪，要多说吉庆话。

此外，瓜状的饧糖称为"饧坨子"，棍状的饧糖又称"饧棍子"。例如：

你买哪种饧糖呀，饧坨子还是饧棍子？

称两斤饧坨子哇，娃娃们都爱见（喜欢）吃饧坨子。

"饧糖"的用例最晚在明时即已有之。例如：

徐渭《风鸢图》诗之五："明朝又是清明节，斗买饧糖柳市西。"

之后有沿用。例如：

单阿蒙《闺艳秦声》："娃儿娇养爱饧糖，未信炉边猾拙香。爷买甘蔗三百节，到头一寸不堪尝。"

其中，有对吃饧糖相关习俗的记载。例如：

徐时栋《烟屿楼笔记》卷一："纸绘灶神，以除夕供灶上，谓之灶君，岁时献新，焚香拜之。十二月二十三日，谓是灶神上天日，陈饼糕、饧糖祭之，束草为马，列刍豆马前，祭毕，则揭像并马焚之，曰："灶君上天奏事，七日始回来也"，至除夕，乃别供新者。南中风俗，大略如此。"

该习俗演变至今，正是腊月二十三忻州吃饧糖的民俗，旧时这一天多焚香祭拜。忻州也有灶王爷七天后再回到家中的说法，多数老辈人会在除夕祭拜灶王爷。

现代汉语方言中，西南官话（湖北武汉，云南楚雄、昆明）、吴语（江苏苏州）中都有"饧糖"的说法。

颬

忻州方言称述"张嘴呼出气流，借以暖手"这一行为动作时，常用一个读作 x ɑ³¹ 的动词。

《广韵·麻韵》："颬，许加切，吐气又风貌。"

许加切为晓母麻韵开口二等平声，该音节演变至今，在忻州方言里正是读作 x ɑ³¹ 音；词义方面，"颬"有"吐气"义，忻州方言由此引申用来指称有意呼出热气暖手的概念。从以上音义两方面来考虑，忻州方言的 x ɑ³¹ 音之词就是"颬"字。例如：

二叔在雪地儿手都冻红唻，他搓了下手，双手靠近嘴边颬了一会儿。

小时候冬天越发冷，手经常冻到没知觉，搓一搓，颬口气，就热乎了。

现代汉语方言里，中原官话（安徽淮北）中有这一用法。

趄

忻州方言常用"趄"表示"盘旋、回转"义，读作 ɕyɛʔ²。例如：

一股风在这儿趄了可一阵儿咧。

婶子对着开车的杨子喊："快往回趄，不要直走唻。"

查《集韵》："趌，似绝切。"

似绝切为入声邪母薛韵，该音节演变至今，在忻州方言里正是读作 ɕyɛʔ² 音，保留了入声。

用"趌"表示"盘旋、回转"义，最晚在元代即已有之。例如：

关汉卿《哭存孝》第三折："想着十八骑长安城内逞豪杰，今日个则落得足律律的旋风趌，我可便伤也波嗟。"

之后多有沿用。例如：

王实甫《西厢记》第四本第四折："四野风来，左右乱趌。"

现代汉语方言中，中原官话（陕西商县张家塬）、晋语、闽语（福建永春）都有用"趌"表示"盘旋、回转"的用法。

袭

忻州方言常用"袭"表示"打"义，读作 ɕiəʔ²。例如：

今儿可好好儿袭了他一顿。

再不听话看你妈袭你咧哇。

"袭"表"出其不意的进攻"先秦时即已有之，忻州方言的"打"义由此引申而来。例如：

《春秋·襄公二十三年》："齐侯袭莒。"杜预注："轻行掩其不备曰袭。"

之后多有沿用。

现代汉语方言中，陕北晋语也有用"袭"表"打"的用法。

下世

忻州方言常用"下世"表示"去世"之义，读作 ɕi ɑ ⁵³ʂʅ⁵³。例如：

这兄弟俩父母下世后就早早儿当上家，挺恓惶的。

要是有天李奶奶下世了，这个院子肯定就留不住唻，她儿子会卖了的。

爷爷下世有快十年了，但爷爷的模样我还记得可清楚了。

这类用例最晚在西汉时即已有之。例如：

《史记·刺客列传》："亲既以天年下世，妾已嫁夫，严仲子仍察举吾弟困污之中而交之，泽厚矣，可奈何！"

后世相关用例十分丰富，一直沿用未衰。例如：

鲍照《代东武吟》："将军既下世，部曲亦罕存。"

陈亮《普明寺长生谷记》："事方就绪，而黄君与靖相继下世。"

《红楼梦》第二回:"谁想他命运两济,不承望自到雨村身边,只一年便生了一子,又半载,雨村嫡妻忽染疾下世,雨村便将她扶侧作正室夫人了。"

《糊涂世界》卷四:"不多几日,贱内又下世了,余下三男一女。"

《白雨斋词话》卷五:"吾乡唐少白与余为中表兄弟,年少工词,后困于衣食,未能充其学力之所至,年未五十下世,可叹也。"

"下世"一词在现代汉语普通话中多用于书面语,而在忻州方言中则是使用频率较高的日常口语。

在现代汉语方言中,赣语(江西鄱阳)中也有"下世"的说法,但与忻州方言表"去世"义不同,江西鄱阳方言中的"下世"指"入殓"。

歇心

忻州方言常用"歇心"表示"安心、放心"义,读作 $\varepsilon i \vartheta \text{?}^2 \varepsilon i \eta^{313}$。例如:

你把这活干完了,就该歇心了哇。

大儿子那么能干,有甚不歇心咧?

这类用例最晚在宋时即已有之。

之后多有沿用。例如:

《施公案》第三十八回:"老爷,快快歇心,休提上京之话。小人们不敢从命,无如福薄,灰却上进之心。"

《镜花缘》第十九回:"今日受了此女耻笑,将来务要学会韵学,才能歇心。好在九公已得此中三昧,何不略将大概指教?"

《镜花缘》第四十回:"林之洋听了,虽觉有理,但至亲相关,何能歇心?仍是日日寻找。"

现代汉语方言中,晋语(山西离石、山阴)中也有用"歇心"表"安心、放心"的用法。

下数

忻州方言常用"$x\alpha^{53}su^{20}$"表示"分寸、规矩、标准"等义。例如:

这孩子,跟长辈说话没个下数,得好好管教管教。

跌跤(摔跤)是有下数的,不是把对方跌倒就行。

蒸馒头是有下数的,胡乱蒸蒸不好的。

这类用例最晚在清代即已有之。

现代汉语方言里,使用这一用法的方言区有:西南官话(湖北武汉)、吴语（浙江苍南金乡）、闽语（广东揭阳）。

旋

忻州方言常用"旋"表示"临时"义，读作 ɕy ɑ ŋ⁵³。例如：

馍馍不要多做，旋吃旋蒸就挺好咧。

别送刘奶奶那么多，一个人哪里吃得完，旋送哇。

这类用例最晚在唐时即已有之。

之后多有沿用。例如：

马致远《四块玉·恬退》曲之四："酒旋沽，鱼新买，满眼云山画图开，清风明月还诗债。"

《复堂词话·序》："复就二十二岁以来，审定由唐至明之词，始多所弃，中多所取，终则旋取旋弃，旋弃旋取，乃写定此千篇，为复堂词录。"

现代汉语方言中，河北沧县也有用"旋"表"临时"的用法。

涎

忻州方言常用"涎水"一词指称"口水"，读作 xã³¹³suei³¹³。例如：

没事没事，快拿纸先给娃娃擦擦涎水。

你不是最爱吃蒸肉，刚蒸出唻，快过来吃哇，早就香得流涎水了哇？

"涎"单字表"口水"义在先秦时即已有之。例如：

《关尹子·一字》："殊不知我之津液涎泪皆水。"

后世有沿用。例如：

杜甫《饮中八仙歌》："汝阳三斗始朝天，道逢曲车口流涎。"

《西游记》第六十九回："那老龙在半空，运化津涎，不离了王宫前后。"

双音节词"涎水"表"口水"，在明清两朝十分常见。例如：

《水浒传》第三十六回："那人烫了将来，筛做三碗。正是饥渴之中，酒肉到口，如何不吃。三人各吃了一碗下去。只见两个公人瞪了双眼，口角边流下涎水来。"

李百川《绿野仙踪》第三十九回："剥皮听罢，用自己拳头，在心前狠打了两下。不知怎么，便软瘫在地下，口中涎水直流，只几天便病故在府署。百姓闻知，俱合掌称庆。"

刘鹗《老残游记》第十六回："人瑞挣扎着坐起。只见口边那条涎水，由袖子上滚到烟盘里，跌成几段，原来久已化作一条冰了！"

忻州方言中,"涎"不单用,只作"涎水"。现代汉语方言里,中原官话(陕西西安,新疆吐鲁番,河南光山)、晋语(内蒙古呼和浩特、临河,山西大宁、阳曲,陕西绥德)、兰银官话(甘肃兰州,新疆乌鲁木齐)、西南官话(湖北武汉)都将"口水"说成"涎水"。

相跟

忻州方言常用副词"相跟"称述"一同、一块儿",读作 ɕiã³¹³kən³¹,后常与"上"连用。例如:

你要是去太原了,咱们相跟上走哇。

一会儿我和你相跟上去集市上哇,我也有些儿要置买(购买)的东西。

当时是我和他相跟上去的,他没有哄(骗)你,路上确实没偷懒呀。

"相跟"作动词、表"跟随、紧随"的用例,最晚在元代即已有之。

之后有沿用。例如:

《西游记》第二十二回:"左有八戒扶持,右有悟净捧托,孙行者在后面牵了龙马半云半雾相跟,头直上又有木叉拥护,那师父才飘然稳渡流沙河界,浪静风平过弱河。"第六十回:"那女子见了,唬得魄散魂飞,没好步乱翘金莲,战战兢兢回头便走,这大圣吆吆喝喝,随后相跟。"

《刘墉传奇》第十二回:"承差见问腮含笑,说:'大人留神在上听:我小的,空手相跟怕人看破,假装捡粪不露形。'"

《施公案》第一百十三回:"黄天霸拿贼心急,恨不得立刻擒住谢虎,解到公馆,在施公面前报功,随后紧紧地相跟。"

从"相跟"的用例来看,多强调一方对另一方的跟随、紧随、从位置上来看,多为一前一后。

最晚在元代,动词"相跟"除表"紧随"外,开始伴有"一块儿走"的意思。但之后的明清时期相关用例不多见。

最晚到明代时,"相跟"在位置上出现了有别于"一前一后"的"左右"跟随形式。例如:罗懋登《三宝太监西洋记》第十三回:"第二位生得黑黑的,黑如铁:铁作幞头连雾长,乌油袍袖峭寒生。清花玉带腰间满,竹节钢鞭手内擎……"到清代,"相跟"出现"随行、结伴"的用例。例如:

《再生缘》第四十五回:"章氏便同娘子送,多娇坐轿出帘来。江妈等众相跟着,后拥前呼一径归。"

综合以上论述,这些历史文献用例"相跟"都作动词,但词义有逐步虚化的趋势：

跟随、紧随（强调一方对另一方的跟随、紧随，位置为一前一后，元明清均有这种用法）

⇓

紧随，一块儿走（元代出现，明清相关用例少见）

⇓

一块儿走，随行（位置为左右，明代出现）

⇓

随行，结伴（清代出现）

忻州方言的"相跟"只作副词用法，没有用作动词的情况。由以上分析可见，忻州方言中的"相跟"与"随行、结伴"义十分接近，方言中的副词用法正是在原有用法基础上的发展。

现代汉语方言里，晋语（山西阳曲、五寨）与忻州方言用法一致，把"一同、一块儿"说成"相跟"。

消停

忻州方言常用"消停"一词表示"停止、停歇"之义，读作 ɕiɔ³¹³t'i³¹[1]。例如：

后晌一下都没消停，营生（活儿）还是没做完。

这类用例最晚在宋时即已有之。例如：

王明清《挥麈余话》卷二："张太尉道：'我虏劫舟船，尽装载步人老小，令马军便陆路前去。'俊道：'且看国家患难之际，且更消停。'"

后世有沿用。例如：

《水浒传》第五十回："既然大官人不肯落草，且在山寨消停几日，打听得没事了时，再下山来不迟。"

此外，"消停"在忻州方言里还用于表"清闲、安静、安稳"的意思。例如：

我才知道你这几天消停，要不到我行（我家）新起（建造）的二楼看看哇。

这娃娃自从进门开始就没见他消停一会儿，这下可能过消停日子咪。

"消停"表"清闲、安静、安稳"的用法，均由"停止、歇"义引申而来。

---

[1]　忻州方言"停"文白两读，消停（白读 t'i³¹），停车（文读 t'iəŋ³¹）。

其中，用于"安静"的用例最晚在明时即已有之。例如：

朱有炖《香囊怨》第二折："唤官身当祗应，几曾得片时间心上消停，不付能有一日刚宁静。"

忻州方言里，"消停"也作"消消停停"，由"安稳"之义引申，常伴有不慌不忙的意思。例如：

消消停停地做针线多好呀，谁想这样连夜赶工做衣裳咧？

"消消停停"表"不慌不忙"之义的用例最晚在明代即已有之。例如：

《西游记》第五十三回："……消消停停，将息了一宿。"

现代汉语方言里，中原官话（河南孟津、洛阳）、西南官话（湖北武汉）把"停止、歇"说成"消停"；中原官话（新疆吐鲁番）把"悠闲"说成"消停"；东北官话（东北地区）、北京官话（北京）、冀鲁官话（河北中东部，天津，山东聊城）、中原官话（河南洛阳）、晋语（山西榆次）、江淮官话（江苏北部）都把"安静，安稳"说成"消停"。

楦

忻州方言常用"楦"表示"补袜子或做鞋时用的模型"义，读作ɕyaŋ[53]。例如：

用用你家的袜楦子哇，补上几双袜子。

这会儿人们都不用鞋楦子咪，我小时候家家有个鞋楦子。

查《说文·木部》"楥，履法也。"清段玉裁注："今鞋店之楦也，楥、楦正俗字。"

这类用例最晚在宋代即已有之。例如：

吴自牧《梦粱录·诸色杂货》："家生动事如桌、凳、凉床、交椅……油杆杖、轱辘、鞋楦、棒槌。"

之后有沿用。例如：

冯梦龙《古今谭概·专愚·艾子》："齐人献木履于宣王，略无刻斫之迹。王曰：'此履岂非出于生乎？'艾子曰：'鞋楦是其核也。'"

蝎虎

忻州方言常用名词"蝎虎儿[①]"指称"壁虎",读作 ɕiɛʔ²xuər²⁰。例如:

窗角子上趴着个蝎虎儿,不要赶走它,它能吃蚊子咧。

墙上有个蝎虎儿,跑得可快咧。

蝎虎儿尾巴断了能自己接,是不是真的?

这类用例最晚在宋时即已有之。例如:

苏轼《蝎虎》:"黄鸡啄蝎如啄黍,窗间守宫称蝎虎。"

后世的相关用例一直沿用未衰。例如:

乔吉《水仙子·怨风情》:"野蜂儿难寻觅,蝎虎儿干害死,蚕蛹儿毕罢了相思。"

薛福成《庸庵笔记·述异·物性相制》:"壁虎复以尾逗之,迅速缩去,蝎螫之不中,又自中其身,如是者三次,蝎遂不复动,盖已死矣……闻壁虎以是术制蝎,百不失一,盖其以蝎为粮也久矣,故又谓之蝎虎云。"

现代汉语普通话有时也用"蝎虎"称说"壁虎",忻州方言一般不常用"壁虎"。

现代汉语方言里,常将"壁虎"说成"蝎虎"的方言区还有:北京官话(北京顺义)、冀鲁官话(河北新城、井陉)、胶辽官话(山东文登、莱阳、平度)、中原官话(山东济宁,河南郑州、原阳,山西运城、临猗、汾西)、晋语(河北成安、平山,河南获嘉,山西灵石、柳林、石楼、太原、隰县、阳曲、榆次、太谷、孝义、临县、大宁,陕西绥德)。

炧

忻州方言常用一个读作 ɕiɛ⁵³ 的动词表示"停止燃烧"之义。

查《说文·火部》:"炧,烛熏也,徐野切"。("熏"同"烬")

徐野切为邪母麻韵开口三等上声,该音节演变至今,在忻州方言里正是读作 ɕiɛ⁵³ 音;词义方面,"炧"是"烛烬"义,即灯烛的余烬,可引申指"灯烛停止燃烧",忻州方言用 ɕiɛ⁵³ 所指称的概念与之相合。综合上述音义情况可知,忻州方言的 ɕiɛ⁵³ 音之词就是"炧"字。例如:

我说屋里咋这么冷哩,原来是炉子里的火炧唻,重生(点)下火哇。

---

① 称"壁虎"作"蝎虎"时,忻州方言说成"蝎虎儿","虎"读儿化音,但"虎"在忻州方言中有对应的不儿化读法,如"老虎"一词,"虎"读 xu³¹³。

快看下灶火，别叫炧唠，面就要擀好了，马上就下锅呀。

"炧"表"灯火余烬"的用例最晚在汉时即已有之。例如：

桓谭《新论·祛蔽》："余见其旁有麻烛，而炧垂一尺所。"

但"炧"表"停止燃烧"的用例要晚一些，最晚在宋时即已有之。例如：

张元干《浣溪沙》："夜久莫教银烛炧，酒边何似玉台妆。"

陈亮《眼儿媚·春愁》词："扶头酒醒炉香炧，心绪未全灰。"

后世的相关用例一直沿用未衰。例如：

愈汝言《浪淘沙》："酒醒更残灯又炧，花落谁家？"

吴伟业《萧史青门曲》："花落回头往是非，更残灯炧泪沾衣。"

丁绍仪《听秋声馆词话》卷六："孤灯欲炧醒初醒，无聊最怕三更近。三更近，琐窗倚暖，绣衾闲冷。"

现代汉语方言中，重庆市梁平县把"停止燃烧"说成"炧"。

镟（鏇）

忻州方言称述"用车床切削或用刀子转着圈地削"和"将物体打磨光滑"这两种行为动作，都用一个读作 ɕyã⁵³ 的动词。

查《说文·金部》："鏇，圆铲也，辞恋切。"

辞恋切为邪母仙韵合口三等去声，该音节演变至今，在忻州方言里正是读作 ɕyã⁵³ 音；词义方面，"鏇"是"圆铲"义。据曾良、李军（2004）考证，"即"铲"，《广韵》释为圆转木，"鏇"正是由旋转、圆转义命名，鏇可以表"工匠用转轴加工器物"义，加工过程一般要进行磨锉以令器物光泽[1]。之后徐时仪直接指出"鏇"有"用转轴加工磨锉器物使光泽"的意思[2]。

忻州方言的 ɕyã⁵³ 音之词分别与"工匠用转轴加工器物"与"用转轴加工磨锉器物使光泽"相合。综合以上两方面音义的情况，忻州方言的 ɕyã⁵³ 音之词就是"鏇"字。例如：

你到车床上给我镟上个小锅盖哇，我家的小锅盖夜来（昨天）坏唻。（"镟"作"用车床切削"义）

你把这个烤好的蛋糕镟上个圆底子出来，我准备一下上面放的水果和奶油，不用太大，要不吃不完。（"镟"作"用刀子转着圈削"义）

---

① 曾良、李军.佛经字词考释[J].语言科学，2004(3).

② 徐时仪.《慧琳音义》所释方俗词语考[J].励耘学刊（语言卷），2006(1).

夜来（昨天）做好的炕沿①不光滑，再请人家李师傅镟一镟哇。（"镟"作"将物体打磨光滑"义）

"镟"表"转着圈切削"的用例最晚在北魏即已有之。写作"旋"。例如：

贾思勰《齐民要术·种榆白杨》："梜者旋作独乐及盏。"

之后有沿用。例如：

周去非《岭外代答·桄榔》："其根皆细须，坚实如铁，旋以为器，悉成孔雀尾斑，世以为珍。"

薛论道《林石逸兴·俗语》："机儿不快梭儿快，旋得不圆砍得圆。"

"镟"表"用转轴加工磨锉器物使光泽"义由转着圈切削的词义引申而来，这类用例最晚在唐时即已有之。

之后有沿用。

《汉语大词典》"镟"一词未收"用转轴加工磨锉器物使光泽"之义项。现代汉语普通话较少使用"镟"。

现代汉语方言里，关中地区"镟"的相关用法与忻州基本一致。

衍

忻州方言常用"衍"这一动词称述"水或其他液体溢出"，读作 iɛ̃³¹³。

查《集韵·线韵》："衍，延面切，水溢也。又以浅切。"

以浅切为以母仙韵开口三等上声，忻州方言的 iɛ̃³¹³ 音，声、韵、调分别与以母、仙韵开口三等、上声相应；词义方面，"衍"是"水溢"之义，忻州方言的 iɛ̃³¹³ 正是指"水或其他液体溢出"，与之相合。综合上述音义情况，忻州方言 iɛ̃³¹³ 音之词就是"衍"字。"衍"表溢出的指称对象不仅限于水，还可以是面汤、牛奶等除水之外的液体。例如：

杯子里的水不好端，衍出来，洒在裤儿上了。

路上颠得厉害，饭盒里的面汤稍微衍出来些儿，不要紧。

瓶里的牛奶不要装太满，满了容易衍出来。

此外，忻州方言的"衍"还兼有用"圪衍衍"一词来形容"容器里液体装得十分满"的用法。例如：

早起（早晨）瞭见他担了圪衍衍一担水浇白菜去哞。

水瓮都圪衍衍哝，不用去就水（接水）了，把桶放门口就行了。

---

① 炕沿：火炕临地一边的上沿，多用扁方木镶在炕身上。

"衍"表"溢"义的用例最晚在先秦即已有之。例如：

三国吴虞翻作注："衍，流也。"

我们认为李长云（2015）的解释是合理的，沙滩本为干旱之地，偶尔有地下水溢出形成水流，此处的"衍"就是溢出的流水[①]。

《诗经·大雅·板》："昊天曰明，及尔出王。昊天曰旦，及尔游衍。"毛传与郑玄均释"衍"为"溢"：毛传云："衍，溢也。"；郑玄笺："昊天在上，人仰之皆谓之明，常与女（汝）出入往来，游溢相从，视女（汝）所行善恶，可不慎乎？"

之后有沿用。例如：

扬雄《太玄·法》："井无干，水直衍。"王涯注："井而无干则水衍溢也。"

现代汉语普通话"衍"多用于书面语，没有忻州方言"衍"的相关用法。

现代汉语方言里，晋语（内蒙古包头、陕西绥德），兰银官话（甘肃兰州）、吴语（江苏无锡）、客家话（江西瑞金、上犹社溪、赣州蟠龙）都有用"衍"表"溢"的用法，但一般单用，不说"圪衍衍"。

Y

眼尖

忻州方言常用"眼尖"一词表示"视觉灵敏"之义，读作ŋiã³¹³tɕiɛ̃³¹。例如：

娃娃眼尖，引着（带着）月月去帮看看也好。

谁不知道王婶婶眼尖手快，她年轻时候地里头捉（摘）棉花数她快哩，是咱们村的捉（摘）棉花能手。

在忻州方言中这一用法多用于含"看得准，发现得早"之义的语境中。例如：

娃娃眼尖，一眼就认出人群中的语文老师，飞快地跑了过去。

还好你眼尖，早早告我秦叔叔在戏场儿，要不我又得白跑一趟咪。

此外，忻州方言还说"眼尖些儿"的用法，这里的"尖"作动词。例如：

---

① 李长云.河南方言中的古语词例释[J].郑州航空工业管理学院学报（社会科学版），2015（08）：88.

你给咱眼尖些儿，好好看看，咱家的鸡儿跑到哪个菜地里咴，快把它捉回来。

"眼尖"一词最晚在明时即已有之。例如：

袁于令《隋史遗文》第四十三回："连明在前，他做惯公人，眼尖，认得是程知节，故意道："咄！剪径贼！你认得我秦叔宝么？""

之后有沿用。例如：

如莲居士《薛刚反唐》第七十八回："战有二十余合，龙虎真人见承嗣赢不了郑宝，连忙祭起飞刀来斩郑宝，那知郑宝眼尖看见，他晓得那飞刀的厉害，忙跳下马来，急急跑开。"

琅环山樵《补红楼梦》第二回："正走之间，只见迎面一个女子，远远而来。晴雯眼尖，便指着说道：'哪来的，不是鸳鸯姐姐么？'"

《听月楼》第十七回："裴爷眼尖，早已看见宝珠光景，叫声宝珠，快来见你父亲。宝珠也没奈何，进来先向裴爷请了安。"

现代汉语普通话也用"眼尖"表"眼力好，视觉敏锐"，但一般没有忻州方言"眼尖些儿"的用法。

黶（黶）

忻州方言里，称说"黑色的痣"这一概念，比较常用的是一个读作"iɛ̃³¹³子"的名词。

查《广韵·盐韵》："黶，於琰切，面有黑子。"

於琰切为盐韵上声影母，该音节演变至今，在忻州方言里正是读作 iɛ̃³¹³ 音；词义方面，"黶"是"面有黑子"义，可引申指皮肤上黑色的痣，忻州方言用 iɛ̃³¹³ 子所指称的概念与之相合。综合上述音义情况可知，忻州方言"iɛ̃³¹³子"一词的 iɛ̃³¹³ 字就是"黶"。例如：

卖炉子的老板很好认，嘴角有个大黶子。

东头王大夫的诊所这几天可热闹咴，听说能去除黶子，好多人都跑去问。

这类用例最晚在晋时即已有之。例如：

葛洪《抱朴子·接疏》："明者举大略细，不忮不求，故能取威定功，成天平地，岂肯称薪而爨，数粒乃炊，并瑕弃璧，披毛索黶哉。"

后世有沿用，也作"黶子"。例如：

《史记·高祖本纪》"左股有七十二黑子"，唐张守节《史记正义》云："许北人呼为'黶子'，吴楚谓之'志'。志，记也。"

现代汉语普通话称说"黑色的痣"时有时也用"黶"，但一般仅见于书面语，而忻州方言中的"黶子"是日常词汇。

现代汉语方言里，中原官话（陕西西安，山西运城、吉县、襄汾，甘肃甘谷）、晋语（山西定襄、阳曲、石楼，陕西绥德）、兰银官话（甘肃兰州）都把"黑色的痣"说成"黶子"。

一般般

忻州方言常用"一般般儿"称述"一样、相同"之义，读作 iəʔ² pã³¹³ pẽr²⁰[①]。例如：

这闺女跟她妈妈小时候的模样一般般儿的。

二小子现在长得跟哥哥一般般儿高唻，真是有小不愁大呀。

敏敏说话的声气（说话的声音）跟她妈妈一般般儿，电话里头越发听不出来（分辨不出来）。

这类用例最晚在唐时即已有之。例如：

罗隐《下第作》："年年模样一般般，何以东归把钓竿。"

后世的相关用例一直沿用未衰。例如：

关汉卿《五侯宴》第三折："这婆婆说的那生时年纪，和我同年同月同日同时一般般的。"

《疗妒缘》第二回："方才这强盗的相貌，与梦中送珠的一般般，此生是他追赶而来，却又姓朱，岂不与那送珠相合？"

现代汉语方言里，晋语（山西朔州山阴）有"一般般儿"的用法。例如：

一锹挖出两个大田鼠——一般般儿的灰（一样坏）。

一溜

忻州方言常用"一溜"表示"一排、一行"之义，读作 iɛʔ² liəu⁵³。例如：

玉荌子（玉米）籽儿（种子）不够唻，这一溜种上豆角子哇。

这一溜点（种）的都是新品种的白菜，又好吃又产量高。

也作"一溜溜""一溜子"。例如：

儿童节表演节目，穿一般般儿（同样）的衣裳排成一溜溜（一溜子），我

[①]　也读 iəʔ² pẽr³¹³ pẽr²⁰，忻州方言"一般般"一词，最后一个"般"读作儿化，中间的"般"字，有时读儿化音。

都认不出哪个是小外甥了。

这类用例最晚在北宋时即已有之。例如：

《二程语录》卷二："譬之铺一溜柴薪从头热着，火到处，其光皆一般，非是有一块物推着行将去。"

后世这类用例一直沿用未衰。例如：

《红楼梦》第二十五回："只见宝玉左边脸上起了一溜燎泡，幸而没伤眼睛。"

《儿女英雄传》第二十四回："姑娘隔着车玻璃一看，只见那座小庙一溜约莫是五间。"

历史文献中，有"一溜"形容迅捷的用例，忻州方言没有这一用法。例如：

冯梦龙《挂枝儿·魇到》："俏冤家，昨朝时，去得一溜。"

现代汉语普通话表"一排、一行"有时也说"一溜儿"；此外，还有表"附近一带"的名词用法，如："反正就是那一溜儿，具体是哪一家我就记不清了"，忻州方言没有这一用法。

现代汉语方言中，东北官话（东北地区）、冀鲁官话（河北）、吴语（浙江象山）都把"一排、一行"说成"一溜"；兰银官话（新疆乌鲁木齐）；西南官话（四川）都把"一排、一行"说成"一溜子"。

一男半女

忻州方言常用"一男半女"来指称子女，意思是"（不论男女）一个孩子"，读作 iəʔ²nã³¹pã⁵³ ny³¹³。例如：

你总得有个一男半女，家里也就热闹咪。

小王媳妇走得早，当时也没留下一男半女，之后小王才抬掇（收养）下现在的冬冬。

这类用例在元代即已有之。例如：

《灰阑记》楔子："若是令爱养得一男半女，我的家缘家计，都是他掌把哩。"

杨文奎《儿女团圆》第二折："若是有呵，得一男半女，也省得你这般烦恼。"

之后有沿用。例如：

《京本通俗小说^①·志诚张主管》："员外何不取房娘子，生得一男半女，也不绝了香火。"

《儿女英雄传》第三十七回："等明儿他姐儿俩再生上个一男半女，那是重重见喜。"

现代汉语方言里，东北官话（东北地区）、吴语（江苏江阴）称说子女指（不论男女）一个孩子时，也说成"一男半女"。

一时半霎

忻州方言常用"一时半霎"称述"一时半刻、极短的时间"，读作 iəʔ²sʅ³¹pã⁵³ ɑ ³¹³。例如：

我这阵子一时半霎也想不出来，过上几天有办法了我到你行（你家）给你说去。

一时半霎也说不精明（清楚），后晌咱几个好好告诉告诉（聊聊）。

也作"一时一霎"，读作 iəʔ²sʅ³¹iəʔ²s ɑ ³¹³。例如：

这些儿营生（活儿）一时一霎也做不完，索性回家吃晌午饭（午饭）哇，后晌（下午）再接住（继续）干哇。

这类用例最晚在宋时即已有之。例如：

杨无咎《眼儿媚》："柳腰花貌天然好，聪慧更温柔。千娇百媚，一时半霎，不离心头。"

后世的相关用例一直沿用未衰。例如：

《元曲选·金钱记》第一折"且休说共枕同衾觑当咱，若得来说几句儿多情话，则您那娇脸儿咱根前一时半霎，便死也甘心罢。"

《全元杂剧·救孝子贤母不认尸》："兀那婆子，老夫随处迁军，不曾停一时半霎。"

《全元散曲》："莫将愁字儿眉尖上挂，得一笑处笑一时半霎，百钱长向杖头挑，没拘束到处行踏。饥时节选着那六局全食店里添些个气，渴时节拣那百尺高楼上咽数盏儿巴。"

《宝钗记》第二十八出："自庙中见了那女子，她生得千娇百媚，虽是一时半霎，引惹起我万想千思，害得我一丝两气，三好六恶，朝三暮四,五劳七伤，七颠八倒，十生九死。"

---

① 原书不知何人所编，有人认为是宋元作品，也有人认为是后人伪作古书。

《汉语大词典》"一时半霎"一词首引"元代郑光祖《倩女离魂》"的用例，例证晚出。

现代汉语普通话不常用"一时半霎"。现代汉语方言里，冀鲁官话（山东济南）把"一时半刻、极短的时间"说成"一时半霎"，也说"一半霎"。

繏

忻州方言常用"繏"这一动词称述"用针线固定面儿和里子，使之相合"这一行为动作，取自'稳固、稳定'义[①]。多用于做棉衣或棉被棉褥等语境中，为使布和棉花连在一起，同时也避免棉花滚成团，在棉衣或棉被棉褥上按一定的距离缝几道线，读作 iəŋ³¹³。例如：

我和你一起繏絮袄儿（棉衣）哇，两个人动手总比一个人快些。

李裁缝针线做得好，就是繏出来的褥子也不一样。

初初（初次）繏盖地（盖地）嗓（的时候），老是拿不稳针，针脚也不直溜。

这类用例最晚在汉代即已有之。例如：

刘向《说苑·善说》："缕困针而入，不因针而繏；嫁女因媒而成，不因媒而亲。"

后世的相关用例一直沿用未衰。例如：

赵叔向《肯綮录·俚俗字义》："缝衣曰繏。"

现代汉语方言里，与忻州用法相同的方言区有：胶辽官话（山东青岛）、冀鲁官话（山东利津）、中原官话（山东济宁、菏泽，甘肃天水，陕西绥德，山西离石，陕西商县张家塬，新疆吐鲁番）、兰银官话（甘肃兰州，新疆乌鲁木齐）、吴语（江苏吴中，浙江宁波、镇海）。

有要无紧

忻州方言常用"有要无紧"表示"做事忽紧忽松，很不重视"之义，读作 iəu³¹³iɔ⁵³u³¹tɕiəŋ³¹³。例如：

这件毛衣打了一冬天，有要无紧的，真儿（今天）织一阵，明儿（明天）

---

① 张相平（2011）认为"繏"是"隐"的同源词，关于隐有"安稳、稳定"义这一点，他赞同段玉裁"'隐'俗写为'稳'，'稳'即源于'隐'"之观点。"繏"与"隐"是同源词，故也有"稳固、稳定"义。我们认为"繏"的忻州方言用法与"隐"的"安稳、稳定"义有关。

织一阵，到这会儿还没完工。

赵师傅平时地里干活儿有要无紧的，婆姨（老婆）和（跟）他成天因为这个嚷架（吵架）。

李婶婶大儿子可有出息了，是咱村第一个大学生哩，二儿子学习不好，还成天办事有要无紧的，其实这娃娃脑袋瓜可聪明哩。

这类用例最晚在明时即已有之，作"有要没紧"。例如：

《后西游记》第三十四回："今日过午不久，若是吃斋快些，还有三五十里路走。倘痴痴地等他，那猴子有要没紧的，知他几时才来，只好在这地方宿了。"

《醒世姻缘传》第五十五回："童奶奶道：'你替狄爷打听要紧，他又不肯来咱家吃饭，只买饭吃，岂是常远的么？我且有要没紧，慢慢地仔细寻罢了。'"亦作"有紧没慢"。

此外，"有要没紧"还有"事情不要紧；无关紧要"义。例如：

《儿女英雄传》第二十三回："再加听书的有个先来后到，便让先来的诸位听个从头至尾，各人有各人的穿衣吃饭正经营生，难道也照燕北闲人这等睡里梦里吃着自己的清水老米饭，去管安家这些有要没紧的闲事不成？"

忻州方言表"做事忽紧忽松，很不重视"时说成"有要无紧"，一般不常用"有要没紧"或"有紧没慢"。此用法由"有要无紧"表"事情不要紧、无关紧要"义引申而来。

现代汉语方言里，吴语（上海，江苏苏州）把"形容做事忽紧忽松，很不重视"说成"有要吭①紧"；胶辽官话（山东牟平）把"不着急"说成"有要没紧"。

异

忻州方言表示"两人或两人以上合力举物②"这一行为动作，常用一个读作 y^{31} 的动词。

《说文·异部》："异，共举也，以诸切。"

以诸切为以母鱼韵合口三等平声，该音节演变至今，在忻州方言里正是读作 y^{31} 音。词义方面，"异"是"共举"义，可引申为两人或两人以上合力举物，

---

① "吭"：〈方〉没有。

② 包括徒手或借用工具两种情况。

忻州方言用 y³¹ 所指称的概念与之相合。综合上述音义情况可知，忻州方言表示"共同用手抬"的 y³¹ 就是"舁"字。例如：

这个瓮子寻（找）人舁哇，一个人可抬不动。

咱们几个把这张桌子舁到西房儿去哇。

半袋子小米一个人就提溜（提）走了，哪用着两个人舁呀。

寻（找）上圪截（根）结实棍子，咱俩舁上这桶豆腐走哇。

之后仍有沿用。例如：

陈寿《三国志·魏志·锺繇传》："时华歆亦以高年疾病，朝见皆使载舆车，虎贲舁上殿就坐。"

魏收《魏书》第九十二卷（列传第八十）："承祖乃遣人乘车往迎之，则厉志不起，遣人强舁于车上，则大哭，言：'尔欲杀我也！'"

《晋书·桓玄传》："（玄）以其妻刘氏为皇后，将修殿宇，乃移入东宫，又开东掖、平昌、广莫及宫殿诸门，皆为三道。更造大辇，容三十人坐，以二百人舁之。"

李延寿《南史》第四十九卷（列传第三十九）："三年，珪疾，东昏屏除，以床舁之走，因此疾甚，遂卒。"

闵文振《涉异志·陶詹庙》："正德间邻火延爇，烈焰弥天，人见庙炉若已灰烬，忽一人狂发，仰卧于地，教市人舁巨石臼置腹上，实稻于中，数人执杵舂捣米熟而火息，庙竟无恙，民庐亦赖以全。"

《梼杌近志》："乾隆中叶，和珅以正红旗满洲官学生，在銮仪卫当差，举舁御桥。"

《池北偶谈》第二十五卷："谈异六，郑端清世子让国，自称道人，造精舍怀庆郭外居之。每出，坐竹兜，四人舁之。"

俞万春《荡寇志》第一百二十八回："风会收聚兵马，带了贼人首级，命数名小卒舁着李成尸身，回转大营。"

《汉语大词典》"舁"下列第一个义项为"抬，扛"，首引"（西晋）陈寿《三国志·魏志·锺繇传》"的用例，例证晚出。

现代汉语方言里，与忻州方言"舁"用法相同的地区有：北京官话（北京），晋语（山西太原、朔县，内蒙古临河、呼和浩特）。

<h1 style="text-align:center">捯</h1>

忻州方言表示"折、折断"之义，常用一个读作 vɛ³¹³ 的动词。

《集韵·没韵》："抈，五活切，折也。"

五活切为末韵合口一等疑母，该音节演变至今，在忻州方言里正是读作vɛ³¹³音。词义方面，"抈"是"折"义，可引申为折断，忻州方言用vɛ³¹³所指称的概念与之相合。综合以上音义两方面的情况可知，忻州方言的vɛ³¹³音之词就是"抈"字。例如：

我用铁丝给娃娃抈了把玩具枪，这小家伙见了肯定高兴坏唻。

家里头的衣架都是用废旧铁丝抈成的，其实比买的还好用咧。

这鞋才买了两天，鞋跟倒抈唻，质量真差咧。

忻州方言里，"抈"表"折"义，既指上述用例的"使物体弯曲"，也指"将弯曲的物体掰直"。表"折断"之义时，"抈"除单用外，也常说"抈断"或"抈开"。例如：

这圪截（根）钢丝弯了，把它抈直哇。

你咱把这根铝丝抈断／抈开。

"抈"表"折断"的用例最晚在汉时即已有之。但之后的相关用例不多见。例如：

扬雄《太玄·羡》："车轴折，其冲抈。"

现代汉语方言里，江淮官话（江苏镇江、扬州、江苏淮阴），把"使物体弯曲"说成"抈"；

江淮官话（江苏盐城），西南官话（四川成都）中的"抈"意思是"将弯曲的物体掰直"；中原官话（山西永济蒲州）把"折断"说成"抈"，而胶辽官话（山东烟台东陌堂）则把"折断"说成"抈断"。

月明

忻州方言常用"月明"指称"月亮"，读作yɛʔ²mi³¹。例如：

今儿黑夜月明分外明的咧，走夜路都不黑。

你看外月明，明儿天气肯定好。

这类用例最晚在唐时即已有之。例如：

李益《从军北征》诗："碛里征人三十万，一时回向月明看。"

之后多有沿用，例如：

《施公案》第九回："昨晚小的回家稍迟，月明当空，约三更时分，小的来至家门首叫门。"

《元朝秘史》第三卷："孛儿帖在那百姓内听着，认得是帖木真的声音，跳下车来……此时有月明，都相认得了。"

　　现代汉语方言中，冀鲁官话（山东寿光、博山、淄博、桓台）、胶辽官话（山东平度、安丘、临朐、诸城、牟平）、中原官话（河南漯河、郑州、许昌、中牟，山西临汾、曲沃）、晋语（山西太原、太谷、柳林、隰县，河南济源）都有"月明"指称"月亮"的用法。

Z

甑

　　忻州方言常用 tɕi⁵³ 算子、笼 tɕi⁵³ 子等称述"用竹木或金属材料制成的蒸东西器具"。

　　《集韵·蒸韵》："甑，子孕切，炊器。"

　　子孕切为精母蒸韵开口三等去声，忻州方言的 tɕi⁵³ 音，声、韵、调分别与精母、蒸韵开口三等、去声相应。由于语音演变，不易直接看出 tɕi⁵³ 与"子孕切"相合，简要分析如下：

　　"子孕切"，精母字，声母取反切上字"子"为"z"，精组大多一等韵字今天还读舌尖音，多数三、四等韵字由于介音 [i] 的向后拉动，其声母今读成 j。反切下字"孕"是古证韵开口丑类（蒸韵的去声）字，其韵母今读为 ün，但由于蒸韵一般今读 eng 或 ing，此处韵母要换读为 eng 或 ing，才能准确指示被切字的韵母。如："秤"为"昌孕切"，今读"chèng"；"凌"为"里孕切"，今读"líng"。丁声树在《古今字音对照手册》一书中列出"甑"的两个今读音"zèng"与"jìng"："（P190）甑 ₁zèng 子孕切，曾开三去证精；（P198）甑 ₂jìng 子孕切，曾开三去证精。"

　　因此，"子孕切"可拼读为"zèng"或"jìng"。平定县（山西阳泉市）、繁峙县（山西忻州市）以及陕北地区现在仍读"甑"为"jìng"。忻州方言 tɕi⁵³ 音是由甑的读音"jìng"，韵尾 ng 脱落而成。

　　韵尾 ng 脱落的情况，在忻州的白读音中大量存在，文读为 iəŋ 韵母，白读为 i 韵母，现将其中部分字列表如下：

字	中古声母	中古韵母		中古声调	忻州白读音	白读音组词
平	並母	庚韵	开口三等	平声	p'i^{31}	平地
坪	並母	庚韵	开口三等	平声	p'i^{31}	草坪
明	明母	庚韵	开口三等	平声	mi^{31}	天明唻
名	明母	清韵	开口三等	平声	mi^{31}	名字
命	明母	庚韵	开口三等	去声	mi^{53}	破上命
钉	端母	青韵	开口四等	去声	ti^{31}	钉子
顶	端母	青韵	开口四等	上声	ti^{313}	顶住
定	定母	青韵	开口四等	去声	ti^{53}	定襄（县名）
听	透母	青韵	开口四等	平声	t'i^{31}	听见唻
零	来母	先韵	四等	平声	li^{31}	零花钱
领	来母	清韵	开口三等	上声	li^{313}	大领子
精	精母	清韵	开口三等	平声	tɕi^{31}	精明
睛	精母	清韵	开口三等	平声	tɕi^{31}	眼睛
镜	见母	庚韵	开口三等	去声	tɕi^{53}	眼镜
净	初母	耕韵	开口二等	平声	tɕi^{53}	干净

词义方面，"甑"有"炊器"之义，可引申为"用竹木或金属材料制成的蒸东西器具"，忻州方言的 tɕi^{53} 算子、笼 tɕi^{53} 子指称的概念与之相合。综合以上音义两方面的考虑，忻州方言的它的 tɕi^{53} 音之字就是"甑"。

"甑"古用陶制，其底有孔，殷周时代由青铜制，后多用木制，忻州如今使用的蒸食器具多由竹板制成。"甑"不单用，而是作为语素在"甑算子、笼甑子"两词中使用。例如：

赶集时买的甑算子质量很好，下回赶集顿唠（的时候）再买几个大些咧。

你要是饿了，自己到甑算子上寻上些儿吃咧哇。

捏好的花糕这么多，甑算子上蒸不下，套两节笼甑子蒸哇。

这三节笼甑子是找村口的匠人定做咧，做工详细质量也好。

"甑算子"与"笼甑子"同为蒸东西的器具，但前者一般是卡在大锅内中上部加锅盖使用，后者则置于锅外架在锅上，一般可叠加套用，最后其上加锅盖使用。

"甑"用作"蒸食炊器"早在先秦就已常见。例如：

《周礼·考工记·陶人》："陶人为甑，实二鬴，厚半寸，唇寸，七穿。"

之后的相关用例一直沿用。例如：

贾思勰《齐民要术·作酱法》："用春种乌豆，于大甑中燥蒸之。"

《后汉书·独行传·范冉》："所止单陋，有时绝粒，穷居自若，言貌无改。间里歌之曰：'甑中生尘范史云，釜中生鱼范莱芜。'"范冉字史云，桓帝以为莱芜长，后以"甑尘釜鱼"形容家贫断炊已久。

卢纶《送浑炼归觐却赴阙庭》诗："甑尘方欲合，笼翮或将舒。"

费唐臣《贬黄州》第三折："甑中还有米也没有？"

双音词"甑箅"，最晚在清代即已有之。义为"甑底的竹箅"。例如：

唐训方《里语征实·二字征实》："甑底蔑巴曰甑箅。"

现代汉语方言中，中原官话（陕西北部、西安），晋语（陕西绥德）、西南官话（贵州遵义、云南腾冲），湘语（湖南吉首），赣语（湖南耒阳），闽语（福建仙游）都有"甑箅"一词，义为"蒸米饭、馒头的箅子"。

扎挣

忻州方言常用动词"扎挣"表示"勉强支持"之义，读作 tsɑʔ²²tsəŋ⁵³。例如：

你扎挣上起来吃些饭哇，越睡越不精神，病了可得吃饭哩。

还得扎挣干呀，要不这么多活儿年前也干不完。

李奶奶前晌（上午）嗓（的时候）头晕的老毛病犯哝，她硬是扎挣着把手头的针线活儿做完。

这类用例在元代即已有之。例如：

关汉卿《窦娥冤》第二折："你老人家放精神着，你扎挣着些儿。"

《全元杂剧·伊梅香骗翰林风月》："他扑腾腾怒怎消，我可丕丕心头跳，手脚儿滴羞笃速不知一个颠倒，忙哀告膝跪着，强扎挣刚陪笑。"

之后的相关用例在明代逐渐多见，清代已经十分常见。例如：

《红楼梦》第十九回："（凤姐）本性要强，不肯落人褒贬，只扎挣着与无事的人一样。"

陈少海《红楼复梦》第十一回："柏夫人猛然想起一事，叫芙蓉去瞧瞧二奶奶：'说我请安问好，听说二奶奶欠安，不敢过来惊动……若是二奶奶扎挣得住，请来咱们说说话儿散散心罢，省得一个人在屋里倒要添病。'"

《儿女英雄传》第六回："我这包袱万分的要紧，如今交给你，你扎挣起来上炕去，给我紧紧地守着他。少刻这院子里定有一场的大闹，你要爱看热闹儿，窗户上通个小窟窿，巴着瞧瞧使得，可不许出声儿！"

从收集到的历史文献中可以看出，"扎挣"除以上用法外，还有表示"用力支撑"，即"挣扎"之义。例如：

《于公案》第十六回："彩云唬得芳心乱跳，力小难以扎挣，半晌，嚷出一声：'快来拿贼！'倒把个湖石后睡觉的丫环惊醒。"

忻州方言中，"扎挣"只表"勉强支持"之义，其同素逆序词"挣扎"极少用到。另外，"扎挣"与"挣扎"表义是有差别的，挣扎为"用力支撑"；"扎挣"除此义之外，还有"勉强支持"的意思。《汉语大词典》"扎挣"一词释义为"挣扎"，是不准确的。

现代汉语方言里，北京官话（北京），晋语（山西太原、隰县），西南官话（云南腾冲），都将"勉强支持"说成"扎挣"。

瘶

忻州方言常用"tɕiəu⁵³筋"表示"筋肉痉挛"之义。

《集韵·宥韵》："瘶，即就切，缩小。"

即就切为精母尤韵开口三等去声，忻州方言的 tɕiəu⁵³ 音，声母、韵母、声调分别与精母、尤韵开口三等、去声相合；词义方面，"瘶"是"缩小"之义，可用来指筋肉突然收缩抽急，即"筋肉痉挛"之义，忻州方言用词所指称的概念与之相同，综合上述音义情况可知，忻州方言 tɕiəu⁵³ 筋词中的 tɕiəu⁵³ 字就是"瘶"。例如：

我这些天老是瘶筋，得换条厚点的棉裤咪。

明起来顿唠（的时候），小腿就瘶筋住咧，疼得我不能动弹。

哎呀，我腿瘶筋咪，不用等我你先走哇。

现代汉语普通话里，没有"瘶筋"的说法，"筋肉痉挛"义用"抽筋"来表达，如：腿受了寒，直抽筋儿。

装裹

忻州方言常用"装裹"一词称述"用衣物装殓死者"，读作 tsuɛ³¹³kuɛ³¹³。例如：

李大爷没（去世）的时候，子孙里面就敏敏一个在跟前，还拿好衣好裳装裹了，真个孝顺哩。

李奶奶辛苦唠一辈子，拉扯大三个儿子，到头来跟前连个给她装裹的人都没有。

此外，"装裹"也用来指"给死者装殓时用的衣物"。例如：

村口纸扎铺里卖的装裹，种类可多哩。

这类用例在元代即已有之。例如：

《全元杂剧·荆楚臣重对玉梳记》："我与你觅下的金寻下的银，买下的锦攒下的罗，珠和翠整箱儿盛垛，娘呵，你那哭穷口恰似翻河。（带云）金钱不使呵，（唱）莫不阴司下要用他？……（带云）绞锦不穿呵，（唱）莫不留着棺函中装裹？（卜儿云）忤逆弟子，你待着我死哩！"

之后有沿用。例如：

《醒世姻缘传》第三十九回："小献宝说：'这当得什么？他为人挣家一场，难道不用四五十金买副板与他装裹？这去了买布，只好买个柳木薄皮的材。'"

《红楼梦》第九十三回："哥儿大病了一场，已经死了半日，把老爷几乎急死，装裹都预备了。"

陈少海《红楼复梦》第二十六回："素兰道：'这里没有外人，将我死的缘故说个明白。……查大妈派老陈妈来服侍，这会儿叫他带着菱儿给我去取我的衣服、被褥来做装裹，我也等不到天亮。'说着，将手拉住梦玉道：'兄弟，我这会是要死的人，也顾不得……'"

吴趼人《二十年目睹之怪现状》第一百七回："我道：'后事是怎样办的？'弓兵道：'不过买了棺木来，把老爷平日穿的一套大衣服装裹了去，就把两个少爷，带到赤屯去了。'"

西泠野樵《绘芳录》第五十二回："妈妈道：'孩子死的甚苦，须要丰富装裹，方对得过他。就是历年来，他也挣得不少。'"

此外，"装裹"也作"妆裹"，表"用衣物装殓死者"之义，在元代即已有之。也是指给死者装殓时用的衣物。例如：

《全元杂剧·包龙图智赚合同文字》："量小生有甚人情有甚钱，苦痛也波天。则为那家私生受了二十年，要领旧席铺停柩无一片，要领好衣服妆裹无一件。"

之后有沿用。例如：

《红楼梦》第三十二回："王夫人道：'原是前儿他把我一件东西弄坏了，我一时生气，打了他几下……谁知他这么气性大，就投井死了，岂不是我的罪过……宝钗叹道：'姨娘也不必念念于兹……王夫人道：'刚才我赏了他娘五十两银子，原要还把你妹妹们的新衣服拿两套给他妆裹……'"

此外，"妆裹"还用作"梳洗打扮"之义，最晚在明代出现。例如：

青莲室主人《后水浒传》第十三回："到了这日，果是没人来缠扰，她只照常妆裹，在房中等候。等了多时，早有使女进来报喜道：'殷大官人来也。'"

之后有沿用。例如：

王士禛《池北偶谈》第十八卷："（论坡谷）许彦周《诗话》云：'东坡诗不可轻议，词源如长江大河……无一点尘滓，只是体不似江河耳。'林艾轩论苏、黄云：'譬如丈夫见客，大踏步便出去；若女子便有许多妆裹①，此坡、谷之别也。'"

鸳湖烟水散人《闺秀英才传》第三卷："妾性最喜妆裹，虽在病中，未尝草草。今自数月以来，首如飞蓬。岂无膏沐，谁适为容哉？"

笠翁先生《合锦回文传》第五卷："张养娘便替梁生梳起头来，用皂帕妆裹停当，取出几件旧女衣来穿了，宛然是个标致妇人。张养娘与药婆不住口地喝彩，梁生自把镜儿照了，也不觉大笑。"

用作"梳洗打扮"之义时，除"妆裹"一词外，也偶尔作"装裹"，但"装裹"此类用例极少。例如：

《后水浒传》第七回："月仙只得独自坐在席间，因暗暗寻思道：'他的人物，全赖装裹点染媚人，所以得公子宠爱。想是这公子不以色是求，只存富贵中之姜名耳，只是她说少年风流，却不似个不好色的人。一时不便问得。'"

《汉语大词典》未收录"妆裹"一词。此外，"装裹"还有"收拾"之义，陕北方言如今仍有该用法，历史文献中也有相关用例。例如：

《歧路灯》第七回："孝移笑道：'同行已有定约，不便再为更改了。'说完，席终而去。十七日娄先生上学，十九日王中打点行李，装裹褡囊，账房算明，带了三百两盘缠，跟的是厨子邓祥并德喜儿。"

《醒世恒言传》第三十五卷："阿寄想道：'若慢慢地挨去，可不担搁了日子，又费去盘缠！'心生一计，……也是数合当然，那主人家却正撞着是个贪杯的，吃了他的软口汤，不好回得，一口应承。当晚就往各村户凑足其数，装

---

① 此用例用女子妆裹作比，一言道尽坡谷之别。在明时，即有此类比喻用法。例如：［明］陆时雍《诗镜总论》："江总自梁入陈，其诗犹有梁人余气，至陈之末，纤靡极矣。……宋孝武菁华璀璨，遂开灵运之先。陈后主妆裹丰余，精神悴尽，一时作者，俱披靡颓败，不能自立。"（《诗镜总论》用"妆裹"作比词风绮靡）

裹停当,恐怕客人们知得嗔怪,到寄在邻家放下,次日起个五更,打发阿寄起身。"《汉语大词典》"装裹"一词漏收"收拾"义项。

现代汉语普通话有用于死者的"装裹"一词,由于"装殓"一词包含"装裹"所表意义,所以"装裹"作动词时,常用"装殓"来称说。忻州方言只有"装裹"的说法,不说"装殓",现代汉语方言里,中原官话(河南南阳)与忻州方言用法相同。

作害

忻州方言常用"作害"一词表示"造成损害"之义,读作 tsəʔ² xæ⁵³。例如:

院儿的畦子栅住些哇,要不鸡儿又跑进去作害呀。

有群调皮娃娃,到瓜地儿瞎作害,把没熟的瓜摘下来乱扔。

三岁的小外甥把桌子上洗好的菜作害下个不像样儿咮。

这类用例最晚在北齐使其即已有之。例如:

魏收《魏书·匈奴刘聪等传论》:"夷狄不恭,作害中国,帝王之世,未曾无也。"

后世的相关用例一直沿用未衰。例如:

李鹏飞《三元参赞延寿书》:"目赤者,作成瘕,作害人,共菜食,作蛔蛲虫。"

邓志谟《飞剑记》第七回:"好一个法师,就去吩咐着关、赵二天将,说道:'此处有个狐精为灵作害,你两位可搜山逻岭,捉将过来。'"

吴元泰《东游记》:"权闻言未及答,其兄简谓之曰:'孽畜如此作害,汝云已得青龙剑法,何不试之?'"

蒲松龄《聊斋俚曲集·磨难曲》第十八回:"纵着一群饿虎作害人家,你若是惹着衙役,这一跌就全差。"

《二刻醒世恒言》第十回:"只是那古今的人,一点名利心、贪痴心、私欲心、嫉妒心、作害心、无名隐暗之心、种种不良之心不肯消灭,如今就造成你这焦思国。"

忻州方言中的"作害",主语多为家畜或小孩。从"作害"的历史用例来看,"作害"的主语既可以是动物如"饿虎",也包括人物如"长者"在内,并不限于小孩。且"作害"可与名词连用,组成动宾结构,如:"作害人、作害人家"等,忻州方言的"作害"没有动宾结构的用法。

现代汉语方言里,冀鲁官话(山东淄博),晋语(山西临县)都把"造成损害"说成"作害"。

真个

忻州方言常用"真个"表"真的，的确"之义，读作 tʂən^{313}kɛ^{53}。例如：

杏儿真个酸咧，一颗也吃不下去。

我是真个去唻，你咋就不信咧？

这类用例最晚在宋时即已有之。例如：

《朱子语类》第五卷："若果有学，如何谩得他！如举天下说生姜辣，待我吃得真个辣，方敢信。"

之后多有沿用。例如：

《全元杂剧·关汉卿》："你真个不知道？你既不知，你休出店门，只守着我坐下。"

《二刻拍案惊奇》第二十四卷："倘若真个死了，求他得免罪苦，早早受生，也是我和他相与一番。"

《喻世明言》第二十二卷："石匠真个不费一钱，白白里领了胡氏去，成其夫妇，不在话下。"

《红楼复梦》第二十五回："秋瑞笑道：'你再哭，我就真个恼了。咱们这一辈子也别见面，也别说话。从今儿起，你也再别认得我了。'"

现代汉语方言中，冀鲁官话（河北威县、山东）、中原官话（甘肃镇原）、晋语（山西太原、阳曲、山西朔县）、西南官话（云南昆明、云南大理）、吴语（上海）、赣语都有"真个"表示"真的，的确"的用法。

第三章　若干问题的讨论

本章是对第二章内容的概括分析与补充延伸。第一节内容对忻州方言历史词汇的若干特点进行简要归纳和梳理，进一步加深对忻州方言历史词汇特征和整体面貌的的了解。第二节内容综合忻州方言历史词汇涉及到的古读现象和忻州方言的白读语音实际，从若干方面进行考论，探寻忻州方言的古音积淀，为进一步深入研究忻州方言历史词汇积累研究素材、拓宽研究视野。

第一节　忻州方言历史词汇的特点

忻州方言中有许多古词古义，我们搜集到了为数可观的原始材料，经过筛选审定，最终选择了224条忻州方言历史词语。这些词语是历史的积淀，呈现出规律性的演变特点，分析这些历史存留特征，不但有益于深入认知忻州方言历史词汇本身的特点，而且还有助于研究古代汉语和现代汉语方言的历史词汇。

一、忻州方言历史词汇的历史积淀及其特点

忻州方言历史词汇以各种形式传承着古词古义，反映着它们在不同历史时期的真实面貌。这些词语演变至今，在忻州方言里呈现出了多种多样的特点，下面就此试作择要性的讨论。

忻州方言历史词汇的存在形态，从语法意义的角度分析大致可以分为以下四类：

（1）仍以单音节词存活在方言口语中，如："唵滗挵闭襰碜撅错牴长撺齾聑熰繵飀薅隮解敆"。这类词占总数的47%，是忻州方言历史词汇的重要标志。

（2）原本是双音节词，至今仍以原有形态保留于方言口语中，这类情况又

分两类：一是双声叠韵的词，如："将就 扎挣 抬掇 嘟噜 搭剌 勤谨 楖柮"；二是非双声叠韵的词，如："保管 标致 板牙 揎掇 出相 发引"。

（3）原本的单音词以语素的形式存在于新的双音节词中。双音节词又分两种情况，一是由两个近义单音词相结合，形成并列结构的复合词，如：原单音词语素"袂"指称"衣袖"，忻州方言里"袂"以语素的形式用于并列结构复合词"衣袂"；二是在单音词的基础上增加词头或词尾等辅助成分构成派生词，如"墼"表示"土墼"之义，忻州方言里，称述"土墼（砖坯）"为"胡墼"，派生词"胡墼"正是通过增加词头"胡"构成的；再如"黡"指称"面有黑子"，忻州方言用"黡子"称述"黑色的痣"，"黡子"便是通过增加后缀"子"构成的派生词。

（4）单音词叠用，构成双音节形式以表示与原来意义相似的含义，如"秕"表示"不成粟"之义，即收成不好，忻州方言用"秕"的叠用形式"秕秕"称述"遇事不利，遭遇不好"，即由"收成不好"引申而来，二者含义有相似之处。另外，还有些单音节的古代词语逐渐向多字结构发展，其中以四字结构为主，成为带有方言色彩的俗语。它们跟成语近似，读来郎朗上口，听来和顺悦耳，易懂易记，备受青睐，生命力极强。例如："眍"表示"深目貌"之义，在忻州方言里常用于四字格词语"眍眉凹眼"中。

根据以上分析，忻州方言历史词汇可见一斑。这些存活于忻州方言中的历史词语，大都不见于现代汉语普通话，尤其是一些单音节词只在忻州方言中保留着它的原始形态。

除此之外，存在一大批古义保留完好的词语，如："拵 板牙 错 牴 豚 齾 楖柮 聒 果不其然 薅墼 敁"，等等。

部分古代汉语词语出现时间先后有别，演变过程也不尽相同，在现代汉语普通话中某些方面已经难以分辨其差异，忻州方言仍留存着这些词语的差异的痕迹，有助于现代汉语普通话深入的探讨与研究。例如：忻州方言古词语"做七① 作害"中的"做"与"作"。"作"在商至西周时代已被广泛使用。甲骨文作"乍"，有制造、建立等意思，如："乍钟""乍邦"。后来加了"亻"，如《左传·庄公十年》："一鼓作气，再而衰，三而竭"；而"做"大约到北宋时才产生，如秦观《江城子》词："便做春江都是泪，流不尽，许多愁。"现代汉语普通话中"做"与"作"两字多数情况都读 zuò，有时很难分辨该用哪个字，而

---

① 该词在"头七"一词中有涉及。

在忻州方言中这两字的读音是不同的，"做"与"作"分别读作 tsuɒʔ² 与 tsɤʔ²，利用忻州方言读音便可将它们轻易区别开来。再如："揎掇"一词，汉语普通话仅有一个读音，读作 tsʻuan⁵⁵tuo。忻州方言中该词不同的义项对应的读音也有差别，表示"怂恿"读作 tsʻuã³¹tuɤʔ²，表示"催促"读作 tsʻuɤʔ²tuɤʔ²。

词义演变方面呈现出义域变化的情况：一是扩大，如"耐"之类；二是"缩小"，如"擞"之类；三是转移，如"秕"之类。另外，词义引申方面有三类情况值得注意：一是逆向思维角度的反向引申，如"擩"，"擩"为"手进物"，反向引申为"塞、给"之义。二是通过词性变化来实现引申，如"秕"为名词，引申为形容词表示"遇事不利，遭遇不好"；"醭"①为名词，引申为动词指"生霉"；再如"碜"为名词，引申为形容词表之"被细小硬物垫磨牙齿之感"；"炧"为名词，引申为动词指"停止燃烧"；"硇"为名词，引申为动词指"磨碎"；"隮"为动词，引申为名词称述"彩虹"之义。此类引申与词类活用既有相同之处，又有本质上的区别，前者是"本无其词"，由旧词引申而产生，后者是"本有其词"，而临时担任其他词的职务。将二者区别开来，对准确理解古汉语的词义是有积极作用的。三是引申后的新生词间或采用新的语音形式，一些音变造词便属于这种现象，如"毃"就属于这种情况。还有"揎掇"一词，表"催促"之义时有别于"怂恿"之义的读音，念作 tsʻuɤʔ²tuɤʔ²。

忻州方言部分古代词语可与"圪"连用，组成"圪头词②"，"圪"放在构词成分前有多种构词作用。"圪"放在表示动作或行为的构词成分前，常表动作短暂的附加意义，如"圪馏"指用极短时间给饭加热。此外，也表动作随意或迅速，如"圪掬"，表示随意用手托取，"圪缏"指不细致地缝且缝的过程简单迅速。能够和"圪"结合的词根有"缏 碜 错 掬 劈 馏 涮 衲 搦 衍"，等等。忻州方言的"圪头词"十分丰富，仅圪头动词就多达 295 个。

二、忻州方言历史词汇的时段考述

我们尽最大可能逐条追溯了 224 条忻州方言历史词语在历史文献中的最早用例，以这些用例来确定忻州方言词语的历史时段，进行时段划分和分期考述，以便多角度和多层面地展现这些方言词语的历史脉络，为进一步进行深入研究奠定基础。

这其间还有几点问题需要说明。

---

① "醭"同时有名词用法。
② "圪"头词是指含有构词成分"圪"，且"圪"为第一音节的词语。

第一，由于阅读条件等因素的限制，可能还存在没有被发现的历史文献和用例，在这种情况下所进行的时段划分，虽然不可能做到尽善尽美，但至少可以说明某词最晚在那个时代就已经产生了。

第二，为方便统计，时段划分采用向熹先生 ① 的汉语史划分法，即分为上古、中古、近代和现代四个时期，本文讨论的忻州方言历史词汇仅限于上古、中古、近代三段。

上古期：从公元前 18 世纪到公元 3 世纪，即商、周、秦、汉时期。

中古期：从 4 世纪到 12 世纪左右，即六朝、唐、宋时期。

近代期：从 13 世纪到 20 世纪初，即元、明、清时期。

第三，对于多义词的时段划分，由于第一个义项是后面义项的基础，所以我们依据第一义项来确定所属的历史时期。例如："搦"在忻州方言里有"用手按压""握持""捏"三个义项，后两项由第一项引申而来。进行时段划分时，仅以第一个义项"用手按压"义的最早用例出现文献《史记·扁鹊仓公列传》为依据，归入西汉时期。

下面我们分别从上古期、中古期和近代期三个时段进行考述。

（一）上古期

上古期是从公元前 18 世纪到公元 3 世纪的历史时期，这一阶段涉及到的历史文献主要见于西周、东周、西汉、东汉 4 个时段。

1. 西周

见于西周的忻州方言词语 5 个，分别为"秕、薅、隮、袂、衍"。

【秕】不成粟。《书·仲虺之诰》："若苗之有莠，若粟之有秕。"

【薅】拔去田草。《诗·周颂·良耜》："其镈斯赵，以薅荼蓼。"《朱熹》集传："薅，去也。"

【隮】彩虹。《诗经·鄘风·蝃蝀》："朝隮于西，终朝其雨。"郑笺：'朝有升气于西。'孔疏：'言升气者，以隮升也，由升气所为，故号虹为隮。'"

【袂】衣袖。《易·归妹》："帝乙归妹，其君之袂，不如其娣之袂良。"王弼注："袂，衣袖，所以为礼容者也。"

【衍】水溢。《周易·需卦》九二象传："需于沙，衍在中也。"虞翻注："衍，流也。"

① 　向熹.简明汉语史（修订本）（上）[M].北京：高等教育出版社，2010：42-43.

2. 东周

见于东周的忻州方言词语有 15 个，分别为"闭、幠、贱、掬、剺、灵、鞔、眊、挈、思慕、挑、袭、涎、甗、长"。

【闭】关。《左传·成公十七年》："闭门而索客。"

【幠】覆盖。《仪礼·士丧礼》："死於適室，幠用敛衾。"郑玄注："幠，覆也。"

【贱】价格低。《左传·昭公三年》："国之诸市，屦贱踊贵。"

【掬】用双手托。《左传·宣公十二年》："桓子不知所为，鼓于军中曰：'先济者有赏。'中军、下军争舟，舟中之指可掬也。"杨伯峻注："先乘舟者恐多乘，或恐敌人追至……故先乘者以刀断攀者之指。舟中之指可掬，言其多也。"

【剺】划开。《尸子》卷下："弓人剺筋，则知牛长少。"（"剺"同"剓"）

【灵】聪明，通晓事理。《庄子·天地》："大惑者终身不解，大愚者终身不灵。"成玄英疏："灵，知也。"王先谦集解引司马彪曰："灵，晓也。"

【鞔】蒙上、连缀。《周礼·考工记·舆人》："饰车欲侈。"汉郑玄注："饰车，谓革鞔舆也。"

【眊】视力不好或近视眼。《孟子·离娄上》："胸中正，则眸子瞭焉；胸中不正，则眸子眊焉。"

【挈】提。《庄子·天地》："凿木为机，后重前轻，挈水若抽，数如泆汤，其名为槔。"

【思慕】怀念，追慕。《荀子·礼论》："哀痛未尽，思慕未忘。"

【挑】挖，掘。《墨子·非儒下》："挑鼠穴，探涤器。"

【袭】打。《春秋·襄公二十三年》："齐侯袭莒。"杜预注："轻行掩其不备曰袭。"

【涎】口水。《关尹子·一宇》："殊不知我之津液涎泪皆水。"

【甗】蒸食炊器。《周礼·考工记·陶人》："陶人为甗，实二鬴，厚半寸，唇寸，七穿。"

【长】多出，剩余。《孟子·告子下》："交（曹交）闻文王十尺、汤九尺，今交九尺四寸以长，食粟而已。"

3. 西汉

见于西汉的忻州方言词语 16 个，分别为"错、墼、烂、礳、縻、劗、搣、脟、起、纫、探、砲、温、下世、繵、拐"。

【错】打磨。扬雄《法言·学行》："夫有刀者礲诸，有玉者错诸，不礲不错，焉攸用？"汪荣宝注疏："司马云：'虽有良玉以为刀，不礲则不能断割；虽有美玉，不错则不能成器。'"

【墼】砖坯。刘向《烈女传·贤明》："有鲁黔娄之妻枕墼席稿（藁）。"

【烂】食物熟。《方言·第七》："自河以北，赵魏之间，火熟曰烂。"

【礌】滚落，塌陷。《史记·司马相如列传》："礌石相击，琅琅礚礚。"

【縻】把牲畜用缰绳固定好。《史记·司马相如列传》："盖闻天子之於夷狄也，其义羁縻勿绝而已。"

【劙】削掉。王褒《楚辞·王褒〈九怀·株昭〉》："修洁处幽兮，贵宠沙劙。"洪兴祖注："劙，削也。"

【搦】按压。《史记·扁鹊仓公列传》："因五藏之输，乃割皮解肌，诀脉结筋，搦髓脑，揲荒爪幕，湔浣肠胃，漱涤五藏，练精易形。"

【脬】膀胱。《史记·扁鹊仓公列传》："风瘅客脬，难于大小溲，溺赤。"张守节正义："脬……膀胱也。"

【起】起床。《礼记·内则》："孺子蚤寝晏起。"

【纫】引线穿过针鼻儿。《礼记·内则》："衣裳绽裂，纫箴请补缀。"（"箴"即"针"）

【探】努力够取。《战国策·韩策一》："秦马之良，戎兵之众，探前趹后，蹄闲三寻者，不可称数也。"

【硫】切磨。扬雄《太玄·疑》："阴阳相硫，物咸雕离。"宋衷注："物相切磨称硫。"

【温】使暖，稍微加热。《礼记·曲礼上》："凡为人子之礼，冬温而夏凊，昏定而晨省。"

【下世】去世。《史记·刺客列传》："亲既以天年下世，妾已嫁夫，严仲子仍察举吾弟困污之中而交之，泽厚矣，可奈何！"

【纕】缝紧。刘向《说苑·善说》："缕困针而入，不因针而纕；嫁女因媒而成，不因媒而亲。"

【拐】折断。扬雄《太玄·羡》："车轴折，其冲拐。"

4. 东汉

见于东汉的忻州方言词语 20 个，分别为"滗、纏、触、摵、觚、桃、发引、乏、公家、聒、㸤、㴐、衲、起、镇、勤谨、声气、绾、灺、舁"。

【滗】去汁。服虔《通俗文》："去汁曰滗。"

【纏】緁。《说文·系部》："纏，緁衣也。"段玉裁注："緁者，纏其边也。"

【触】触犯。王符《潜夫论·贤难》："忠正之言，非徒誉人而已也，必有触焉。"

【揌】以手用力压和揉。服虔《通俗文》："拳手捈曰揌也。"

【牴】角触。《论衡·异虚》："汉孝武皇帝之时，获白麟，戴两角而共牴。"

【铫】煮物器具。《说文·金部》："铫，温器也。"段玉裁注："今煮物瓦器谓之铫子。"

【发引】出殡。应劭《风俗通·十反·豫章太守汝南封祈》："今李氏获保首领，以天年终，而诸君各怀进退，未肯发引。妾幸有三孤，足统丧纪。"

【乏】疲倦，无力。《吴越春秋·吴太伯传第一》："三年余，行人无饥乏之色。乃拜弃为农师，封之台，号为后稷，姓姬氏。"

【公家】国家。班固《汉书·食货志下》："（商贾）财或累万金，而不佐公家之急，黎民重困。"

【聒】声音高响嘈杂。王逸《九思·疾世》："鸒雀列兮哗讙，鹍鹄鸣兮聒余。"

【橜】小木桩。《说文·木部》："橜，弋也。""弋"即"杙"，小木桩。

【洇】饮。《说文·水部》："洇，饮也。"

【衲】缝缀。王充《论衡·程材》："刺绣之师，能缝帷裳；纳缕之工，不能织锦。"

【起】兴建，建造。班固《汉书·昭帝纪》："赐长公主及宗室昆弟各有差。追赠赵婕仔为皇太后，起云陵。"

【頫】低头。《说文·页部》："頫，低头也。"

【勤谨】勤劳，勤快。班固《汉书·食货志上》："治田勤谨则晦益三升，不勤则损亦如之。"

【声气】说话的声音和语气。王充《论衡·骨相》："相或在内，或在外，或在形体，或在声气。"

【绾】打结或卷起。《汉书·周勃传》："绛侯绾皇帝玺，将兵于北军，不以此时反，今居一小县，顾欲反邪！"

【炧】灯烛的余烬。《说文·火部》："炧，烛妻也。""妻"即"烬"。

【舁】两人或两人以上合力举。《说文·舁部》："舁，共举也，以诸切。"

（二）中古期

中古期是从 4 世纪到 12 世纪左右的历史时期，这一阶段涉及到的历史文献主要见于魏晋南北朝、唐代、前蜀、宋代 4 个时段。

1. 魏晋南北朝

见于魏晋南北朝的忻州方言词语 21 个，分别为"俺、煏、㷇、不忿、醭、成夜、断、豁、耩、尽、敊、鼫、燎、馏、襻、失笑、蟢、镟、麎、豚、作害"。

【俺】把手里握着的颗粒状或粉末状的东西塞进嘴里。支谦译《菩萨本缘经》卷中说："犹如田夫，愚痴无知，远至妻家，道路饥渴，即入其舍，复值无人，即盗梗米，满口而俺。"

【煏】用火烘干。《齐民要术》第五卷："凡非时之木，水沤一月，或火煏。取乾，虫皆不生。水浸之木，更益柔肕。"

【㷇】烘烤。贾思勰《齐民要术·作酢法》："有薄饼缘诸面饼，但是烧㷇者，皆得投之。"

【不忿】不平、不服气。刘义庆《世说新语·文学》："于法开始与支公争名，后情渐归支，意甚不忿，遂遁迹剡下。"

【醭】液体表层生的白霉。贾思勰《齐民要术·作酢法》："下酿以杷搅之，绵幕瓮口，三日便发，发时数搅，不搅则生白醭。"

【成夜】名词，整夜。鲍照《拟古》："秋蛩扶户吟，寒妇成夜织。"

【断】追，拦截。《后汉书·杜茂传》："坐断兵马禀缣。"

【豁】缺损。贾思勰《齐民要术·种谷》："稀豁之处，锄而补之。"

【耩】耕地。贾思勰《齐民要术·胡麻》："漫种者，先以耧耩，然后散子。"

【尽】优先。《魏书》第一一四卷："四年夏，诏曰：'……后有出贷，先尽贫弱，征债之科，一准旧格。富有之家，不听辄贷。脱乃冒滥，依法治罪。'"

【敊】击打。《广雅·释诂》："敊，椎也。"王念孙疏证："椎，击也。"

【鼫】老鼠。《玉篇》："鼫，鼫鼠也。"

【燎】用火焰烧。《三国志·魏书·王粲传》："以此行事，无异于鼓洪炉以燎毛发。"

【馏】再次蒸。贾思勰《齐民要术·造神曲并酒等》："初下酿，用黍米四斗。再馏，弱炊，必令均熟，勿使坚刚生减也。"

【襻】系衣裙的带。王筠《行路难》："襻带虽安不忍缝，开孔裁穿犹未达。"（襻带：系衣裙的带）

【失笑】可笑。晋张勃《吴录》："后有吕范、诸葛恪为说骘所言，云：'每读步骘表，辄失笑。'"

【蟢】蜘蛛。曹植《令禽恶鸟论》："得蟢者莫不训而放之，为利人也。"

【镟】转着圈切削。贾思勰《齐民要术·种榆白杨》："梜者旋作独乐及盏。"（"旋"是"镟"的本字）

【黡】黑色的痣。葛洪《抱朴子·接疏》："明者举大略细，不忮不求，故能取威定功，成天平地，岂肯称薪而爨，数粒乃炊，并瑕弃璧，披毛索黡哉。"

【豚】臀部。《博雅》："臀也"。

【作害】造成损害。魏收《魏书·匈奴刘聪等传论》："夷狄不恭，作害中国，帝王之世，未曾无也。"

2. 唐代

见于唐代的忻州方言词语 18 个，分别为"眵、掴、寒毛、即溜、脊背、江米、檩、慢怠、耐、蔫、泼、侵早、烧、土骨堆、小尽、旋、一般般、月明"。

【眵】眼屎。韩愈《短灯檠歌》："夜书细字缀语言，两目眵昏头雪白。"（"眵昏"指目多眵而昏花）

【掴】用手掌击打。《广异记》第三卷："寺主怒甚，倚柱而坐，以掌掴之。"

【寒毛】汗毛。《晋书·隐逸传·夏统》："闻君之谈，不觉寒毛尽戴，白汗四币，颜如渥丹，心热如炭，舌缩口张，两耳壁塞也。"

【即溜】机灵、聪慧。卢全《扬州送伯龄过江》："不唧溜钝汉，何由通姓名。"

【脊背】背脊，背部。孙思邈《备急千金要方》第二十九卷："灸之生熟法。……脊背者，是体之横梁，五藏之所系著。太阳之会合，阴阳动发冷热成疾，灸太过熟大害人也。"

【江米】糯米。李贺《始为奉礼忆昌谷山居》："长枪江米熟，小树枣花春。"

【檩】架在屋架或山墙上用以支承椽子或屋面板的长条形构件。玄应《一切经音义》第一卷："脊檩，正言棟，居屋中也，亦言梁，或言极。"

【慢怠】怠慢。《晋书·郗超传》："及超死，见愔慢怠，屐而候之，命席便迁延辞避。"

【耐】禁得起，受得住。房玄龄等《晋书·苻生载记》："洪大惊，鞭之。生曰：'性耐刀槊，不堪鞭捶。'"

【蔫】花木等显现出萎缩。孙思邈《千金翼方》第十九卷："即取白茅暴一日得蔫即得，不得太乾。"

【泼】用开水冲泡。张又新《煎茶水记》："过桐店江至严子濑，溪色至清，水味甚冷，家人辈用陈黑坏茶泼之，皆至芳香。"

【侵早】日出前后一段时间。杜甫《赠崔十三评事公辅》："天子朝侵早，云台仗数移。"

【烧】烫，灼。《法苑珠林》第八三卷："地有热沙，走行其上，烧烂人脚。"

【土骨堆】坟墓。韩愈《饮城南道边古墓》："偶上城南土骨堆，共倾春酒三五杯。"方世举注："《檀弓》：延陵季子曰，'骨肉复归于土。'今古墓则惟土与骨而已矣，故曰土骨堆。"

【小尽】农历小月。韩鄂《岁华纪丽·晦日》："大酺小尽。"原注："月有小尽、大尽。三十日为大尽，二十九日为小尽。"

【旋】临时。杜荀鹤《山中寡妇》诗："时挑野菜和根煮，旋斫生柴带叶烧。"

【一般般】一样、相同。罗隐《下第作》："年年模样一般般，何以东归把钓竿。"

【月明】月亮。李益《从军北征》诗："碛里征人三十万，一时回向月明看。"

3. 前蜀

见于前蜀的忻州方言词语 2 个，分别为"榾柮、渜"。

【榾柮】木柴块，树根疙瘩。贯休《深山逢老僧》诗之一："衲衣线粗心似月，自把短锄锄榾柮。"

【渜】（泪水）打湿。贯休《读玄宗幸蜀记》："泣渜乾坤色，飘零日月旗。"

4. 宋代

见于宋代的忻州方言词语 49 个，分别为"标致、抪、褿、劖、碜、出伏、初初、绌、串、撺掇、大尽、擀、跟底、过房、囫囵、敁、枷、将就、解、解手、妗、搕、可了、眍、连襟、䉤、撩、娄、嚧、莽、熰、餶、糯、苦、撕、饧、煻、外父、外后年、外后天、飐、消停、蝎虎、歇心、楦、一溜、一时半霎、真个、瘃"。

【标致】容貌俊秀。庄绰《鸡肋编》："久之，亦自迁坐于众宾之间，乃知洁疾非天性也。然人物标致可爱，故一时名士俱与之游。"

【抪】抪持。《广韵·模韵》："抪，抪持。"

【褿】衣服脏。《集韵·豪韵》："褿，衣失浣。"

【劖】刮伤。《集韵》："劖，七邓切，音蹭。割过伤也。"

【碜】食物中含有砂砾。苏轼《监试呈诸试官》："调和椒桂酽，咀嚼沙砾碜。"

【出伏】伏天结束。张耒《出伏后风雨顿凉有感三首》："秋风振秋晓，万境一凄清……"

【初初】刚开始。杨万里《晚归遇雨》："略略烟痕草许低，初初雨影伞先知。溪回谷转愁无路，忽有梅花一两枝。"

【绌】草草地缝。《广韵》："绌，竹律切，缝也。"

【串】游逛，走访。《宣和遗事·前集》："（徽宗等）向汴京城里串长街，蓦短槛。"

【撺掇】在一旁鼓动人做某事。《朱子语类》第一百二十五卷："子房为韩报秦，撺掇高祖入关。"

【大尽】农历大月。朱敦儒《小尽行》："藤州三月作小尽，梧州三月作大尽。"

【擀】用棍棒来回碾（使东西延展变平、变薄或变得细碎）。孙光宪《北梦琐言·逸文》第二卷："有能造大饼，每三斗面擀一枚，大于数间屋。"

【跟底】面前，旁边。《禅林僧宝传》第三卷："虽然如是、有时问不在答处。答不在问处。汝若拟议、老僧在汝脚跟底。"

【过房】无子而以兄弟或同宗之子为后嗣。欧阳修《答曾舍人书》："父子三纲，人道之大，学者废而不讲。晋绅士大夫安于习见闾阎俚巷过房养子，乞丐异姓之类，遂欲讳其父母。"

【囫囵】完整、整个儿。《碧岩录》第三卷："若是知有的人，细嚼来咽；若是不知有的人，一似囫囵吞个枣。"

【敤】用筷子夹取。赵叔问《肯綮录·敤》："以箸取物曰敤。"

【枷】连枷，打谷具。《广韵·麻韵》："枷，连枷，打谷具。"

【将就】勉强。《京本通俗小说·拗相公》："雇他马是没有，止寻得一头骡，一个叫驴，明日五鼓到我店里。客官将就去得时，可付些银子与他。"（作者不详，有学者考证为宋元作品）

【解】用锯锯开木料。陶谷《清异录·木》："同光中，秦陇野人得柏树，解截为版，成器物置密室中，时芬芳之气，稍类沉水。"

【解手】排泄大便或小便。《京本通俗小说·错斩崔宁》："叙了些寒温，魏生起身去解手。"（作者不详，有学者考证为宋元作品）

【妗】舅母。蔡绦《铁围山丛淡》第一卷："今七夕节在近，钱三贯与娘娘充作剧钱，千五与皇后，七百与妗子充节料。"

【搣】折断。尹焕《霓裳中序第一·茉莉咏》："人何在，忆渠痴小，点点爱轻搣。"

【可了】病减轻，病痊愈。《大宋宣和遗事·元集》："宋江回家，医治父亲病可了，再往郓城县公参勾当。"

【眍】眼珠子深陷在眼眶里边。《广韵·侯韵》："眍，同䁖。"䁖，深目貌。

【连襟】姐妹各自丈夫之间的亲戚关系。马永卿《嬾真子》第二卷："《尔雅》曰：两婿相谓为亚。注云：今江东人呼同门为僚婿。《严助传》呼友婿，江北人呼连袂，又呼连襟。"

【䉵】粥煮得稠而匀。《集韵·线韵》："䉵，熬饵黏也。"

【撩】掀起，揭起。董解元《西厢记诸宫调》第一卷："手撩着衣袂，大踏步走至根前。"

【娄】空。《广韵·侯韵》："娄，空也。"

【嘘】呼猪声。《广韵·模韵》："嘘，呼猪声也。"

【莝】制作食品过程中所用的干面粉。《广韵·没韵》："莝，屑麦也。"

【煨】煮熟。《广韵·灰韵》："煨，熟貌。"

【餶】饱。《广韵·职韵》："餶，饱貌。"

【擩】往手里放东西。《集韵·遇韵》："擩，手进物也。"

【苫】用席、布遮盖东西。梅尧臣《和孙端叟寺丞农具》之一："但能风雨蔽，何惜茅蓬苫。"

【㸌】物体受热后变焦的味道。《广韵·支韵》："㸌，火焦臭也。"

【饧】饴糖。《广韵·清韵》："饧，饴也。"

【㷀】把熟的食物蒸热。《集韵》："㷀，他东切，以火暖物。"

【外父】岳父。《潜居录》："冯布少时，绝有才干，赘于孙氏，其外父有烦琐事，辄曰：'俾布代之'，至今吴中谓'倩'为'布代'。"

【外后年】后年的下一年。《法演语录》："岁朝上堂云。威音王已前也恁闻。威音王已后也。恁闻三世诸佛也恁闻。西天四七唐土二三也恁闻。前年去年也恁闻。明年后年更后年外后年也恁闻。"

【外后天】紧接在后天之后的那一天。陆游《老学庵笔记卷一》："今人谓后三日为外后日。"

【嗄】吐气。《广韵·麻韵》："嗄，吐气。"

【消停】停止；停歇。王明清《挥麈余话》第二卷："张太尉道：'我房劫舟船，尽装载步人老小，令马军便陆路前去。'俊道：'且看国家患难之际，且更消停。'"

【蝎虎】壁虎。苏轼《蝎虎》："黄鸡啄蝎如啄黍，窗间守宫称蝎虎。"

【歇心】安心，放心。《禅林僧宝传》第十二卷："在袈裟之下、依前广求知解。……何不歇心去、如痴如迷去。"

【楦】补袜子或做鞋时用的模型。吴自牧《梦粱录·诸色杂货》："家生动事如桌、凳、凉床、交椅……油杆杖、轳辘、鞋楦、棒槌。"

【一溜】一排、一行。《二程语录》第二卷："譬之铺一溜柴薪从头热着，火到处，其光皆一般，非是有一块物推着行将去。"

【一时半霎】一时半刻、极短的时间。杨无咎《眼儿媚》："柳腰花貌天然好，聪慧更温柔。千娇百媚，一时半霎，不离心头。"

【真个】真的，的确。《朱子语类》第五卷："若果有学，如何谩得他！如举天下说生姜辣，待我吃得真个辣，方敢信。"

【瘦】缩小。《集韵·宥韵》："瘦，缩小。"

（三）近代期

近代期是从 13 世纪到 20 世纪初的历史时期，这一阶段涉及到的历史文献主要见于元代、明代、清代 3 个时段。

1.元代

见于元代的忻州方言词语有 33 个，分别为"帮衬、薄设设、保管、匾扎、宾服、槽头、草鸡、搭剌、打卦、丢丢、敢是、孤拐、滚水、回门、见不得、嚼蛆、叫街、可可、蛮子、没事、能能、能事、撺、破、轻省、晌午饭、嚏喷、耍笑、相跟、趄、一男半女、扎挣、装裹"。

【帮衬】在人力或物力上帮助。曾瑞《留鞋记》第二折："今日一天大事，都在这殿里，你岂可不帮衬着我。"

【薄设设】形容单薄。《全元杂剧·关汉卿·闺怨佳人拜月亭》："韵悠悠比及把角品绝，碧荧荧投至那灯儿灭，薄设设衾共枕空舒设；冷清清不恁迭，闲遥遥生枝节，闷恹恹怎捱他如年夜！"

【保管】保证（承诺义）。《桃花女》第一折："我着你依前如旧，包管你病羊儿犇似虎彪。"（"保管"即"包管"）

【匾扎】折迭捆束。《水浒传》第十五回："（阮小五）披着一领旧布衫，露出胸前刺着的青郁郁一个豹子来，里面匾扎起裤子，上面围一条间道棋子布手巾。"

【宾服】服气，佩服。《全元杂剧·无名氏》："岂不闻为官者，打一轮皂盖，列两行朱衣，亲戚称羡，乡党宾服，比那出家，较是不同也。"

【槽头】盛放饲料喂牲口的地方。《全元杂剧·无名氏·罗李郎大闹相国寺》："侯兴，槽头快马备上一匹，多带些钱物，不问那里，与我寻将来。"

【草鸡】母鸡。关汉卿《鲁斋郎》第三折："（李四云）鲁斋郎，你夺了我的浑家，草鸡也不曾与我一个。"

【搭刺】（肩）向下垂。乔吉《两世姻缘》第一折："便似那披荷叶，搭刺着个褐袖肩。"

【打卦】根据卦象推算吉凶祸福。《盆儿鬼》楔子："孩儿在长街市上撞见一个贾半仙，是打卦的先生。"

【丢丢】形容词叠音后缀。《白兔记》第二出："刘伯伯，多时不见，吃得这般脸儿红丢丢的，好像个老猴孙屁股。"

【敢是】莫非，大概是。《陈州粜米》第二折："这老子怎么瞅我那一眼，敢是见那个告状的人来。"

【孤拐】脚腕两旁突起的部分。宫天挺《范张鸡黍》第一折："你每说到几时，早不是腊月里，不冻下我孤拐来。"

【滚水】开水，热水。《全元散曲·马致远》："他心罢，咱便舍，空担着这场风月。一锅滚水冷定也，再撺红几时得热。"

【回门】出嫁女子首次回娘家。《隔江斗智》第二折："等我对月回门之日，我见母亲，自有话讲。"

【见不得】嫌弃，讨厌。《全元杂剧·无名氏·争报恩三虎下山》："丁都管，我嫁你相公许多年，不知怎么说，我这两个眼里见不得他。我见你这小的，生得干净济楚，委得着人。"

【嚼蛆】胡说，乱说。《全元杂剧·王实甫》："那吃敲才怕不口里嚼蛆，那厮待数黑论黄，恶紫夺朱。"

【叫街】在街上大声喊叫乞食。《全元杂剧·张国宾·相国寺公孙合汗衫》："我好歹也是财主人家女儿，着我如今叫街。我也曾吃好的，穿好的。我也曾车儿上来，轿儿上去。谁不知我是金狮子张员外的浑家。如今可着我叫街，我不叫。"

【可可】恰好，恰巧。武汉臣《生金阁》第一折："今日买卖十分苦，可可撞见大官府。"

【蛮子】南方人。马致远《青衫泪》第三折："老虔婆和那蛮子设计，送到相公一封书，说相公病危死了。"

【没事】无端，无缘无故。《琵琶记·五娘劝解公婆争吵》："区区个孩儿，两口相依倚。没事为着功名，不要他供甘旨。"

【能能】幼儿初学站立。郑光祖《伊尹耕莘》第一折："好个小厮儿！不要哭！与员外做儿，你是有福的。员外，我着他打个能能。"

【能事】能干。《陈州粜米》第二折："不知老相公曾差甚么能事官员陈州去也不曾？"

【撵】驱逐，赶走。《全元杂剧·关汉卿·杜蕊娘智赏金线池》："俺这妮子，一心待嫁他，那厮也要娶我女儿，中间被我不肯，把他撵出去了。"

【破】豁出、拼上。贾仲明《对玉梳》第一折："他两个去了，奶奶，破着我二十载绵花，务要和他睡一夜，方遂我平生之愿。"

【轻省】轻松，不费力。《全元杂剧·王晔》："近因年老，做不得甚么重大生活，只教他管铺，无非开铺面，挂招牌，抹桌凳，收课钱，这轻省的事。"

【晌午饭】午饭。《全元杂剧·崔莺莺待月西厢记》："琴童料持下晌午饭，俺到那里走一遭便回来也。"

【嚏喷】喷嚏。《全元杂剧·郑光祖·钟离春智勇定齐》："可不道梦是心头想，眼跳眉毛长，鹊噪为食忙，嚏喷鼻子痒。"

【耍笑】开玩笑。《全元南戏·刘唐卿·白兔记》："（净暗听上）妹丈，那个有仇报仇？（生）大舅，这是耍笑。（净）妹丈，我昨日醉了冲撞，休怪休怪。"

【相跟】跟随、紧随。《全元杂剧·保成公径赴渑池会》："大小三军，听吾将令：你与我前排甲马，后列旌旛。当先摆五路先锋，次后列青龙白虎。太岁与土科相跟，太尉与将军引路。"

【趓】盘旋，回转。关汉卿《哭存孝》第三折："想着十八骑长安城内逞豪杰，今日箭则落的足律律的旋风趓，我可便伤也波嗟。"

【一男半女】子女，（不论男女）一个孩子。《灰阑记》楔子："若是令爱养得一男半女，我的家缘家计，都是他掌把哩。"

【扎挣】勉强支持。关汉卿《窦娥冤》第二折："你老人家放精神着，你扎挣着些儿。"

【装裹】用衣物装殓死者。

2. 明代

明代的忻州方言词语有 25 个，分别为"板牙、不因不由、成天、出相、翻盖、扶搊、各人、箍、管保、果不其然、害娃娃、汉、花糕、交春、七老八十、取灯、伤、声嗓、要钱、抬掇、提溜、听说、外母、眼尖、有要无紧"。

【板牙】门牙。《西游记》第五十回："见那魔王生得好不凶丑：独角参差，双眸幌亮。顶上粗皮突，耳根黑肉光，舌长时搅鼻，口阔版牙黄。"

【不因不由】没有觉察到，没有意识到。

【成天】名词，整天，一天到晚。

【出相】出丑。《二刻拍案惊奇》第三卷："何不配与他了，也完了一件事，省得他做出许多馋劳喉急出相。"

【翻盖】把旧的房屋拆除后重新建造。《西游记》第四十九回："我因省悟本根，养成灵气，在此处修行，被我将祖居翻盖了一遍，立做一个水鼋之第。"

【扶搊】搀扶。（"扶搊"同"搊扶"）

【各人】自己。《傅山全书》第四册："其实我两个各人走了也罢。"

【箍】强迫，逼迫。顾起元《客座赘语·诠俗》："设法范围于人曰'箍'。"

【管保】保证（承诺义）。《西游记》第十回："陛下宽心，臣有一事，管保陛下长生。"

【果不其然】果然不出所料。《醒世姻缘传》第二十二回："晁思才又没等晁夫人说完，接道：'嫂子是为咱赤春头里，待每人给咱石粮食吃？昨日人去请我，我就说嫂子有这个好意，果不其然！这只是给嫂子磕头就是了。'"

【害娃娃】妊娠反应。

【汉】丈夫。《西游记》第二十三回："八戒道：'娘，你上覆令爱，不要这等拣汉。想我那唐僧，人才虽俊，其实不中用。我丑自丑，有几句口号儿。'妇人道：'你怎的说么？'"

【花糕】面与枣蒸制的一种食品。《帝京景物略·春场》："九月九日……面饼种枣栗，其面星星然，曰花糕。糕肆标纸彩旗，曰花糕旗。父母家必迎女来食花糕。或不得迎，母则诟，女则怨，小妹则泣，望其姊姨，亦曰'女儿节'。"

【交春】立春。

【七老八十】年纪很大。《初刻拍案惊奇》第十卷："还有最可笑的，传说十个绣女要一个寡妇押送，赶得那七老八十的，都起身嫁人去了。"

【取灯】火柴。《今古奇观》第十七卷："婆子道：'忘带个取灯儿。'去了又走转来，便引着陈大郎到自己榻上伏着。"

【伤】因过度而不能忍受或不能继续。《水浒传》第二十四回："王婆道：'呵呀！哪里有这个道理！老身央及娘子在这里做生活，如何颠倒教娘子坏钱？婆子的酒食……吃伤了娘子！'"

【声嗓】嗓音、嗓门儿。《三宝太监西洋记通俗演义》第五十三回："王明心上有些不明，到了定更时分，却假装一个番兵的声嗓，叹一口气说道：'这等一池的水，怎么要个人来看它？'……又假装一个番兵的声嗓，说道：'一夜筵赶不得一夜眠，我们坐得这一夜过哩！'"

【耍钱】赌博。《今古奇观》第一卷："这一日巷中相遇，同走到当初耍钱去处，再旺又要和长儿耍子，长儿道：'我今日没有钱在身边。'"

【抬掇】抚养。傅山《红罗镜》："我只为他良家子弟多游荡，我权且抬掇孩儿有下稍，梳栊娇娇。"

【提溜】提起、提着。

【听说】听从长辈或领导的话，能顺从长辈或领导的意志。《醒世姻缘传》第七十五回："童奶奶道：'也是个不听说的孩子；他见不得我么，只传言送语的？你请了他来；我自家和他说。'"

【外母】岳母。李昌祺《剪灯馀话·琼奴传》："适因入驿，见妈妈状貌，酷与苔外母相类，故不觉感怆，非有他也。"

【眼尖】视觉灵敏。《隋史遗文》第四十三回："连明在前，他做惯公人，眼尖，认得是程知节，故意道：'咄！剪径贼！你认得我秦叔宝么？'"

【有要无紧】做事忽紧忽松，很不重视。（"有要无紧"即"有要没紧"）

3. 清代

见于清代的忻州方言词语 20 个，分别为"不差甚、单另、当是、低三下四、嘟噜、凫水、富态、割、跟手、饥荒、嚼子、炕沿、赖、力巴、另、马闸子、面茶、世界、耍把戏、下数"。

【不差甚】差不多。《二十年目睹之怪现状》第二十回："将来学得好的，就是个精明强干的精明人；要是学坏了，可就是一个尖酸刻薄的刻薄鬼。那精明强干同尖酸刻薄，外面看着不差甚么，骨子里面是截然两路的。"

【单另】单独，另外。《三侠剑》第二回："原来那个年月开铁铺的，都代卖刀枪，在这铺子里面架子搭着两架刀枪，花枪也有，枪杆与枪尖子单另放着的，架子上又摆着护手钩、铁尺。"

【当是】以为，认为。《九命奇冤》第十四回："贵兴呵呵大笑道：'这不过拿万把银子出来罢了。我当是甚么一千几百万，我可就拿不起了。只请教是个甚么办法？要多少人才够调拨？'"

【低三下四】形容低声下气地求人办事。《红楼梦》第一零一回："但他素性要强护短，听贾琏如此说，便道：'凭他怎么样，到底是你的亲大舅儿。再者，这件事死的大太爷活的二叔都感激你。罢了，没什么说的，我们家的事，少不得我低三下四的求你了，省得带累别人受气，背地里骂我。'"

【嘟噜】量词，一串。《红楼梦》第六十七回："这马蜂最可恶的，一嘟噜上，只咬破两三个儿，那破的水滴到好的上头，连这一嘟噜都是要烂的。"

【凫水】游泳。《信及录·英夷晓士求释记里布禀》："是以兵役过船查拿，其时奸民夷众，纷纷凫水脱逃，而现获之夷人，尚在抗拒。"

【富态】体态丰腴。《红楼复梦》第二十回："老太太瞧见头一班第三个，生得很端庄富态，穿着件旧绿纱衫，青纱裙，不像个丫头气慨，问道：'你叫什么名字？'"

【割】买肉。吴敬梓《儒林外史》第三十九回："又拿出百十个钱来，叫店家买了三角酒，割了二斤肉，和些蔬菜之类。"

【跟手】随即，接着。《红楼真梦》第四十三回："师父教了两遍。跟手就讲了那'关关'是鸟声，'雎鸠'是鸟名，就不讲我也懂得。"

【饥荒】经济困难或借债。《儿女英雄传》第五回："莫如趁天气还早，躲了他。等他晚上果然来的时候，我们店里就好和他打饥荒了。"

【嚼子】牲口嘴里所勒绳索。《红楼梦》第六十八回："你的嘴里难道有茄子塞着？不然他们给你嚼子衔上了？"

【炕沿】火炕临地一边的上沿。《红楼梦》第五十五回："平儿屈一膝于炕沿之上。"

【赖】坏。《儒林外史》第四十四回："其风俗恶赖如此。"

【力巴】外行的人。《儿女英雄传》第六回："女子见这般人浑头浑脑，都是些力巴，心里想道：'这倒不好和他交手，且打倒两个再说！'"

【另】分居，分家。《三侠剑》第六回："黄昆此时已与三太之父分居另过，每日喝完了酒仍然练武，练完了武仍然喝酒。"

【马闸子】可折叠的坐具。《两般秋雨盦随笔·马闸子》："今人以皮为交床，名马闸子，官长多以自随，以便于取挈也。按唐明皇作逍遥座，远行携之，如折叠椅，盖即此之权舆乎。"

【面茶】炒面。桂馥《札朴·乡里旧闻》："面茶即炒面。吾乡行炒大麦、小麦面，夏则和冷水，冬则和熟水，俗呼炒面。"

【世界】到处、满地。俞万春《荡寇志》第七十五回："丽卿已齁齁的睡着，东西丢了一世界。"

【耍把戏】变戏法；比喻耍手腕，耍花招。《七剑十三侠》第二十二回："那

'驴行'，就是出戏法、顽把戏、弄缸甏、走绳索，一切吞刀吐火，是第三行。"

【下数】规矩、标准。

由以上时段考述可知：

（1）忻州方言古语词出现的历史时期，从清末上溯到周初为止，其间长达两千九百多年。

（2）3个历史时期共出现了224个词，划分如下所示。

上古56个，占总数的25%；

中古90个，占总数的40%；

近代78个，占总数的35%。

（3）各期单音词和多音词所占比重如下．

上古

单音词50个，占89%；

双音词6个，占11%。

中古

单音词54个，占60%；

双音词31个，占35%；

三音词4个，占4%；

四音词1个，占1%。

近代

单音词9个，占11%；

双音词56个，占72%；

三音词7个，占9%；

四音词6个，占8%。

上古的双音词极少，之后逐渐增多，到近代已占绝对优势，这正符合汉语词汇史上复音词随着社会历史的发展而不断增多的事实。

第二节　忻州方言历史词汇的语音特点

忻州方言历史词汇由古代汉语发展演变而来，语音方面富有地域特色。下面拟从其中既有普遍性又有系统性的若干现象切入，择要进行考论。

一、声母方面

关于声母方面的情况，试以"ŋ ȵ v z 和零声母"为例。

（一）忻州方言的声母 ŋ

忻州方言的 ŋ 来自古代疑影二母，例如：

（1）来自疑母的今音声母 ŋ，例如："碍蛾俄鹅讹饿鄂鳄额我熬翱昂岸藕偶"。

（2）来自影母的今音声母 ŋ，例如："挨蔼矮隘爱暖恶噩厄遏恩欧殴呕沤安庵按案暗拗袄傲奥澳懊"。

（二）忻州方言的声母 ȵ

忻州方言的 ȵ 来自古代疑影二母。

（1）来自疑母的今音声母 ȵ，例如："硬眼崖芽"。

（2）来自影母的今音声母 ȵ，例如："挨"。

（三）忻州方言的声母 v

忻州方言的 v 来自古代影疑微以匣五母。

（1）来自影母的今音声母 v，例如："哇蛙娃洼倭威煨委萎畏汪弯枉腕豌剜温稳瓮屋"。

（2）来自疑母的今音声母 v，例如："兀沃握龌瓦凹外卧威伪魏玩顽捂"。

（3）来自微母的今音声母 v，例如："微未味亡网晚万忘妄望挽文蚊纹闻絻刎吻问袜"；

（4）来自以母的今音声母 v，例如："惟唯维"。

（5）来自匣母的今音声母 v，例如："完丸"。

（四）忻州方言的声母 z

忻州方言的 z 来自古代日心以禅四母。

（1）来自日母的今音声母 z，例如："辱褥入润冗茸绒"。

（2）来自心母的今音声母 z，例如："挼"。

（3）来自以母的今音声母 z，例如："锐"。

（4）来自禅母的今音声母 z，例如："瑞"。

（五）忻州方言的声母 ʐ

忻州方言的 ʐ 来自古代日母，例如："惹 饶 娆 扰 绕 绕 柔 揉 蹂 肉 瓤 壤 让"。

（六）忻州方言的零声母

忻州方言的零声母来自古代影疑云日以五母。

（1）来自影母的今音零声母，例如："要 忆 意 蔫 椅"。

（2）来自疑母的今音零声母，例如："义 疑 毅"。

（3）来自云母的今音零声母，例如："羽 于 榆"。

（4）来自日母的今音零声母，例如："而 耳 尔 二"。

（5）来自以母的今音零声母，例如："喻 余 已 遗 异"。

根据上面考察可以看出，忻州方言声母经历了分化和合并的过程。从分化方面来看，疑母变成了 ŋ、ȵ、v 和零声母，影母跟疑母一样也变成了 ŋ、ȵ、v 和零声母，日母变成了 z、ʐ 和零声母，等等。这些分化都是韵母影响的结果。举例来说，疑母开口一等字变成了 ŋ，开口二等字变成了 ȵ，合口字则变成了 v；影母字也是开口分化成 ŋ、ȵ，合口变成 v 的格局。条件音变的规律由此可见一斑。从合并方面看，影母与疑母合并成了 ŋ、ȵ；影母、疑母、匣母、以母、微母等合并成了 v；日母、心母、以母、禅母合并成了 z；影母、疑母、云母、日母、疑母合并成了零声母。

这些声母分化和合并现象跟汉语通语语音系统的历史发展不大相同，在其他的汉语方言里也不大多见。这些富有特色的历史发展线索为汉语语音发展史和汉语方言语音的研究提供了重要的数据和参证。

二、韵母、声调方面

关于韵母、声调方面的有关情况，试以入声为例。

忻州方言里保留了入声的声调和韵母。

入声调不分阴阳，清音声母入声与浊音声母入声同读一个音高为2的调值。如清入字"湿"与浊入字"十"，都读作 ʂəʔ²，调值均为2。

入声韵母，忻州方言有 11 个，分别为：

（1）ɑʔ 类入声韵，例如："八法答腊袜"。

（2）iɑʔ 类入声韵，例如："鸭夹恰怯却"。

（3）uɑʔ 类入声韵，例如："猾朔刮"。

（4）iɛʔ 类入声韵，例如："百鼻灭贴页"。

（5）ɔʔ 类入声韵，例如："洛窄彻喝渴"。

（6）uɔʔ 类入声韵，例如："摸脱夺豁桌"。

（7）yɔʔ 类入声韵，例如："绝缺雪阅欲"。

（8）əʔ 类入声韵，例如："黑特吃石刻"。

（9）iəʔ 类入声韵，例如："密立泣习一"。

（10）uəʔ 类入声韵，例如："毒秃鹿术骨"。

（11）yəʔ 类入声韵，例如："率曲穴续律"。

这些入声韵母，都是 ʔ 韵尾；主要元音分别为 ɑ、ɔ、ə 及其变体 ɛ；韵头方面，或存在有韵头与无韵头之别，或存在此韵头与彼韵头之别。主要元音呈现出低元音 ɑ、中元音 ɔ、央元音 ə 三组对立的现象。

这其中既反映了声调的合并，也反映了韵母的合并。声调方面，是阴入、阳入合为一类。韵母的合并，首先表现在主要元音方面，其次是韵尾方面。主要元音表现出的是一种大合并的现象；韵尾方面，是 p t k 变成了 ʔ，从双唇塞音、舌尖中塞音和舌根塞音演化为喉塞音。主要元音的合并和韵尾方面"蚕变蛾"式的演化，都异于汉语通语中入声韵的历史发展，在其他汉语方言中也不大多见。这种富有特色的历史线索为汉语语音史和汉语方言语音的研究提供了重要的数据和参证。

参考文献

[1] 安介生.山西移民史 [M].太原：山西人民出版社，1999.

[2] 白静茹，原慧艳，薛志霞，等.高平方言研究 [M].太原：山西人民出版社，2005.

[3] 班固.汉书 [M].郑州：中州古籍出版社，1996.

[4] 抱瓮老人.古今奇观 [M].北京：人民文学出版社，1957.

[5] 北大中文系语言学教研室.汉语方音字汇 [M].北京：语文出版社，2003.

[6] 毕沅.续资治通鉴 [M].上海：上海古籍出版社，1987.

[7] 波多野太郎.中国方志所录方言汇编·第四编 [Z].日本：横滨市立大学，1960.

[8] 波多野太郎.中国方志所录方言汇编·第五编 [Z].日本：横滨市立大学，1961.

[9] 蔡莲红，孔江平.现代汉语音典 [M].北京：清华大学出版社，2014.

[10] 曹去晶.姑妄言 [M].天津：天津古籍出版社，2005.

[11] 曹瑞芳.山西方言所见《醒世姻缘传》词语选释 [J].长治学院学报，2005(6)：37–40.

[12] 曹雪芹.红楼梦 [M].北京：人民文学出版社，1973.

[13] 岑麒祥.国际音标 [M].武汉：湖北教育出版社，1985.

[14] 陈彭年.广韵 [M].北京：国家图书馆出版社，2004.

[15] 陈庆延.晋语核心词汇研究 [J].语文研究，2001(3)：56–64.

[16] 陈寿.三国志 [M].北京：中华书局，1959.

[17] 楚文化研究会.楚文化考古大事记 [M].北京：文物出版社，1984.

[18] 褚人获 . 隋唐演义 [M]. 南京：江苏古籍出版社，1996.

[19] 长泽规矩也 . 明清俗语辞书集成 [Z]. 上海：上海古籍出版社，1989.

[20] 戴黎刚 . 历史层次分析法——理论、方法及其存在的问题 [J]. 当代语言学，2007(1)：14–25.

[21] 戴圣 . 礼记 [M]. 北京：北京燕山出版社，2009.

[22] 邓文彬 . 中国语言学史 [M]. 北京：北京交通大学出版社，2006.

[23] 丁邦新 . 汉语方言层次的特点 [A]. 丁邦新 . 中国语言学论文集 [C]. 北京：中华书局，2008.

[24] 丁邦新 . 历史层次与方言研究 [M]. 上海：上海教育出版社，2007.

[25] 丁度 . 集韵 [M]. 上海：上海古籍出版社，1986.

[26] 丁声树，李荣 . 古今字音对照手册 [M]. 北京：中华书局，1981.

[27] 丁世良，赵放 . 中国地方志民俗资料汇编（华北卷）[Z]. 北京：书目文献出版社，1989.

[28] 董绍克 . 汉语方言词汇差异比较研究 [M]. 北京：民族出版社，2002.

[29] 范晔，李贤 . 后汉书 [M]. 北京：中华书局，1982.

[30] 范玉春 . 移民与中国文化 [M]. 桂林：广西师范大学出版社，2005.

[31] 房玄龄等 . 晋书 [M]. 北京：中华书局，1974.

[32] 冯梦龙 . 喻世名言 [M]. 北京：人民文学出版社，1987.

[33] 冯梦龙 . 警世通言 [M]. 北京：人民文学出版社，1987.

[34] 冯梦龙 . 古今小说 [M]. 上海：上海古籍出版社，1992.

[35] 冯梦龙 . 警世通言 [M]. 长沙：岳麓书社，1992.

[36] 福格 . 听雨丛谈 [M]. 北京：中华书局，1997.

[37] 傅山 . 傅山全书 [M]. 西安：陕西人民出版社，2004.

[38] 傅璇琮等 . 全宋诗 [M]. 北京：北京大学出版社，1991.

[39] 高本汉 . 中国音韵学研究 [M]. 北京：商务印书馆，2003.

[40] 高明 . 琵琶记 [M]. 北京：中华书局，1958.

[41] 顾劲松 . "解手"来源纠谬 [J]. 常熟理工学院学报，2011(1)：89–91.

[42] 顾学颉，王学奇．元曲释词 [M].北京：中国社会科学出版社，1983.

[43] 顾张思．土风录 [M].上海：上海古籍出版社，2015.

[44] 顾之川．明代汉语词汇研究 [M].开封：河南大学出版社，2000.

[45] 郭力．古代汉语研究论稿 [M].北京：北京语言文化大学出版社，2003.

[46] 郭茂倩．乐府诗 [M].北京：中华书局，1979.

[47] 郭锡良，李玲璞．古代汉语 [M].北京：语文出版社，1992.

[48] 何大安．规律与方言——变迁中的音韵结构 [M].北京：北京大学出版社，2004.

[49] 何耿镛．汉语方言研究小史 [M].太原：山西人民出版社，1994.

[50] 贺巍．中原官话分区 [J].方言，2005(2)：136–140.

[51] 侯精一，温端政．山西方言调查研究报告 [M].太原：山西高校联合出版社，1993.

[52] 侯精一．现代晋语的研究 [M].北京：商务印书馆，1999.

[53] 侯精一．现代汉语方言概论 [M].上海：上海教育出版社，2002.

[54] 胡丽珍．《现代汉语词典》古词语释义研究 [M].长沙：湖南人民出版社，2009.

[55] 黄典诚．方言与辞典 [M].上海：辞书研究，1982.

[56] 黄卉，刘之杰．简明中国文学史 [M].兰州：兰州大学出版社，2006.

[57] 黄岳洲．语言与语言教学论集 [M].上海：学林出版社，1990.

[58] 冀伏．中原雅音考辨 [J].吉林大学社会科学学报，1980(2).

[59] 贾思勰．齐民要术 [M].北京：中华书局，1980.

[60] 蒋绍愚．近代汉语研究概要 [M].北京：北京大学出版社，2005.

[61] 蒋文华．应县方言研究 [M].太原：山西人民出版社，2007.

[62] 李伯元．官场现形记 [M].长春：吉林大学出版社，2011.

[63] 李朝虹．《说文解字》互训词研究 [D].杭州：浙江大学，2007.

[64] 李建校，崔容，郭鸿燕，等．榆社方言研究 [M].太原：山西人民出版社，2007.

[65] 李绿园 . 歧路灯 [M]. 济南：齐鲁书社，1998.

[66] 李荣 . 方言研究中的若干问题 [J]. 方言，1983(2)：81–91.

[67] 李荣 . 汉语方言的分区 [J]. 方言，1989(4)：241–259.

[68] 李荣 . 现代汉语方言大词典 [Z]. 南京：江苏教育出版社，1995.

[69] 李荣 . 语音演变规律的例外 [A]. 李荣 . 音韵存稿 [C]. 北京：商务印书馆，1982.

[70] 李荣 . 忻州方言词典 [Z]. 南京：江苏教育出版社，1997.

[71] 李如龙 . 汉语方言学（第 2 版）[M]. 北京：高等教育出版社，2007.

[72] 李如龙 . 汉语方言学 [M]. 北京：高等教育出版社，2001.

[73] 李如龙 . 汉语方言研究文集 [M]. 北京：商务印书馆，2009.

[74] 李汝珍 . 镜花缘 [M]. 上海：上海古籍出版社，1991.

[75] 李时珍 . 草本纲目 [M]. 北京：线装书局，2010.

[76] 李实 . 蜀语 [M]. 北京：商务印书馆，1937.

[77] 李晰 . 山西方言声调研究 [D]. 西安：陕西师范大学，2014.

[78] 李渔 . 闲情偶寄 [M]. 天津：天津古籍出版社，1996.

[79] 李长云 . 河南方言中的古语词例释 [J]. 郑州航空工业管理学院学报（社会科学版），2015(4)：85–86.

[80] 林焘，耿振生 . 音韵学概要 [M]. 北京：商务印书馆，2004.

[81] 林焘 . 中国语音学史 [M]. 北京：语文出版社，2010.

[82] 林亦 . 百年来的东南方音史研究 [M]. 南京：南京大学出版社，2004.

[83] 凌濛初 . 二刻拍案惊奇 [M]. 上海：上海古籍出版社，1992.

[84] 刘鹗 . 老残游记 [M]. 北京：人民文学出版社，1957.

[85] 刘凯鸣 .《元杂剧选注》中一些注释的问题 [J]. 重庆师范学院学报（哲学社会科学版），1985(1)：67–72.

[86] 刘起昆 . 客家方言词源考索 [D]. 成都：四川大学，2007.

[87] 刘瑞明 . 文史述林 [M]. 兰州：甘肃人民出版社，2012.

[88] 刘晓南 . 汉语历史方言研究 [M]. 上海：上海人民出版社，2008.

[89] 刘义庆.世说新语[M].北京：中华书局，1974.

[90] 刘益国.元曲熟语辞典[Z].成都：四川大学出版社，1998.

[91] 鲁国尧.论"历史文献考证法"与"历史比较法"的结合—兼议汉语研究中的"犬马鬼魅法则"[J].古代汉语研究，2003(1)：2-7.

[92] 鲁允中.韵辙常识[M].北京：北京人民出版社，1978.

[93] 陆澹安.戏曲词语汇释[M].上海：上海古籍出版社，1981.

[94] 陆澹安.小说词语汇释[M].上海：上海古籍出版社，1979.

[95] 陆人龙.三刻拍案惊奇[M].北京：华夏出版社，2013.

[96] 罗贯中.三国演义[M].北京：人民文学出版社，1990.

[97] 罗竹风.汉语大词典[Z]上海：汉语大词典出版社，1997.

[98] 吕叔湘，朱德熙.语法修辞讲话[M].上海：开明书店，1952.

[99] 缪启愉.齐民要术校释[M].北京：农业出版社，1982.

[100] 墨子.墨子[M].长沙：岳麓书社，2014.

[101] 宁继福.中原音韵表稿[M].长春：吉林文史出版社，1985.

[102] 甯忌浮.汉语韵书史·明代卷[M].上海：上海人民出版社，2009.

[103] 潘家懿.从《方言应用杂字》看乾隆时代的晋中方言[J].山西师大学报(社会科学版)，1996(2)：88-92.

[104] 蒲松龄.聊斋俚语集[M].北京：国际文化出版公司，1999.

[105] 蒲松龄.聊斋志异[M].长沙：岳麓书社，2012.

[106] 祁寯藻.马首农言注释[M].北京：农业出版社，1991.

[107] 钱曾怡.汉语方言研究的方法与实践[M].北京：商务印书馆，2002.

[108] 乔全生.晋方言语法研究[M].北京：商务印书馆，2000.

[109] 乔全生.晋方言研究综述[J].山西大学学报（哲学社科版），2005(1)：84-89.

[110] 乔全生.山西方言重点研究丛书[M].太原：山西人民出版社，2005.

[111] 乔全生.晋方言语音史研究[M].北京：中华书局，2008.

[112] 乔全生，张楠.晋方言所见近代汉语词汇选释[J].山西大学学报，

2010(1): 46–49.

[113] 乔全生 . 晋方言研究的未来走向 [J]. 山西大学学报（哲学社会科学版），
2014(6): 50–55.

[114] 桥本万太郎，孙以芎，陈庆延，等 . 西北方言和中古代汉语的硬软颚音
韵尾——中古代汉语的鼻音韵尾和塞音韵尾的不同作用 [J]. 语文研究，
1982(1): 19–33.

[115] 屈大均 . 广东新语 [M]. 北京：中华书局，1985.

[116] 《全唐诗》编辑部 . 全唐诗 [M]. 上海：上海古籍出版社，1986.

[117] 任翔宇，范学建 . 论"疑"母、"影"母的演变 [J]. 语文学刊，
2009(4): 136–139.

[118] 如莲居士 . 薛刚反唐 [M]. 长春：吉林大学出版社，2011.

[119] 沈家煊 . 语法调查研究生手册 [M]. 上海：上海教育出版社，2008.

[120] 沈雄 . 古今词话 [M]. 上海：上海古籍出版社，2009.

[121] 施宝义，刘沫，徐彦文 . 汉语会话课本 [M]. 北京：外语教学与研究出版
社，1983.

[122] 施耐庵 . 水浒传 [M]. 上海：上海古籍出版社，1984.

[123] 石玉昆 . 七侠五义 [M]. 天津：天津古籍出版社，2005.

[124] 石玉昆 . 小五义 [M]. 桂林：漓江出版社，1981.

[125] 司马迁 . 史记 [M]. 北京：中华书局，1980.

[126] 司马光 . 资治通鉴 [M]. 北京：中华书局，1956.

[127] 宋人佚名 . 京本通俗小说 [M]. 北京：中国古典文学出版社，1954.

[128] 宋应星 . 天工开物 [M]. 广州：广东人民出版社，1976.

[129] 隋树森 . 全元散曲简编 [M]. 上海：上海古籍出版社，1984.

[130] 孙玉卿 . 山西方言亲属称谓 [M]. 太原：山西人民出版社，2005.

[131] 汤显祖 . 邯郸记 [M]. 北京：中华书局，1960.

[132] 唐作藩 . 汉语史学习与研究 [M]. 北京：商务印书馆，2001.

[133] 唐作藩 . 音韵学教程（第 4 版）[M]. 北京：北京大学出版社，2013.

[134] 田同旭. 元杂剧通论 [M]. 太原：山西教育出版社，2007.

[135] 汪化云."垃圾"的读音 [J]. 语言研究，2013(2):92–94.

[136] 汪启明. 汉语文献方言学及研究 [A]. 郭锡良，鲁国尧. 中国语言学（第4辑）[C]. 北京：北京大学出版社，2010.

[137] 王充. 论衡 [M]. 上海：上海人民出版社，1974.

[138] 王福堂. 汉语方言语音的演变和层次 [M]. 北京：语文出版社，2005.

[139] 王贵元，叶桂刚. 诗词曲小说语词大典 [M]. 北京：群言出版社，1993.

[140] 王国维. 宋元戏曲史 [M]. 上海：上海古籍出版社，1998.

[141] 王洪君.《中原音韵》知庄章声母的分合及其在山西方言中的演变 [J]. 语文研究，2007(1):1–10.

[142] 王洪君. 历史语言学方法论与汉语方言音韵史个案研究 [M]. 北京：商务印书馆，2014.

[143] 王进安. 韵学集成研究 [D]. 福州：福建师范大学，2009.

[144] 王力. 汉语史稿 [M]. 北京：中华书局，1980.

[145] 王力. 同源字典 [Z]. 北京：商务印书馆，1982.

[146] 王力. 古代汉语字典 [Z]. 北京：中华书局，2000.

[147] 王力，芩麒祥，林焘，等. 古代汉语常用字字典 [Z]. 北京：商务印书馆，2001.

[148] 王力. 汉语语音史 [M]. 北京：商务印书馆，2010.

[149] 王利. 长治县方言研究 [M]. 太原：山西人民出版社，2007.

[150] 王平.《五方元音》音系研究 [J]. 山东师范大学学报（人文社会科学版），1989(1).

[151] 王平.《五方元音》韵部研究 [J]. 郑州大学学报（哲学社会科学版），1996(5).

[152] 王文卿. 晋源方言研究 [M]. 北京：语文出版社，2007.

[153] 王兴治. 忻州地方民谣歇后语 [M]. 太原：山西人民出版社，2010.

[154] 王学奇.《关汉卿全集》校注 [M]. 石家庄：河北教育出版社，1988.

[155] 王学奇 .《元曲选》校注 [M]. 石家庄：河北教育出版社，1994.

[156] 王瑛 . 宋元明市语汇 [M]. 北京：中华书局，2008.

[157] 王瑛 . 唐宋笔记语辞汇释 [M]. 北京：中华书局，1990

[158] 魏征 . 隋书 [M]. 北京：中华书局，1973.

[159] 温端政 . 忻州方言志 [M]. 北京：语文出版社，1985.

[160] 温端政，侯精一 . 山西方言调查研究报告 [M]. 太原：山西高校联合出版
社，1993.

[161] 温端政，张光明 .《忻州方言词典》引论 [J]. 方言，1994(1)：1–12.

[162] 温端政，张光明 . 忻州方言词典 [Z]. 南京：江苏教育出版社，1995.

[163] 温端政 . 晋语区的形成和晋语入声的特点 [J]. 山西师大学报（社会科学
版），1997(4)：95–104.

[164] 温美姬 . 梅县方言古语词研究 [D]. 上海：华东师范大学，2006.

[165] 文康 . 儿女英雄传 [M]. 天津：百花文艺出版社，2003.

[166] 文字改革出版社 . 方言与普通话集刊（第八本）[M]. 北京：文字改革出
版社，1961.

[167] 文字改革出版社 . 方言与普通话集刊（第六本）[M]. 北京：文字改革出
版社，1959.

[168] 文字改革出版社 . 方言与普通话集刊（第七本）[M]. 北京：文字改革出
版社，1959.

[169] 吴承恩 . 西游记 [M]. 长沙：岳麓书社，1987.

[170] 吴趼人 . 三十年目睹之怪现状 [M]. 郑州：中州古籍出版社，2010.

[171] 吴敬梓 . 儒林外史 [M]. 上海：上海古籍出版社，1984.

[172] 吴门啸客 . 孙庞演义 [M]. 合肥：黄山书社，1985.

[173] 吴上勋，王东明 . 宋元明清百部小说大辞典 [Z]. 西安：陕西人民出版社，
1989.

[174] 西周生 . 醒世姻缘传 [M]. 上海：上海古籍出版社，1981.

[175] 相宇剑 .《汉语大词典》书证溯源 [M]. 合肥：黄山书社，2012.

[176] 向柏霖，蓝庆元.中国少数民族语言汉语借词的历史层次 [M]. 北京：商务印书馆，2013.

[177] 向熹.诗经词典 [M].成都：四川人民出版社，1986.

[178] 向熹.简明汉语史（修订本）（上）[M].北京：商务印书馆，2010.

[179] 萧泰芳 .[v] 非全浊音声母说 [J]. 山西大学学报（哲学社会科学版），1999(4)：73–75.

[180] 萧子显.南齐书 [M]. 长沙：岳麓书社，1998.

[181] 邢福义，汪国胜.中国高校哲学社会科学发展报告（1978–2008）语言学 [M].桂林：广西师范大学出版社，2008.

[182] 邢向东.关于深化汉语方言词汇研究的思考 [J].语言文字学研究，2007(3)：117–112.

[183] 徐时仪.《慧琳音义》所释方俗词语考 [J].励耘学刊（语言卷），2006(1)：180–191.

[184] 徐通锵.历史语言学 [M].北京：商务印书馆，1991.

[185] 徐通锵.语言论——语义型语言的结构原理和研究方法 [M].长春：东北师范大学出版社，1998.

[186] 徐通锵.汉语研究方法论初探 [M].北京：商务印书馆，2004.

[187] 徐征.全元曲 [M].石家庄：河北教育出版社，1998.

[188] 许宝华，宫田一郎.汉语方言大词典 [M].北京：中华书局，1999.

[189] 许慎.说文解字 [M].北京：中华书局，1977.

[190] 许仲琳.封神演义 [M].北京：人民文学出版社，1973.

[191] 薛凤生.《中原音韵》音位系统 [M].鲁国尧，侍建国，译.北京：北京语言学院出版社，1990.

[192] 雪樵.河东方言语词辑考 [M].太原：山西人民出版社，1992.

[193] 杨伯峻.孟子译注 [M].北京：中华书局，1960.

[194] 杨伯峻.论语译注 [M].北京：中华书局，1962.

[195] 杨家骆.全元杂剧外编 [M].上海：世界书局，1974.

[196] 杨耐思.《中原音韵》音系 [M]. 北京：中国社会科学出版社，1981.

[197] 杨晓彩. 忻州方言中的古词语分析 [J]. 晋中师范高等专科学校学报，2002，19(2)：92-93.

[198] 杨增武. 忻州方言俗语大辞典 [Z]. 上海：上海辞书出版社，2002.

[199] 杨增武，崔霞. 山阴方言研究 [M]. 太原：山西人民出版社，2007.

[200] 姚勤智. 晋中方言古语词拾零 [J]. 语文研究，2007(2)：61-63.

[201] 叶宝奎. 明清官话音系 [M]. 厦门：厦门大学出版社，2004.

[202] 叶蜚声，徐通锵. 语言学纲要 [M]. 北京：北京大学出版社，1997.

[203] 叶娇. 绣织还是补缀，粗缝还是密缝——"纳""衲"之缝补义考辨 [J]. 台州学院学报，2005，27(2)：52-53.

[204] 佚名. 施公案 [M]. 天津：天津古籍出版社，2006.

[205] 游汝杰. 中国文化语言学引论 [M]. 北京：高等教育出版社，1993.

[206] 游汝杰. 汉语方言学教程 [M]. 上海：上海教育出版社，2004.

[207] 俞为民. 宋元四大戏文读本 [M]. 南京：江苏古籍出版社，1988.

[208] 袁家骅. 汉语方言概要（第二版）[M]. 北京：语文出版社，2006.

[209] 袁于令. 隋史遗文 [M]. 北京：北京大学出版社，1988.

[210] 袁于令. 隋史遗文 [M]. 北京：人民文学出版社，1989.

[211] 曾良，李军. 佛经字词考释 [J]. 语言科学，2004(3)：105-110.

[212] 张光明.《忻州方言俗语大词典》编后 [J]. 忻州师范学院学报，2002，18(6)：17-20.

[213] 张光明，温端政. 忻州方言俗语大词典 [Z]. 上海：上海辞书出版社，2002.

[214] 张光明. 忻州方言的舒声促化现象 [J]. 语文研究，2006(2)：54-57.

[215] 张树铮. 方言历史探索 [M]. 呼和浩特：内蒙古人民出版社，1999.

[216] 张相. 诗词曲语辞汇释 [M]. 北京：中华书局，1953.

[217] 张揖. 广雅 [M]. 北京：商务印书馆，1936.

[218] 张洁. 太原方音百年来的演变 [D]. 太原：山西大学，2005.

[219] 张玉来．论近代汉语官话韵书音系的复杂性 [J]．山东师大学报（社会科学版），1998(1)：91–95．

[220] 张月中．元曲通融 [M]．太原：山西古籍出版社，1999．

[221] 周祖谟．广韵校本 [M]．北京：中华书局，1960．

[222] 周祖谟．问学集 [C]．北京：中华书局，1966．

[223] 周祖谟．方言校笺 [M]．北京：中华书局，1993．

[224] 周祖谟．文字音韵训诂论集 [C]．北京：北京大学出版社，2000．

[225] 周振鹤，游汝杰．方言与中国文化 [M]．上海：上海人民出版社，1986．

[226] 张慎仪．蜀方言 [M]．成都：四川人民出版社，1987．

[227] 中国民间文学集成全国编辑委员会，中国歌谣集成四川卷编辑委员会．中国歌谣集成（四川卷）[M]．中国 ISBN 中心，2004．

[228] 中国社会科学院语言研究所词典编辑室．现代汉语词典（第 6 版）[M]．北京：商务印书馆，2012．

[229] 中国社会科学院语言研究所．方言调查字表 [M]．北京：商务印书馆，2012．

[230] 周荐，杨世铁．汉语词汇研究百年史 [M]．北京：外语教学与研究出版社，2006．

[231] 周文柏．中国礼仪大辞典 [Z]．北京：中国人民大学出版社，1992．

[232] 朱居易．元剧俗语方言例释 [M]．上海：商务印书馆，1956．

[233] 朱熹注．周易 [M]．上海：上海古籍出版社，1995．

[234] 朱熹．诗经集传 [M]．北京：中国书店出版社，2015．

[235] 朱正义．关中方言古词论稿 [M]．上海：上海古籍出版社，2004．